上海调查年鉴 2016

SHANGHAI SURVEY YEARBOOK

国家统计局上海调查总队
SURVEY OFFICE OF THE NATIONAL BUREAU OF STATISTICS IN SHANGHAI

上海市统计局
SHANGHAI MUNICIPAL STATISTICS BUREAU

中国统计出版社
China Statistics Press

编 者 说 明

一、《上海调查年鉴 -2016》是一本记录上海城乡居民生活质量、物价变动、农业生产和企业调查等内容的资料工具书。本年鉴收录了2015 年上海城乡居民家庭收支，生产、流通、消费与投资领域的价格变化，农业和企业集团的统计调查数据，以及上述领域改革开放以来历年的主要统计调查数据；同时包括全国各省(自治区、直辖市)和主要城市价格统计比较数据资料。

二、年鉴共分六个部分：第一部分，综合；第二部分，城乡居民家庭收支；第三部分，价格；第四部分，农业；第五部分，企业集团；第六部分，全国及主要城市比较资料。为便于读者使用资料，各篇章前设有《简要说明》，对本篇章的主要内容、资料来源、统计范围和统计方法予以简要概述；篇末附有《主要统计指标解释》。

三、城乡居民家庭收支、价格和农业调查资料，是由国家统计局上海调查总队依据国家统计局统一制定的抽样调查方案实施抽样调查的结果。

四、年鉴中有关经济发展、城市居民生活质量与环境等数据来源于上海市统计局。

五、年鉴中“全国及主要城市比较资料数据”来源于国家统计局城市司提供的统计资料。

六、年鉴中的城乡居民家庭收支、价格为抽样调查数据，为满足社会各界和研究部门的需要，我们公开了部分结构数据，使用时可能存在一定的代表性误差。

七、年鉴符号使用说明：“空格”表示该项统计数据不详或无该项数据；“#”表示其中主要项；“…”表示数据不足本表最小计量单位数。

EDITOR'S NOTE

I. SHANGHAI SURVEY YEARBOOK 2016 is an annual statistical publication, which reflects comprehensively the urban and rural residents' living conditions, price changes of production, circulation, consumption and investment, development of agriculture industry and enterprise groups in Shanghai. It covers data in 2015 and provides key statistics of the years since China adopted the reform and opening policy. It also lists price indices of the nation, other provinces (autonomous regions and municipalities) and major cities.

II. The yearbook contains six chapters. 1.General Survey; 2.Income and Expenditure of Urban and Rural Households; 3.Price; 4.Agriculture; 5.Enterprise Groups; 6.Comparative Information of the Nation and Major Cities. To facilitate readers, the Brief Introduction at the beginning of each chapter provides a summary of the main contents, data sources, statistical scope, statistical methods. At the end of each chapter, Explanatory Notes on Main Statistical Indicators are included.

III. The data of urban and rural households' income and expenditures, prices and agriculture are collected through sample surveys carried out by the Shanghai Survey Office of the National Bureau of Statistics, in accordance with the uniform sample survey scheme stipulated by the National Bureau of Statistics.

IV. Aggregated data about the economic development, city's resources, environment, and urban residents' living quality are provided by Shanghai Municipal Statistics Bureau.

V. The data of Chapter 6 (Comparative Information of the Nation and Major Cities) are provided by the Department of Urban Surveys of the National Bureau of Statistics.

VI. We have also revealed certain classifications of urban and rural households' income and expenditures, which of the data are collected by sample surveys. The possible error margin should be taken into consideration when using these statistics.

VII. Notations used in the yearbook: "blank space" indicates that the data are either unclear or not available; "#" indicates a major breakdown of the total; "..." indicates a figure not big enough to be rounded into the least unit of measurement in the chart.

目　　录
CONTENTS

第一篇　综　合　CHAPTER　1　GENERAL SURVEY

第二篇 城乡居民家庭收支
CHAPTER 2 Income and Expenditure of urban and Rural Households

第三篇 价 格 CHAPTER 3 Price

第四篇　农　业　CHAPTER　4　Agriculture

第五篇 企业集团 CHAPTER 5 Enterprise Groups

第六篇　全国及主要城市比较资料
CHAPTER 6 Comparative Information of the Nation and Major Cities

Chapter 1
第一篇

上海调查年鉴 SHANGHAI SURVEY YEARBOOK

综 合
General Survey

简要说明

本篇章主要内容和资料来源

一、综合资料主要包括上海社会经济发展和居民生活的综合资料。

二、综合篇资料由国家统计局上海调查总队和上海市统计局编辑整理。

BRIEF INTRODUCTION

Main Contents and Sources of Data

Ⅰ. This chapter consists of three parts:summary data on economy,social development and people′s living conditions.

Ⅱ. Data in this chapter are compiled by Survey Office of The National Bureau of Statistics In Shanghai and Shanghai Municipal Statistics Bureau.

城市人口和就业
Urban Population and Employment

表 1 -1 单位:万人(Unit: 10 000 persons)

年 份 Year	年末常住人口 Year-end Resident Population	年末户籍人口 Year-end Registered Population	从业人员 Employees	城镇登记失业人数 Registered Urban Unemployment
1978	1 104.00	1 098.28	698.32	10.00
1980	1 152.00	1 146.52	730.77	14.75
1985	1 233.00	1 216.69	775.53	1.20
1986	1 249.00	1 232.33	782.99	1.82
1987	1 265.00	1 249.51	788.12	2.90
1988	1 288.00	1 262.42	792.13	4.50
1989	1 311.00	1 276.45	784.96	6.99
1990	1 334.00	1 283.35	787.72	7.70
1991	1 350.00	1 287.20	798.13	7.61
1992	1 365.00	1 289.37	806.91	9.42
1993	1 381.00	1 294.74	787.25	12.97
1994	1 398.00	1 298.81	786.04	14.85
1995	1 414.00	1 301.37	794.19	14.36
1996	1 451.00	1 304.43	851.21	14.54
1997	1 490.00	1 305.46	847.25	14.90
1998	1 527.00	1 306.58	836.21	15.96
1999	1 567.00	1 313.12	812.09	17.47
2000	1 608.60	1 321.63	828.35	20.08
2001	1 668.33	1 327.14	752.26	25.72
2002	1 712.97	1 334.23	792.04	28.78
2003	1 765.84	1 341.77	813.05	30.11
2004	1 834.98	1 352.39	836.87	27.43
2005	1 890.26	1 360.26	863.32	27.50
2006	1 964.11	1 368.08	885.51	27.82
2007	2 063.58	1 378.86	909.08	26.78
2008	2 140.65	1 391.04	1 053.24	26.60
2009	2 210.28	1 400.70	1 064.42	27.87
2010	2 302.66	1 412.32	1 090.76	27.73
2011	2 347.46	1 419.36	1 104.33	27.33
2012	2 380.43	1 426.93	1 115.50	27.05
2013	2 415.15	1 432.34	1 368.91	26.37
2014	2 425.68	1 438.69	1 365.63	25.63
2015	2 415.27	1 442.97	1 361.51	24.81

注：1. 常住人口数据 1982 年、1990 年、2000 年和 2010 年是人口普查数据，1987 年、1995 年和 2005 年是 1% 人口抽样调查推算数据，其余是估计数。

2. 2005 年职工人数中包括规模在 150 人以上的私营企业职工，2006、2007 年职工人数中包括规模在 120 人以上的私营企业职工。

Note: 1. Resident Population figures come from Population Censuses in 1982, 1990, 2000 and 2010; Sample Survey Data of 1% Population in 1987, 1995 and 2005; and estimations in other years.

2. Staff and Workers figure in 2005 includes those work for private enterprises each having more than 150 employees; but in 2006 and 2007, the figures include those who work for private enterprises each having more than 120 employees.

上海市人均生产总值
Per Capita Gross Domestic Product

表 1－2

年 份 Year	生产总值(亿元) Gross Domestic Product (100 million yuan)	人均生产总值(元) Per Capita Gross Domestic Product(yuan)	人均生产总值指数 Per Capita Gross Domestic Product Indices	
			以 1978 年为 100 (1978 = 100)	以上年为 100 (preceding year = 100)
1978	272.81	2 485	100.0	114.9
1980	311.89	2 725	111.8	106.2
1985	466.75	3 811	161.3	112.0
1986	490.83	3 956	166.1	103.0
1987	545.46	4 340	176.2	106.1
1988	648.30	5 080	191.0	108.4
1989	696.54	5 362	193.3	101.2
1990	781.66	5 911	196.6	101.7
1991	893.77	6 661	207.6	105.6
1992	1 114.32	8 208	235.6	113.5
1993	1 519.23	11 061	268.1	113.8
1994	1 990.86	14 328	303.2	113.1
1995	2 499.43	17 779	342.3	112.9
1996	2 957.55	20 647	380.0	111.0
1997	3 438.79	23 397	417.6	109.9
1998	3 801.09	25 206	448.9	107.5
1999	4 188.73	27 071	483.0	107.6
2000	4 771.17	30 047	522.6	108.2
2001	5 210.12	31 799	559.7	107.1
2002	5 741.03	33 958	603.9	107.9
2003	6 694.23	38 486	658.9	109.1
2004	8 072.83	44 839	727.4	110.4
2005	9 247.66	49 648	781.2	107.4
2006	10 572.24	54 858	851.5	109.0
2007	12 494.01	62 040	939.2	110.3
2008	14 069.87	66 932	987.1	105.1
2009	15 046.45	69 165	1 032.5	104.6
2010	17 165.98	76 074	1 098.6	106.4
2011	19 195.69	82 560	1 153.5	105.0
2012	20 181.72	85 373	1 219.3	105.7
2013	21 818.15	90 993	1 295.7	106.3
2014	23 567.70	97 370	1 373.5	106.0
2015	25 123.45	103 795	1 468.7	106.9

注：1978 年～1992 年的人均生产总值按户籍人口计算，1993 年以后按半年以上常住人口计算。
Note: Per Capita Gross Domestic Product are calculated according to the registered population from 1978 to 1992 and according to the resident population (people who live in the city for more than six months) after 1993.

财政收支
Fiscal Revenue and Expenditure

表1-3 单位:亿元(100 million yuan)

年 份 Year	地方财政收入 Local Fiscal Revenue	#税收收入 Taxes	非税收入 Non-taxes	地方财政支出 Local Fiscal Expenditure
1978	169.22	51.51	117.71	26.01
1980	174.73	57.59	117.14	19.18
1985	184.23	185.76	-1.53	46.07
1986	179.46	177.90	1.56	59.08
1987	168.97	167.26	1.71	53.85
1988	161.62	182.42	-20.80	65.88
1989	166.88	190.21	-23.33	73.31
1990	166.99	183.31	-16.32	75.56
1991	175.53	182.88	-7.35	86.05
1992	185.56	188.61	-3.05	94.99
1993	242.34	252.99	-10.65	129.26
1994	175.33	196.60	-21.27	196.98
1995	227.30	240.06	-12.76	267.89
1996	288.49	308.26	-19.77	342.66
1997	352.33	369.23	-16.90	428.92
1998	392.22	406.73	-14.51	480.70
1999	431.85	427.23	4.62	546.38
2000	497.96	484.00	13.96	622.84
2001	620.24	589.91	30.33	726.38
2002	719.79	657.70	62.09	877.84
2003	899.29	796.87	102.42	1 102.64
2004	1 119.72	1 036.23	83.49	1 395.69
2005	1 433.90	1 238.40	195.50	1 660.32
2006	1 600.37	1 393.97	206.40	1 813.80
2007	2 102.63	1 975.48	127.15	2 201.92
2008	2 382.34	2 223.43	158.91	2 617.68
2009	2 540.30	2 368.45	171.85	2 989.65
2010	2 873.58	2 707.80	165.78	3 302.89
2011	3 429.83	3 172.72	257.11	3 914.88
2012	3 743.71	3 426.79	316.92	4 184.02
2013	4 109.51	3 797.16	312.35	4 528.61
2014	4 871.76	4 219.05	652.71	5 182.65
2015	5 519.50	4 858.16	661.34	6 191.56

全社会固定资产投资总额
Total Investment in Fixed Assets

表1－4　　单位：亿元(Unit：100 million yuan)

年　份 Year	合　计 Total	建设项目 Construction Project	房地产开发 Investment in Real Estate	农户投资 Farmers' Investment
1978	27.91	26.88		0.79
1980	45.43	43.45		1.41
1985	118.56	103.16		12.00
1986	146.93	132.44		10.30
1987	186.30	167.88	0.97	12.66
1988	245.27	219.90	1.68	16.90
1989	214.76	194.64	1.85	14.32
1990	227.08	199.05	8.16	15.96
1991	258.30	232.34	7.59	14.17
1992	357.38	318.93	12.71	17.00
1993	653.91	610.80	22.04	5.33
1994	1 123.29	971.68	117.43	10.40
1995	1 601.79	1 097.68	466.20	13.10
1996	1 952.05	1 238.85	657.79	20.00
1997	1 977.59	1 322.92	614.23	16.80
1998	1 964.83	1 361.41	577.12	12.76
1999	1 856.72	1 325.84	514.83	5.54
2000	1 869.67	1 284.08	566.17	10.36
2001	1 994.73	1 354.22	630.73	9.28
2002	2 187.06	1 430.69	748.89	6.87
2003	2 452.11	1 544.38	901.24	6.49
2004	3 084.66	1 903.33	1 175.46	5.86
2005	3 542.55	2 288.61	1 246.86	7.08
2006	3 925.09	2 643.53	1 275.59	5.96
2007	4 458.61	3 145.87	1 307.53	5.21
2008	4 829.45	3 459.38	1 366.87	3.20
2009	5 273.33	3 807.62	1 464.18	1.53
2010	5 317.67	3 334.95	1 980.68	2.03
2011	5 067.09	2 893.95	2 170.31	2.83
2012	5 254.38	2 870.04	2 381.36	2.98
2013	5 647.79	2 824.54	2 819.59	3.66
2014	6 016.43	2 806.49	3 206.48	3.46
2015	6 352.70	2 880.45	3 468.94	3.31

注：自2011年起，全社会固定资产投资由建设项目投资、房地产开发投资和农户投资三部分组成；建设项目投资由城镇投资和农村非农户投资两部分组成，其中城镇投资包括原来的基本建设、更新改造、其他投资和城镇私人建房投资。从2014年起，建设项目取消城乡分组。

Note：Since 2011，total investment in fixed assets was composed of construction project investment，investment in real estate development and investment of rural households；construction project investment was composed of investment in urban areas and rural non-agricultural investment，in which investment in urban areas was composed of fundamental construction，renovation，other investments and urban private housing investment. Since 2014，Urban and rural groups were cancelled in Construction poject.

社会消费品零售总额
Total Retail Sales of Consumer Goods

表1-5 单位:亿元(Unit: 100 million yuan)

年 份 Year	社会消费品零售总额 Total Retail Sales of Consumer Goods	食品类 Foods	衣着类 Clothing	用品类 Articles	燃料类 Fuels
1978	54.10	26.51	11.60	15.16	0.83
1980	80.43	34.30	19.75	25.44	0.94
1985	173.39	64.08	35.51	72.70	1.10
1986	196.84	76.99	39.38	79.31	1.16
1987	225.25	91.01	42.52	90.41	1.31
1988	295.83	119.36	53.66	121.17	1.64
1989	331.38	140.03	51.95	137.70	1.70
1990	333.86	142.15	52.33	137.23	2.15
1991	382.06	162.82	52.91	163.30	3.03
1992	464.82	190.70	67.04	202.83	4.25
1993	675.92	259.93	101.30	309.26	5.43
1994	834.76	325.44	123.89	378.86	6.57
1995	1 050.96	407.44	153.74	481.96	7.82
1996	1 258.00	490.97	178.80	579.12	9.11
1997	1 435.38	564.62	200.62	659.61	10.53
1998	1 593.27	640.84	212.85	728.22	11.36
1999	1 722.33	694.03	228.18	787.62	12.50
2000	1 865.28	743.31	248.94	858.33	14.70
2001	2 016.37	802.53	266.31	931.02	16.51
2002	2 203.89	874.76	289.43	1 021.84	17.85
2003	2 404.45	939.29	309.70	1 135.27	20.19
2004	2 656.91	1 043.26	341.28	1 247.39	24.98
2005	2 979.50	1 026.70	335.30	1 563.15	54.35
2006	3 375.20	1 119.77	379.83	1 770.75	104.85
2007	3 873.30	1 204.70	435.88	2 032.07	200.65
2008	4 577.23	1 383.63	515.09	2 401.39	277.12
2009	5 213.11	1 408.84	715.94	2 689.51	398.82
2010	6 186.58	1 602.90	843.81	3 210.30	529.57
2011	7 185.83	1 782.84	935.01	3 831.11	636.87
2012	7 840.40	1 844.96	1 060.76	4 261.50	673.18
2013	8 556.96	1 962.39	1 147.71	4 752.34	694.52
2014	9 303.49	2 065.56	1 313.05	5 210.09	714.79
2015	10 131.50	2 248.70	1 531.97	5 769.28	581.55

注：2005年起社会消费品零售总额及分组依相应年份经普数据,按国家统计局规定进行修订。
Note: Total Retail Sales of Consumer Goods and its categories from 2005 have been adjusted in line with the corresponding Economic Census according to the regulation of the National Bureau of Statistics.

上海市出口总额
Total Value Of Foreign Trade Exports

表1－6 单位:亿美元(Unit:100 million USD)

年 份 Year	上海市出口总额 Total Value Of Exports	#一般贸易 Ordinary Trade	#加工贸易 Processing Trade
1990	53.21	29.03	24.07
1991	57.40	38.37	19.01
1992	65.55	53.07	6.60
1993	73.82	53.03	15.47
1994	90.77	55.77	22.16
1995	115.77	53.49	61.36
1996	132.38	54.14	76.65
1997	147.24	56.10	88.93
1998	159.56	60.47	96.34
1999	187.85	69.72	115.18
2000	253.54	101.72	147.83
2001	276.28	110.71	157.28
2002	320.55	137.14	174.24
2003	484.82	194.17	276.31
2004	735.20	273.46	427.74
2005	907.42	339.11	518.84
2006	1 135.73	433.04	637.69
2007	1 439.28	539.27	796.75
2008	1 693.50	642.16	917.99
2009	1 419.14	488.62	814.63
2010	1 807.84	632.74	1 003.74
2011	2 097.89	771.55	1 090.56
2012	2 068.07	789.29	1 015.29
2013	2 042.44	817.25	943.80
2014	2 102.77	879.73	919.88
2015	1 969.69	838.98	842.59

注：1999 年以前出口总额为外经贸委统计口径,1999 年以后为海关统计的上海企业出口总额。
Note：Before 1999,the figures of Shanghai's foreign trade imports and exports were based on statistics from Shanghai Foreign Trade and Economic Cooperation Commission. Since 1999, the figures representing imports and exports are made by Shanghai enterprises through Shanghai Custom. Same as follows.

城市教育
Urban Education

表1－7

年 份 Year	普通高等学校在校学生数(万人) Number of Enrolled Students of Regular Higher Education Institutions (10 000 persons)	普通中学在校学生数(万人) Number of Enrolled Students of Regular Secondary Schools (10 000 persons)	小学在校学生数(万人) Number of Enrolled Students of Primary Schools (10 000 persons)	每万人拥有在校大学生(人) Number of Enrolled College Students per 10 000 Population (person)
1978	5.06	100.26	87.06	46
1980	7.67	62.71	85.47	67
1985	10.79	48.23	84.18	88
1986	11.77	48.31	86.56	94
1987	12.25	48.21	89.35	97
1988	12.82	45.68	98.39	100
1989	12.61	46.10	106.02	96
1990	12.13	48.31	110.19	90
1991	11.69	51.24	111.38	87
1992	11.95	54.77	113.37	88
1993	13.10	57.69	116.70	95
1994	14.04	65.56	113.98	100
1995	14.41	72.40	109.78	101
1996	14.79	76.23	106.46	102
1997	15.38	74.43	102.44	103
1998	16.51	73.85	96.14	108
1999	18.63	76.69	87.16	119
2000	22.68	79.54	78.86	141
2001	28.00	80.23	72.28	168
2002	33.16	78.97	67.24	194
2003	37.85	75.47	64.83	214
2004	41.57	82.78	53.74	227
2005	44.26	77.02	53.50	234
2006	46.63	71.17	53.37	237
2007	48.49	65.60	53.33	235
2008	50.29	61.77	59.06	235
2009	51.28	60.37	67.12	232
2010	51.57	59.44	70.16	224
2011	51.13	59.17	73.11	218
2012	50.66	59.04	76.04	213
2013	50.48	59.35	79.25	209
2014	50.66	58.42	80.30	209
2015	51.16	57.05	79.87	212

注：高等学校在校学生数未包括研究生数。
Note: The number of enrolled students of higher education institutions does not include post-graduates.

城市文化
Urban Culture

表1-8

年 份 Year	图书出版数量（亿册） Books Published (100 million copies)	期刊出版数量（亿册） Periodicals Published (100 million copies)	报纸出版数量（亿份） Newspapers Published (100 million copies)	博物馆、纪念馆（个） Museums and Memorial Halls (unit)	公共图书馆（个） Public Libraries (unit)
1978	3.92	0.47	6.41	6	23
1980	5.62	1.22	8.55	7	21
1985	4.96	3.45	19.54	8	46
1986	3.66	3.03	19.94	10	49
1987	4.26	3.13	22.45	10	50
1988	4.33	2.66	21.38	10	54
1989	3.28	1.86	15.85	10	52
1990	2.98	1.73	16.16	10	51
1991	3.11	1.79	18.48	10	31
1992	2.75	1.84	24.76	12	31
1993	2.26	1.82	32.27	12	31
1994	2.35	1.72	30.43	12	31
1995	2.44	1.78	19.04	12	31
1996	2.79	1.66	18.93	12	32
1997	2.70	1.66	19.34	12	32
1998	2.83	1.65	19.73	11	32
1999	2.68	1.78	18.42	11	32
2000	2.54	1.85	16.77	11	31
2001	2.68	1.85	16.98	11	32
2002	2.59	1.80	16.46	23	32
2003	2.74	1.83	17.05	23	35
2004	2.67	1.93	19.71	90	28
2005	2.59	1.90	19.06	100	28
2006	2.54	1.83	17.89	106	28
2007	2.40	1.83	17.04	106	30
2008	2.64	1.90	17.24	111	29
2009	2.74	1.79	16.33	110	29
2010	2.89	1.78	15.90	114	28
2011	2.89	1.82	15.61	120	25
2012	3.35	1.76	14.54	109	25
2013	3.37	1.62	13.16	100	25
2014	3.26	1.45	11.45	103	25
2015	3.53	1.28	10.80	99	25

城市医疗卫生
Urban Medical and Health Care

表 1－9

年　份 Year	医院（个） Hospitals（unit）	医生（万人） Doctors（10 000persons）	医院床位数（万张） Beds at Hospitals （10 000beds）	每万人拥有医生数（人） Number of Doctors per 10 000 Population（person）
1978	388	3.35	4.68	30
1980	399	3.92	4.94	34
1985	405	4.85	5.32	39
1986	419	4.91	5.47	39
1987	431	5.05	5.60	40
1988	444	5.40	5.89	42
1989	460	5.73	6.04	44
1990	462	5.82	6.21	44
1991	463	5.89	6.31	44
1992	454	5.88	6.42	43
1993	486	5.75	6.75	42
1994	497	5.52	6.81	39
1995	485	5.37	6.69	38
1996	477	5.24	6.73	36
1997	474	5.13	6.78	34
1998	473	5.03	6.83	33
1999	465	5.06	7.06	32
2000	459	4.99	7.31	31
2001	432	4.85	7.63	30
2002	436	4.38	8.13	27
2003	452	4.41	8.11	26
2004	489	4.38	8.50	25
2005	487	4.40	8.93	25
2006	505	4.55	9.28	25
2007	288	4.88	7.54	26
2008	301	5.12	7.78	27
2009	296	5.11	7.95	27
2010	306	5.13	8.48	22
2011	308	5.21	8.75	22
2012	317	5.42	9.00	23
2013	328	5.81	9.47	24
2014	332	6.13	9.83	25
2015	338	6.31	10.35	26

注：2007 年开始，医院统计范围按照新的《2007 国家卫生统计调查制度》统计，不再包括社区卫生服务中心、妇幼保健院和专科防治院。

Note：Since 2007，the number of hospitals has been calculated according to the "2007 State Public Health Survey System，" which excludes the number of community health service centers，maternity and child care centers and specialized prevention & treatment centers.

表1-9续表 Continued

年 份 Year	婴儿死亡率（‰） Death Rate of Infant（‰）	新生儿死亡率（‰） Death Rate of New Born（‰）	孕产妇死亡率（1/10万） Death Rate of Pregnant and Lying-in Woman（1/100 000）
1978	15.49	10.47	24.00
1980	13.78	8.64	30.12
1985	13.78	9.23	24.20
1986	12.98	8.81	15.90
1987	14.00	9.38	21.60
1988	13.23	8.57	33.06
1989	12.42	8.08	30.46
1990	10.95	7.17	23.76
1991	11.37	7.09	23.42
1992	11.42	7.15	28.52
1993	9.91	6.17	27.34
1994	10.00	5.37	30.29
1995	10.08	6.27	24.03
1996	9.53	5.98	22.11
1997	6.47	4.07	12.48
1998	6.03	3.73	11.35
1999	5.53	3.54	13.74
2000	5.05	3.09	9.61
2001	5.71	3.12	8.95
2002	5.01	3.43	9.99
2003	5.52	3.61	11.99
2004	3.78	2.50	10.79
2005	3.78	2.47	1.40
2006	4.01	2.60	8.31
2007	3.00	1.88	6.68
2008	2.96	2.08	6.91
2009	2.89	1.94	7.08
2010	5.97	2.03	9.61
2011	5.70	2.96	7.36
2012	5.04	2.58	7.10
2013	5.73	2.85	7.08
2014	4.83	2.58	6.74
2015	4.58	2.27	6.66

城市绿化
Urban Greening

表1－10

年 份 Year	城市绿地面积(公顷) Total Area of Urban Parks, Gardens and Green Areas (hectare)	# 公园绿地面积 # Park Green Area	绿化覆盖率(%) Coverage Rate of Urban Green Area (%)	人均公园绿地面积(平方米) Per Capita Park Green Area (sqm)
1978	761	383	8.2	0.47
1980	1 738	390	8.2	0.44
1985	2 339	522	9.7	0.71
1986	2 719	761	10.2	0.90
1987	2 886	801	10.7	0.93
1988	3 127	889	11.4	0.96
1989	3 308	910	11.7	0.96
1990	3 570	983	12.4	1.02
1991	4 167	1 070	12.7	1.07
1992	4 399	1 121	13.2	1.11
1993	4 654	1 189	13.8	1.15
1994	5 939	1 431	15.1	1.44
1995	6 561	1 793	16.0	1.69
1996	7 231	2 008	17.0	1.92
1997	7 849	2 484	17.8	2.41
1998	8 855	3 117	19.1	2.96
1999	11 117	3 856	20.3	3.62
2000	12 601	4 812	22.2	4.60
2001	14 771	5 820	23.8	5.56
2002	18 758	7 810	30.0	7.76
2003	24 426	9 450	35.2	9.16
2004	26 689	10 979	36.0	10.11
2005	28 865	12 038	37.0	11.01
2006	30 609	13 307	37.3	11.50
2007	31 795	13 899	37.6	12.01
2008	34 256	14 777	38.0	12.51
2009	116 929	15 406	38.1	12.80
2010	120 148	16 053	38.2	13.00
2011	122 283	16 446	38.2	13.10
2012	124 204	16 848	38.3	13.29
2013	124 295	17 142	38.4	13.38
2014	125 741	17 789	38.4	13.79
2015	127 332	18 395	38.5	7.60

注：2014年起，人均公园绿地面积(平方米)由原先的根据非农户籍人口计算调整为根据常住人口计算。
Note: The indicators of Per Capita Park Green Areas are caculated by resident population since 2014.

城市环境卫生
Urban Environment

表 1 – 11

年 份 Year	生活垃圾产生量(万吨) Garbage Produced of Residents(10 000 tons)	公共厕所(座) Pubilc Lavatories(unit)	生活垃圾收集点(处) Collection Points of Residential Garbage(unit)	废物箱(只) Trash Cans(unit)
1978	108	706	13 840	2 333
1980	131	713	15 707	3 402
1985	196	952	22 870	5 700
1986	226	950	31 142	5 983
1987	229	978	37 751	6 341
1988	240	992	42 802	5 117
1989	250	1 057	46 149	5 276
1990	279	1 016	46 368	4 921
1991	296	1 033	40 309	4 980
1992	301	1 048	44 752	4 961
1993	335	1 104	46 741	5 756
1994	358	1 100	50 292	6 993
1995	372	1 100	48 563	9 019
1996	419	1 112	51 456	9 522
1997	454	1 120	53 643	12 735
1998	470	1 203	59 498	15 968
1999	500	1 311	66 067	17 326
2000	641	2 215	22 470	23 189
2001	644	2 406	17 694	24 672
2002	467	3 776	26 787	29 517
2003	585	3 468	27 814	31 272
2004	610	3 640	28 649	34 571
2005	622	3 640	28 388	39 539
2006	658	3 746	29 812	44 888
2007	702	5 415	29 538	47 739
2008	678	5 866	29 965	56 485
2009	710	5 633	30 584	67 465
2010	732	6 026	30 645	74 658
2011	704	5 768	30 648	78 213
2012	716	6 340	31 625	82 454
2013	735	6 224	32 018	98 266
2014	743	6 168	32 122	98 857
2015	790	6 197	32 209	94 310

城市环境保护
Urban Environment Protection

表1-12

年份 Year	环境保护投资(亿元) Investment in Environment Protection (100 million yuan)	#城市环境基础设施投资 Investment in Urban Environmental Infrastructures	环境保护投资相当于GDP比重(%) Proportion of Investment in Environment Protection in GDP (%)
1991	7.60	1.40	0.90
1992	15.20	9.30	1.40
1993	32.13	19.90	2.10
1994	39.09	23.55	2.00
1995	46.49	22.11	1.86
1996	68.83	35.40	2.33
1997	82.35	48.56	2.39
1998	102.13	72.47	2.69
1999	111.57	87.81	2.66
2000	141.91	105.45	2.97
2001	152.93	116.58	2.94
2002	162.39	126.99	2.83
2003	191.53	144.05	2.86
2004	225.37	166.90	2.79
2005	281.18	201.01	3.04
2006	310.85	177.81	2.94
2007	366.12	233.22	2.93
2008	422.37	284.30	3.00
2009	460.42	282.74	3.09
2010	507.54	294.73	2.96
2011	557.92	316.79	2.91
2012	570.49	286.26	2.83
2013	607.88	284.18	2.81
2014	699.89	271.79	2.97
2015	708.53	246.65	2.80

城市道路与交通
Urban Roads and Public Transport

表 1－13

年 份 Year	道路面积(万平方米) Area of Paved Roads (10 000sqm)	年末拥有营运公交车辆(辆) Year-end Number of Public Transport Vehicles (unit)	# 公共汽车 Buses	公共汽电车客运量(亿人次) Volume of Passenger Transport by Buses and Trolleybuses (100 million person-times)
1978	868	2 983	2 298	25.05
1980	894	3 719	3 034	34.09
1985	1 294	5 036	4 153	50.10
1986	1 254	5 505	4 579	51.85
1987	1 303	5 843	4 883	55.41
1988	1 455	5 988	5 027	55.99
1989	1 692	6 087	5 187	55.09
1990	1 787	6 264	5 341	54.37
1991	1 802	6 562	5 628	56.95
1992	1 841	6 837	5 960	58.68
1993	2 829	7 037	6 184	55.98
1994	3 037	7 415	6 617	52.37
1995	3 434	11 637	10 884	51.35
1996	3 755	13 323	12 715	23.07
1997	4 341	14 207	13 655	23.78
1998	5 403	15 282	14 764	24.88
1999	6 393	16 661	16 095	24.20
2000	8 147	17 939	17 358	26.49
2001	13 418	18 083	17 481	26.84
2002	14 730	18 541	17 951	27.75
2003	16 510	18 625	18 102	27.31
2004	20 558	18 186	17 651	28.38
2005	20 942	17 985	17 509	27.81
2006	21 490	17 284	16 899	27.40
2007	22 579	16 944	16 672	26.50
2008	14 405	16 537	16 306	26.63
2009	24 566	16 272	16 039	27.06
2010	25 607	17 455	17 038	28.08
2011	26 176	16 589	16 235	28.11
2012	26 813	16 695	16 336	28.04
2013	27 290	16 717	16 351	27.10
2014	27 918	16 155	15 454	26.65
2015	28 567	16 531	15 056	25.49

城市社会安全
Safty of Urban Society

表1－14

年 份 Year	每万人口刑事案件立案数(起) Quantity of Criminal Cases Registered Per 10 000 People (case)	治安案件查处数(起) Quantity of Offense Cases against Public Order (case)	交通事故死亡人数(人) Deaths of Traffic Accidents(person)	火灾事故死亡人数(人) Deaths of Fires(person)
1980	25.70	81 514	445	17
1985	7.70	49 477	687	30
1986	7.70	46 578	678	25
1987	10.20	47 852	811	51
1988	12.20	53 549	707	58
1989	18.10	73 292	652	30
1990	23.40	71 465	608	45
1991	20.80	66 658	594	38
1992	11.80	82 577	591	40
1993	13.50	122 946	699	73
1994	16.10	11 604	722	51
1995	17.20	150 388	788	47
1996	19.00	160 002	783	87
1997	27.30	157 364	780	51
1998	65.90	173 539	781	42
1999	61.80	185 614	726	43
2000	65.20	194 141	1 492	40
2001	66.60	206 154	1 503	31
2002	62.20	152 615	1 400	39
2003	61.00	146 022	1 406	47
2004	73.00	138 606	1 543	30
2005	71.80	322 393	1 393	54
2006	76.60	572 280	1 231	45
2007	73.90	567 277	1 171	50
2008	71.00	523 601	1 100	50
2009	68.90	428 745	1 042	63
2010	52.00	566 607	1 011	101
2011	54.09	515 163	944	43
2012	57.00	726 395	916	39
2013	61.21	798 825	914	73
2014	57.72	778 779	902	59
2015	84.95	748 791	868	52

城市社会保险参保人数
Number of Participants in Urban Social Insurance

表1－15 单位：万人（Unit：10 000 persons）

年 份 Year	城镇基本养老保险 Urban Basic Pension Insurance	城镇职工基本医疗保险 Basic Medical Insurance of Urban Staff and Workers	城镇职工失业保险 Unemployment Insurance of Urban Staff and Workers
2000	441.09	364.59	434.86
2001	443.67	441.80	430.71
2002	452.85	448.97	436.01
2003	461.06	459.06	441.14
2004	455.40	453.26	488.32
2005	454.78	452.77	466.06
2006	477.72	453.60	476.41
2007	483.83	456.83	491.54
2008	495.26	466.97	511.83
2009	506.86	578.66	523.53
2010	542.87	608.41	556.20
2011	926.93	937.95	604.22
2012	947.98	954.46	617.35
2013	952.35	955.70	625.74
2014	969.30	967.64	634.08
2015	961.05	980.54	641.77

注：根据《中华人民共和国保险法》，2011年对社会保险政策进行了调整。原参加“小城镇社会保险”和“来沪从业人员综合保险”的从业人员被纳入城镇职工保险范围内，并对养老、医疗、工伤、失业、生育保险的相关政策作出了调整。

Note：According to Insurance Law of the People's Republic of China，the social insurance policy has been adjusted since 2011. Employees，who have participated in Town Social Insurance and General Insurance of Employment of Migratory Population before，are now within the range of insurance for urban staff and workers. Relative policies of pension，medical，injured，unemployment and generational insurances have also been adjusted.

表1－15续表 Continued 单位：万人（Unit：10 000 persons）

年 份 Year	城镇职工生育保险 Maternity Insurance of Urban Staff and Workers	农村合作医疗 Rural Cooperative Medical System	少儿住院基金 Mutual Fund of Children Hospitalization
2000			212.47
2001	443.67		194.84
2002	452.85		195.17
2003	461.06	292.64	186.80
2004	505.56	166.55	209.40
2005	539.27	203.74	181.09
2006	555.09	190.56	180.13
2007	591.96	186.81	181.29
2008	609.89	177.40	185.61
2009	625.14	166.55	188.38
2010	657.30	148.95	197.19
2011	703.08	147.20	204.69
2012	711.53	113.21	208.65
2013	713.90	104.70	218.94
2014	717.54	98.74	218.20
2015	735.41	95.98	220.11

上海消费者信心分项指数
Consumer Confidence Index

表 1 -16

指 标	Indicators	2004 年	2005 年	2006 年	2007 年	2008 年	2009 年
消费者信心指数	Consumer Confidence Index	108.4	108.2	110.5	111.0	107.8	107.1
整体经济信心指数	Index of Confidence of Macroeconomy	120.4	118.5	123.2	122.7	113.7	116.8
现状指数	Status Quo Index	123.4	122.3	128.4	126.2	115.3	115.1
预期指数	Expectation Index	117.6	114.7	118.1	119.2	112.2	118.5
就业形势信心指数	Index of Confidence of Employment Status	104.8	101.8	100.2	102.9	104.8	97.9
现状指数	Status Quo Index	99.6	96.1	94.7	97.3	101.8	89.1
预期指数	Expectation Index	109.4	107.6	105.9	108.6	107.8	106.6
家庭收入信心指数	Index of Confidence of Household Income Status	108.3	109.0	112.2	115.4	118.9	110.7
现状指数	Status Quo Index	107.2	107.3	110.3	114.1	120.7	109.1
预期指数	Expectation Index	109.3	110.7	114.1	116.7	117.2	112.3
生活质量信心指数	Index of Confidence of Quality of Life	112.4	114.6	116.9	117.4	109.6	111.6
现状指数	Status Quo Index	111.7	113.7	115.2	116.2	107.7	108.8
预期指数	Expectation Index	113.0	115.4	118.6	118.7	111.4	114.5
耐用商品购买时机信心指数	Index of Confidence of the Timing of Purchase of Durable Goods	96.3	97.1	100.1	96.8	91.9	98.7
现状指数	Status Quo Index	95.1	95.1	97.8	95.0	90.1	98.0
预期指数	Expectation Index	97.3	99.0	102.4	98.6	93.7	99.5

表1-16 续表 Continued

指 标	Indicators	2010年	2011年	2012年	2013年	2014年	2015年
消费者信心指数	Consumer Confidence Index	110.2	106.6	109.2	110.4	115.0	115.6
整体经济信心指数	Index of Confidence of Macroeconomy	119.3	111.9	113.5	116.0	124.2	122.0
现状指数	Status Quo Index	120.7	114.3	115.9	116.9	126.0	125.6
预期指数	Expectation Index	117.9	109.6	111.2	115.2	122.3	118.4
就业形势信心指数	Index of Confidence of Employment Status	107.2	106.8	106.8	106.5	111.3	111.3
现状指数	Status Quo Index	104.2	106.9	106.0	103.7	112.8	113.4
预期指数	Expectation Index	110.2	106.7	107.7	109.2	109.8	109.1
家庭收入信心指数	Index of Confidence of Household Income Status	114.4	114.6	113.2	113.9	116.0	114.9
现状指数	Status Quo Index	113.6	116.4	111.3	111.7	113.5	111.8
预期指数	Expectation Index	115.3	112.9	115.1	116.0	118.5	118.0
生活质量信心指数	Index of Confidence of Quality of Life	111.7	104.9	111.9	114.6	119.7	119.2
现状指数	Status Quo Index	109.8	102.1	108.4	112.0	116.4	116.6
预期指数	Expectation Index	113.7	107.8	115.4	117.2	123.0	122.0
耐用商品购买时机信心指数	Index of Confidence of the Timing of Purchase of Durable Goods	98.6	94.7	100.8	100.8	104.1	110.7
现状指数	Status Quo Index	97.4	92.4	98.9	100.0	103.3	110.5
预期指数	Expectation Index	99.8	97.1	102.7	101.7	104.8	110.9

消费者信心指数
Consumer Confidence Index

表 1－17

年 份 Year	消费者信心指数 Consumer Confidence Index	消费者现状指数 Consumer Status Quo Index	消费者预期指数 Consumer Expectation Index
2004	108.4	107.4	109.3
2005	108.2	106.9	109.5
2006	110.5	109.3	111.8
2007	111.0	109.7	112.4
2008	107.8	107.1	108.4
2009	107.1	104.0	110.3
2010	110.2	109.1	111.4
2011	106.6	106.4	106.8
2012	109.2	108.1	110.4
2013	110.4	108.9	111.9
2014	115.0	114.4	115.7
2015	115.6	115.6	115.7

城市居民生活质量主要指标

表 1－18

指 标	Indicators	单位 Unit	1990 年
经济发展	**Economic Development**		
人均生产总值	Per Capita Gross Domestic Product	元 yuan	5 911
居民人均可支配收入	Per Capita Disposable Income	元 yuan	
医疗卫生	**Medical and Health Care**		
户籍人口期望寿命	Life Expectancy	岁 year	75.46
男	Male	岁 year	73.16
女	Female	岁 year	77.74
婴儿死亡率	Death Rate of Infant	‰	10.95
每万人口拥有医生	Number of Doctors per 10 000 Population (person)	人 person	44
每万人口拥有医院床位数	Number of Hospital Beds per 10 000 Population (person)	张 bed	47
人均医疗保健支出	Per Capita Expenditures on Medical and Health Care	元 yuan	11
社会保障	**Social Security**		
城镇登记失业率	Urban Registered Unemployment Rate	%	1.5
每一就业者负担人数	Number of Dependents per Employee	人 person	1.64
每万人刑事案件立案数	Number of Registered Criminal Cases per 10 000 Population (person)	起 case	23.4
公共服务	**Public Services**		
地方财政收入占 GDP 比重	Proportion of Local Fiscal Revenue in GDP	%	21.4
第三产业占 GDP 比重	Proportion of Tertiary Industry in GDP	%	30.9
公共交通客运量	Volume of Public Passenger Transport	亿人次 100 million person-times	54.37
文化休闲	**Culture and Leisure**		
人均文化娱乐消费支出	Per Capita Consumption Expenditures on Culture and Recreation	元 yuan	10
影、剧院数	Number of Cinemas and Theaters	个 unit	211
博物馆数	Number of Museums	个 unit	10
图书馆藏书	Amount of Collected Books in Libraries	万册 10 000 titles	1 586
人居环境	**Living Environment**		
市区人均居住面积	Per Capita Living Space	平方米 sqm	6.6
人均公园绿地面积	Per Capita Public Green Area	平方米 sqm	1.02
教 育	**Education**		
人均教育支出	Per Capita Expenditures on Education	元 yuan	23
普通高校录取率	Enrollment Rate of Regular Higher Education Institutions	%	
每万人在校大学生数	Number of Enrolled College Students per 10 000 Population (person)	人 person	90

Main Indicators of Urban Residents' Living Quality

1995 年	2000 年	2005 年	2010 年	2014 年	2015 年
17 779	30 047	49 649	76 074	97 370	103 795
					49 867
76.03	78.77	80.13	82.13	82.29	82.75
74.11	76.71	77.89	79.82	80.14	80.47
77.97	80.81	82.36	84.44	84.59	85.09
10.08	5.05	3.78	5.97	4.83	4.58
38	31	23	22	25	26
47	45	47	37	41	42
					2 268
2.7	3.5	4.4	4.2	4.2	4.1
					2.03
17.2	65.2	67.6	52.0	57.7	85.0
9.1	10.4	15.5	16.7	20.7	22.0
40.8	52.1	51.6	57.3	64.8	67.8
51.35	26.49	27.81	28.08	26.65	25.49
					2 373
249	242	193	136	172	205
12	11	100	114	103	99
1 586	5 500	6 049	6 809	7 363	7 568.18
8.0	11.8	14.9	16.7	17.8	18.1
1.69	4.60	11.01	13.00	13.79	7.60
					1 345
	67.4	84.6	85.1	89.0	89.0
101	141	234	224	209	212

主要统计指标解释

■人　口

人口数为每年 12 月 31 日的年末总人口。根据统计口径的不同,分为户籍人口和常住人口。户籍人口是指在公安部门办理了户籍登记的人口。常住人口是指实际上经常居住在一个地方(住所)的人口,一般都以在其住所居住半年以上者为常住人口。

■生产总值(原国内生产总值)

指按市场价格计算的一个地区所有常住单位在一定时期内生产活动的最终成果。生产总值有三种表现形态,即价值形态、收入形态和产品形态。从价值形态看,它是所有常住单位在一定时期内所生产的全部货物和服务价值超过同期投入的全部非固定资产货物和服务价值的差额,即所有常住单位的增加值之和;从收入形态看,它是所有常住单位在一定时期内所创造并分配给常住单位和非常住单位的初次收入之和;从产品形态看,它是所有常住单位在一定时期内最终使用的货物和服务减去货物和服务的进口价值。在实际核算中,生产总值有三种计算方法,即生产法、收入法和支出法。三种方法分别从不同的方面反映生产总值及其构成。根据国务院和国家统计局有关我国 GDP 核算和数据发布制度的规定, 上海国内生产总值自 2004 年起更名为 "上海市生产总值",简称"上海市 GDP"。

■地方财政收入

指根据现行财政管理体制规定,划归地方财政的税收收入和非税收入。

■地方财政支出

指按照现行中央政府与地方政府事权的划分,经地方人大批准,用于保障地方经济社会发展的各项财政支出。主要包括一般公共服务,公共安全,教育,科学技术,文化体育与传媒,社会保障和就业,医疗卫生,环境保护,城乡社区事务,农林水事务,交通运输等支出。

■绿地面积

指报告期末用作园林和绿化的各种绿地面积。包括公园绿地、生产绿地、防护绿地、附属绿地和其他绿地面积其中:公园绿地:指向公众开放的、以游憩为主要功能,有一定的游憩设施和服务设施,同时兼有健全生态、美化景观、防灾减灾等综合作用的绿化用地。它是城市建设用地、城市绿地系统和城市市政公用设施的重要组成部分。

■消费者信心指数

是反映消费者信心强弱及变动趋势的指标。消费者信心指数的基数为 100,指数介于 0 和 200 之间,100 为消费者信心强弱的中界点,指标值越大,消费者信心越强。

Explanatory Notes on Main Statistical Indicators

■Population

It refers to the total population by December 31 every year. According to different statistical approaches, there are two definitions of population named as population with registered residence and population with permanent residence. The former refers to the population with registration in the police while the latter refers to the population that actually reside in a place (residence) permanently, usually longer than half a year.

■Gross Regional Product(former Gross Domestic Product)

It refers to the final products at market prices by all resident units of a region during a certain period of time. Gross product is expressed in three different forms, i.e value, income, and products respectively.The form of value added refers to the total value of all products and services produced by all resident units during a certain period of time minus the total value of inputs of non-fixed-assets products and services or the summation of the value added of all resident units; the form of income includes all the income items produced by all resident units and distributed primarily to all resident and non-resident units; the form of product refers to all final goods and services minus the value of imports of goods and services. In the practice of national accounting, it is calculated by three approaches, i.e. product approach, income approach, and expenditure approach, respectively, to reflect Gross Product and its composition of different aspects.According to the regulations of GDP national accounting and data release issued by the State Council and National Bureau of Statistics, since 2004 Shanghai Gross Domestic Product has been renamed as Shanghai Gross Product Value, for short Shanghai GDP.

■Local Fiscal Revenue

It refers to the tax revenue and non-tax revenue collected by the local government as defined by the finance management system.

■Local Fiscal Expenditure

It refers to the fiscal expenditure demarcated on the basis of the classification of the affairs administration rights between the central government and local government. It is approved by the local people's congress and used for the development of local economy and society. Local fiscal expenditure mainly includes the expenditure for general public services, public security, education, science and technology, culture, sport and media, social safety and employment, medical and health care, environment protection, urban and rural community affairs, agriculture, forestry and water conservancy and transportation, etc.

■Green Space

It includes all kinds of gardens and green at the end of reporting period. Park green area, production green area, protection green area, sub green area and other green area are all included.

Park green area refers to green areas open to the public for amusement and rest with the facilities of amusement, rest and services. Its function includes perfecting ecology, beautifying landscape, and preventing and reducing disaster. It is an important part of urban construction land, urban green and municipal public infrastructure in city.

■Consumer Confidence Index

It is an indicator reflecting the tendency of consumption.Consumer Confidence Index's base number is 100. The index is between 0 to 200,the middle of Consumer Confidence index is 100,the index is larger,the consumer confidence is stronger.

Chapter 2
第二篇

城乡居民家庭收支
Income and Expenditure of Urban and Rural Households

简要说明

第一部分 2015 年上海居民收支与生活状况调查主要数据（新口径，表 2 -1 到表 2 -9）

一、主要内容

第一部分资料反映 2015 年上海常住居民生活收入、消费及其他生活状况。

二、资料来源

上海常住居民生活状况数据来源于国家统计局上海调查总队居民收支与生活状况抽样调查。

三、住户调查对象

上海居民收支与生活状况调查（简称住户调查，下同）对象为“本市常住居民”，既包括本地户籍，也包括外地户籍；既包括以家庭形式居住的户，也包括以集体形式居住的户，即在本市常住的外来务工人员也被纳入调查对象。调查区域扩展到全市 16 个区县的城镇、农村地区。全市城镇、农村调查样本量分别扩大到 4600 户和 1400 户，合计为 6000 户。

四、调查内容

调查主要内容包括居民现金和实物收支情况、住户成员及劳动力从业情况、居民家庭食品和能源消费情况、住房和耐用消费拥有情况、家庭经营和生产投资情况、收入分配影响因素情况、社区基本情况以及其他民生状况等。

五、指标发布的变化

根据国家统计局要求，国家统计局上海调查总队从 2015 年 1 季度起，发布城乡一体化住户调查新口径调查数据。主要指标包括：上海居民人均可支配收入、城镇常住居民人均可支配收入、农村常住居民人均可支配收入；上海居民人均消费支出、城镇常住居民人均消费支出、农村常住居民人均消费支出等。

六、数据主要变化情况

根据城乡一体化住户调查改革后，2015 年起，遵照“统计上的城乡划分标准”，新口径城镇常住居民收入、消费等数据覆盖范围在原有基础上扩大，包括城乡结合部，而农村常住居民范围缩小，不再以行政村划分；新口径城镇常住居民“人均可支配收入”指标加入了自有住房折算净租金，扣除了财产性支出和转移性支出等。计算城镇和农村常住居民消费支出时，包括了自有住房折算租金。

第二部分　历年城镇和农村住户调查主要数据
（老口径，表 2－10 到表 2－29）

一、主要内容

第二部分资料反映 1980－2014 年上海市居民生活现状及变化情况，分为城市居民生活和农村居民生活两部分。

二、城镇住户调查资料来源

城镇居民生活状况的数据来源于国家统计局上海调查总队的城镇住户抽样调查。主要内容包括城市居民生活基本情况、收入、生活消费支出、主要消费品消费量等。

三、城镇住户调查方法

上海城镇住户调查以城市常住户为调查对象，2003 年及之前，调查样本为 500 户，2004 年至 2014 年，调查样本增至 1000 户，分布于黄浦、徐汇、长宁、静安、普陀、闸北、虹口、杨浦、闵行、宝山、浦东等 11 个区。

城镇住户调查采用分层、多阶段与大小成比例（pps）、随机等距等方法抽选调查样本户，采用日记账与问卷调查相结合的方法取得数据。首先，每月向抽中的调查户发放帐本，由调查户采用日记帐方式对本住户及每个成员的收支情况进行记录；然后由调查人员每月在规定的时间将帐本回收并进行审核、编码和录入；最后由国家统计局上海调查总队将行数据汇总得出人均可支配收入等数据资料。另外，家庭和个人基本情况以及部分调查户的收支情况通过问卷的形式取得数据。

四、农村住户调查资料来源

农村居民生活状况的数据来源于国家统计局上海调查总队的住户收支与生活状况调查。主要内容包括农村居民生活基本情况、收入、生活消费支出、主要消费品消费量等。

五、农村住户调查方法

农村住户调查是以农村常住户为调查对象，农村常住户指长期（半年以上）居住在农村范围内的住户。户口不在本地而在本地居住半年及以上的住户也包括在本地农村常住户范围内。按国家统计局住户收支与生活状况调查方案，采用抽样调查方法在全市郊区县抽取约 1200 户农村居民家庭作为调查样本，分布于浦东、闵行、宝山、嘉定、金山、松江、青浦、奉贤、崇明 9 个区县。

为保证农村住户调查资料的准确性，住户收支与生活状况调查在 95% 的概率把握程度下要求抽样误差不得超过 ±3%。调查数据采用农村居民记账与一次性调查相结合的方法取得，调查户按照国家统计局上海调查总队统一编制的帐本和要求记账，现金收支帐、实物收支帐发生一笔记一笔，由区县调查员每月收取调查户的帐本，录入计算机，通过乡镇、区县、总队多级审核确保调查数据真实可靠。

BRIEF INTRODUCTION

Part 1 Data of Survey on Income, Expenditure and Living Conditions of Residents in Shanghai 2015 (New Statistics Scope, from Chart 2 - 1 to 2 - 9)

Ⅰ. Main Contents

Data in this chapter shows the income, expenditure and living conditions of residents in Shanghai in 2015.

Ⅱ. Sources of Data

Survey on Income and Expenditures and Living Conditions is condunected by NBS Survey Office in shanghai.

Ⅲ. Respondents of the Survey

Respondents of survey on income, expenditure and living conditions of residents in Shanghai (household survey for short) includes household registered and nonlocal registered residence, family household and institutional household in Shanghai. In other words, migrant workers are included. Region of the survey covers all 16 districts of Shanghai, both urban and rural area. Sample number of urban and rural suvery amounts to 4600 and 1400 respectively, a total of 6000 households.

Ⅳ. Survey Contents

The main contents of the survey include the residents' income and expenditure, household members and labor force, food and energy consumption, housing and durable goods, household management and production investment, income distribution factors, the basic situation of the community and other people's livelihood condition.

Ⅴ. Changes in data

In terms of the system of Integrated Urban and Rural Households on Income and Expenditures and Living Conditions conducted since 2013, NBS Survey office in Shanghai releases integrated urban and rural household survey data, including per capita disposable income of citywide households, per capita disposable income of urban households, per capita disposable income of rural households, per capita consumption expenditure of citywide households, per capita consumption expenditure of urban households, per capita consumption expenditure of rural households.

According to the integrated household survey, main changes of population covered by data of per capita disposable income of urban and rural households: migrant workers resided in urban areas are included in the denominator when calculating per capita disposable income of urban household, migrant workers are not included in denominator when calculating per capita disposable income of rural households; college students of their households are regarded as permanent residents. Main changes of urban household and rural household per capita disposable income and expenditure of new coverage: converted rents of self-owned housing are included when calculating per capita disposable income and expenditure of urban and rural households.

Part 2 Historical data of urban and rural household survey
(Old Statistics Scope, from Chart 2 –10 to 2 –29)

Ⅰ. Main Contents

Data in this chapter show the living conditions of residents in Shanghai from 1980 to 2014. This chapter consists of two parts: living conditions of urban households and living conditions of rural households.

Ⅱ. Sources of Data and Methodology on the Living Conditions of Urban Households

Respondents of the urban household survey includes usual resident households in urban areas. The sample included 500 households at the end of 2003. From 2004 to 2014, sample number of the suvery amounted to 1000. Region of the survey covers 11 districts of Shanghai, including Huangpu, Xuhui, Changning, Jingan, Putuo, Zhabei, Hongkou, Yangpu, Minhang, Baoshan and Pudong District.

Samples of urban household survey are selected by using stratified random sampling method. The selection of sample households in urban areas is done by two steps: the first step is to have a one-off large sample survey; the second step is to select a small sample from the large sample to be used as regular sample households for diaries. The large sample survey is conducted for every three years; the objective is to provide sample frame for regular surveys and basic information for data evaluation of regular surveys. In the large sample survey, samples are selected by systematic sampling method schemes, such as two-phase sampling and stratifying method, multi-stage method and probability proportional to size (PPS) method. A survey will be conducted to the large samples or the first phase samples to collect relevant information on household population, persons employed, income and so on. Then grouping is made based on the information collected, small samples or the second phase samples are selected according to proportions which are regular sample households to keep diary.

Ⅲ. Sources of Data and Methodology on the Living Conditions of Rural Households

Respondents of the rural household survey includes usual resident households in rural areas. Usual resident households in rural areas are households residing on a long term basis (for more than half a year) in the rural areas. Households residing in the current addresses for more than half a year with their household registration in other places are still considered as resident households of the locality. Sample survey on rural households is conducted by first selecting sampled villages and then selecting households in the selected villages. A combination of various sampling approaches is used to identify a total of 1200 households selected from 9 districts, including Pudong, Minghang, Baoshan, Jiading, Jinshan, Songjiang, Qingpu, Fengxian, and Chongming.

In order to ensure the accuracy of the survey data on the rural households, it is required that the sampling error should not exceed ±3%, with a confidence probability as 95%.

第一部分　2015年上海居民收支与生活状况调查主要数据（新口径，表2－1到表2－9）

2015 年全市居民家庭基本情况
Basic Conditions of Citywide Households(2015)

表 2－1　　单位：人（Unit：person）

指　标	Indicators	全　市 Citywide	城　镇 Urban	农　村 Rural
户均人口	Average Family Size	2.62	2.64	2.47
户均从业人口	Number of Employed Persons per Household	1.29	1.26	1.54
平均每一从业人口负担人数（包括从业者本人）	Number of Dependents per Employee (Including Employed Person Himself)	2.03	2.09	1.60

2015 年全市居民收支情况（绝对额）
Per Capita Income and Consumption Expenditure of Citywide Households(2015)

表 2－2　　单位：元/人（Unit：yuan/person）

指　标	Indicators	全　市 Citywide	城　镇 Urban	农　村 Rural
居民人均可支配收入	**Per Capita Disposable Income**	**49 867**	**52 962**	**23 205**
工资性收入	Income of Wages and Salaries	30 499	32 010	17 483
经营净收入	Net Business Income	1 319	1 303	1 462
财产净收入	Net Income from Property	7 173	7 915	775
转移净收入	Net Income from Transfer	10 876	11 734	3 485
居民人均消费支出	**Per Capita Consumption Expenditure**	**34 784**	**36 946**	**16 152**
食品烟酒	Food, Tobacco and Liquor	9 272	9 691	5 660
衣　着	Clothing	1 623	1 711	857
居　住	Residence	11 308	12 137	4 161
生活用品及服务	Household Facilities, Articles and Services	1 485	1 573	723
交通通信	Transport and Communications	4 206	4 457	2 046
教育文化娱乐	Education, Cultural and Recreation	3 718	4 046	893
医疗保健	Health Care and Medical Services	2 268	2 362	1 464
其他用品及服务	Miscellaneous Goods and Services	904	969	348

2015年全市居民收支情况(比上年同期增长)
Growth Rates of Per Capita Income and Consumption Expenditure of Citywide Households(2015)

表2-3　　　　单位:%(Unit:%)

指　标	Indicators	全　市 Citywide	城　镇 Urban	农　村 Rural
居民人均可支配收入	**Per Capita Disposable Income**	**8.5**	**8.4**	**9.5**
工资性收入	Income of Wages and Salaries	6.1	6.0	8.1
经营净收入	Net Business Income	-4.2	-4.9	1.5
财产净收入	Net Income from Property	10.3	10.3	13.0
转移净收入	Net Income from Transfer	16.5	16.4	20.7
居民人均消费支出	**Per Capita Consumption Expenditure**	**5.2**	**5.0**	**9.0**
食品烟酒	Food, Tobacco and Liquor	2.9	2.7	6.1
衣　着	Clothing	0.6	0.7	-0.4
居　住	Residence	4.8	4.4	15.1
生活用品及服务	Household Facilities, Articles and Services	-3.1	-3.5	4.8
交通通信	Transport and Communications	17.0	17.2	11.8
教育文化娱乐	Education, Cultural and Recreation	12.3	12.2	14.1
医疗保健	Health Care and Medical Services	2.0	1.5	10.1
其他用品及服务	Miscellaneous Goods and Services	-8.4	-8.4	-8.1

2015 年全市居民可支配收入及构成
Per Capita Income of Citywide Households and Its Composition(2015)

表 2－4

指　标	Indicators	单 位 Unit	全　市 Citywide	城　镇 Urban	农　村 Rural
可支配收入	**Disposable Income**	**元/人 yuan/person**	**49 867**	**52 962**	**23 205**
工资性收入	Income of Wages and Salaries	元/人 yuan/person	30 499	32 010	17 483
经营净收入	Net Business Income	元/人 yuan/person	1 319	1 303	1 462
财产净收入	Net Income from Property	元/人 yuan/person	7 173	7 915	775
转移净收入	Net Income from Transfer	元/人 yuan/person	10 876	11 734	3 485
# 养老金或离退休金	Pension or Retirement Pay	元/人 yuan/person	12 823	13 795	4 445
可支配收入构成	**Composition of Disposable Income**	**%**	**100.0**	**100.0**	**100.0**
工资性收入	Income of Wages and Salaries	%	61.2	60.4	75.3
经营净收入	Net Business Income	%	2.6	2.5	6.3
财产净收入	Net Income from Property	%	14.4	14.9	3.3
转移净收入	Net Income from Transfer	%	21.8	22.2	15.1
# 养老金或离退休金	Pension or Retirement Pay	%	25.7	26.0	19.2

2015 年全市居民按收入五等份分组的人均可支配收入及同比增长
Per Capita Income of Citywide Households by Income Quintile(2015)

表 2 –5

指　标	Indicators	单 位 Unit	全　市 Citywide	城　镇 Urban	农　村 Rural
可支配收入	**Disposable Income**	**元/人 yuan/person**	**49 867**	**52 962**	**23 205**
低收入户	Low Income Households	元/人 yuan/person	21 086	24 841	11 766
中低收入户	Lower Middle Income Households	元/人 yuan/person	34 370	38 060	18 015
中等收入户	Middle Income Households	元/人 yuan/person	45 454	48 710	22 848
中高收入户	Upper Middle Income Households	元/人 yuan/person	59 403	62 423	27 905
高收入户	High Income Households	元/人 yuan/person	97 276	100 688	39 005
可支配收入比上年增长	**Growth Rates of Disposable Income**	**%**	**8.5**	**8.4**	**9.5**
低收入户	Low Income Households	%	9.7	9.5	12.1
中低收入户	Lower Middle Income Households	%	9.1	9.4	9.8
中等收入户	Middle Income Households	%	8.8	9.0	8.4
中高收入户	Upper Middle Income Households	%	9.3	9.3	4.9
高收入户	High Income Households	%	8.2	8.1	8.0

2015 年全市居民消费支出

Consumption Expenditure of Citywide Households(2015)

表 2－6 单位：元/人（Unit：yuan/person）

指 标	Indicators	全 市 Citywide	城 镇 Urban	农 村 Rural
消费支出	**Consumption Expenditure**	**34 784**	**36 946**	**16 152**
食品烟酒	Food，Tobacco and Liquor	9 272	9 691	5 660
#食 品	Food	5 905	6 129	3 972
在外饮食（不含食堂用餐）	Eating Out	2 191	2 387	504
衣 着	Clothing	1 623	1 711	857
衣 类	Garment	1 270	1 343	637
鞋 类	Shoes	353	368	220
居 住	Residence	11 308	12 137	4 161
#租赁房房租	Rent	829	870	476
水电燃料及其他	Utilities，Fuel Fee and Miscellaneous Cost	951	973	762
生活用品及服务	Household Facilities，Articles and Services	1 485	1 573	723
#家用器具	Household Appliances	335	355	162
家庭日用杂品	Household Articles	341	354	230
交通通信	Transport and Communications	4 206	4 457	2 046
交 通	Transport	2 913	3 113	1 190
通 信	Communications	1 293	1 344	856
教育文化娱乐	Education，Cultural and Recreation	3 718	4 046	893
教 育	Education	1 345	1 453	419
文化和娱乐	Cultural and Recreation	2 373	2 593	474
医疗保健	Health Care and Medical Services	2 268	2 362	1 464
医疗器具及药品	Medical Instrument and Medicine	400	425	187
医疗服务	Medical Services	1 868	1 937	1 277
其他用品及服务	Miscellaneous Goods and Services	904	969	348

2015年全市居民消费支出及构成
Consumption Expenditure of Citywide Households and Its Composition(2015)

表2－7

指 标	Indicators	单位 Unit	全市 Citywide	城镇 Urban	农村 Rural
消费支出	**Consumption Expenditure**	**元/人 yuan/person**	**34 784**	**36 946**	**16 152**
食品烟酒	Food, Tobacco and Liquor	元/人 yuan/person	9 272	9 691	5 660
衣 着	Clothing	元/人 yuan/person	1 623	1 711	857
居 住	Residence	元/人 yuan/person	11 308	12 137	4 161
生活用品及服务	Household Facilities, Articles and Services	元/人 yuan/person	1 485	1 573	723
交通通信	Transport and Communications	元/人 yuan/person	4 206	4 457	2 046
教育文化娱乐	Education, Cultural and Recreation	元/人 yuan/person	3 718	4 046	893
医疗保健	Health Care and Medical Services	元/人 yuan/person	2 268	2 362	1 464
其他用品及服务	Miscellaneous Goods and Services	元/人 yuan/person	904	969	348
消费支出构成	**Composition of Consumption Expenditure**	**%**	**100.0**	**100.0**	**100.0**
食品烟酒	Food, Tobacco and Liquor	%	26.6	26.2	35.0
衣 着	Clothing	%	4.7	4.6	5.3
居 住	Residence	%	32.5	32.8	25.8
生活用品及服务	Household Facilities, Articles and Services	%	4.3	4.3	4.5
交通通信	Transport and Communications	%	12.1	12.1	12.7
教育文化娱乐	Education, Cultural and Recreation	%	10.7	11.0	5.5
医疗保健	Health Care and Medical Services	%	6.5	6.4	9.1
其他用品及服务	Miscellaneous Goods and Services	%	2.6	2.6	2.1

注：因指标口径调整，"食品烟酒"占"消费支出"比重与历史数据不可比。
Note: Because of the adjustment of the coverage of the indicators, the proportion of "Food, Tobacco and Liquor" in "Composition of Consumption Expenditure" is not comparable to historical data.

2015 年全市居民按收入五等份分组的人均消费支出及同比增长
Consumption Expenditure of Citywide Households by Income Quintile(2015)

表 2 −8

指　标	Indicators	单位 Unit	全市 Citywide	城镇 Urban	农村 Rural
消费支出	**Consumption Expenditure**	**元/人 yuan/person**	**34 784**	**36 946**	**16 152**
低收入户	Low Income Households	元/人 yuan/person	15 877	18 261	11 191
中低收入户	Lower Middle Income Households	元/人 yuan/person	23 209	25 579	14 273
中等收入户	Middle Income Households	元/人 yuan/person	31 267	33 913	16 030
中高收入户	Upper Middle Income Households	元/人 yuan/person	41 126	43 587	18 487
高收入户	High Income Households	元/人 yuan/person	68 124	70 218	22 045
比上年增长	**Growth Rates of Consumption Expenditure**	**%**	**5.2**	**5.0**	**9.0**
低收入户	Low Income Households	%	5.2	6.2	5.9
中低收入户	Lower Middle Income Households	%	6.6	4.3	7.6
中等收入户	Middle Income Households	%	4.7	3.0	10.6
中高收入户	Upper Middle Income Households	%	0.4	3.2	10.5
高收入户	High Income Households	%	9.1	8.6	5.3

2015 年全市居民平均每百户主要耐用消费品拥有量
Main Durable Goods Owned Per 100 Households Citywide(2015)

表 2－9

指　标	Indicators	单位 Unit	全　市 Citywide	城　镇 Urban	农　村 Rural
家用汽车	Automobile	辆 unit	24	26	14
电动助力车	Electric Bicycle	辆 unit	58	51	121
洗衣机	Washing Machine	台 set	89	92	70
电冰箱(柜)	Refrigerator	台 set	96	97	84
微波炉	Microwave Oven	台 set	84	87	65
彩色电视机	Color TV Set	台 set	174	177	148
空　调	Air Conditioner	台 set	181	191	101
热水器	Water Heater	台 set	88	91	66
排油烟机	Smoke Exhaust Ventilator	台 set	74	79	38
固定电话	Telephone	线 set	75	77	61
移动电话	Mobile Telephone	部 set	217	221	187
#接入互联网	Accessing to Internet	部 set	153	161	94
计算机	Computer	台 set	117	126	47
#接入互联网	Accessing to Internet	台 set	111	120	40

第二部分　历年城镇和农村住户调查主要数据（老口径，表 2－10 到表 2－29）

城乡居民家庭人均可支配收入和消费支出(1978～2014)
Per Capita Disposable Income and Consumption Expenditures of Urban and Rural Households

表2－10 单位:元（Unit:yuan)

年份 Year	人均可支配收入 Per Capita Disposable Income			人均消费支出 Per Capita Consumption Expenditures		
	城市居民 Urban Residents	农村居民 Rural Residents	城乡居民收入比（农村居民收入＝100) Ratio of Urban-Rural Residents' Income (Rural Residents' Disposable Income＝100)	城市居民 Urban Residents	农村居民 Rural Residents	城乡居民消费支出比（农村居民消费＝100) Ratio of Urban-Rural Residents' Consumption Expenditures (Rural Residents' Consumption Expenditures＝100)
1978	406	281	144.5	357	193	185.0
1979	481	360	133.6	429	247	173.4
1980	637	401	158.9	553	323	171.2
1981	637	444	143.5	585	390	150.0
1982	659	536	122.9	576	444	129.7
1983	686	562	122.1	615	512	120.1
1984	834	785	106.2	726	619	117.3
1985	1 075	806	133.4	992	778	127.5
1986	1 293	936	138.1	1 170	896	130.6
1987	1 437	1 059	135.7	1 282	977	131.2
1988	1 723	1 301	132.4	1 648	1 229	134.1
1989	1 976	1 520	130.0	1 812	1 319	137.4
1990	2 183	1 665	131.1	1 937	1 262	153.5
1991	2 486	2 003	124.1	2 167	1 540	140.7
1992	3 009	2 226	135.2	2 509	1 967	127.6
1993	4 277	2 727	156.8	3 530	2 200	160.5
1994	5 868	3 437	170.7	4 669	2 715	172.0
1995	7 172	4 246	168.9	5 868	3 368	174.2
1996	8 159	4 846	168.4	6 763	3 868	174.8
1997	8 439	5 277	159.9	6 820	4 228	161.3
1998	8 773	5 407	162.3	6 866	4 207	163.2
1999	10 932	5 481	199.5	8 248	3 867	213.3
2000	11 718	5 565	210.6	8 868	4 138	214.3
2001	12 883	5 850	220.2	9 336	4 753	196.4
2002	13 250	6 212	213.3	10 464	5 311	197.0
2003	14 867	6 658	223.3	11 040	5 670	194.7
2004	16 683	7 337	227.4	12 631	6 329	199.6
2005	18 645	8 342	223.5	13 773	7 265	189.6
2006	20 668	9 213	224.3	14 762	8 006	184.4
2007	23 623	10 222	231.1	17 255	8 845	195.1
2008	26 675	11 385	234.3	19 398	9 115	212.8
2009	28 838	12 324	234.0	20 992	9 804	214.1
2010	31 838	13 746	231.6	23 200	10 225	226.9
2011	36 230	15 644	231.6	25 102	11 272	222.7
2012	40 188	17 401	231.0	26 253	12 096	217.0
2013	43 851	19 208	228.3	28 155	13 425	209.7
2014	47 710	21 192	225.1	30 520	15 291	199.6

注：2000年前农村居民平均每人可支配收入按纯收入口径计算,平均每人总收入不包括内部亲友赠送。
Note: Before 2000, per capita disposable income of rural residents refers to the net income. The per capita gross income does not include gifts from relatives and friends.

城乡居民家庭人均收入消费名义指数(1980～2014)
Nominal Indices of Per Capita Disposable Income and Consumption Expenditures of Urban and Rural Households

表2－11

年　份 Year	可支配收入指数 Nominal Indices of Per Capita Disposable Income (1980＝100)		消费支出指数 Nominal Indices of Per Capita Consumption Expenditures (1980＝100)	
	城市居民 Urban Residents	农村居民 Rural Residents	城市居民 Urban Residents	农村居民 Rural Residents
1980	100.0	100.0	100.0	100.0
1981	100.0	110.7	105.7	120.7
1982	103.5	133.7	104.1	137.5
1983	107.7	140.1	111.3	158.5
1984	131.0	195.8	131.3	191.6
1985	168.8	201.0	179.4	240.9
1986	203.1	233.4	211.7	277.4
1987	225.6	264.1	231.9	302.5
1988	270.6	324.4	298.1	380.5
1989	310.2	379.1	327.8	408.4
1990	342.7	415.2	350.4	390.7
1991	390.3	499.5	391.9	476.8
1992	472.5	555.1	453.9	609.0
1993	671.7	680.0	638.5	681.1
1994	921.5	857.1	844.4	840.6
1995	1 126.2	1 058.9	1 061.3	1 042.7
1996	1 281.1	1 208.5	1 223.2	1 197.5
1997	1 325.1	1 316.0	1 233.5	1 309.0
1998	1 377.6	1 348.4	1 241.9	1 302.5
1999	1 716.5	1 366.8	1 491.7	1 197.2
2000	1 840.0	1 387.8	1 603.9	1 281.1
2001	2 023.0	1 458.9	1 688.5	1 471.5
2002	2 255.6	1 549.1	1 881.0	1 644.3
2003	2 530.9	1 660.3	1 984.7	1 755.4
2004	2 840.0	1 829.7	2 270.6	1 959.4
2005	3 174.0	2 080.3	2 476.0	2 249.2
2006	3 518.3	2 297.5	2 653.7	2 478.6
2007	4 021.3	2 549.1	3 101.9	2 738.4
2008	4 540.9	2 839.2	3 487.1	2 822.0
2009	4 909.1	3 073.3	3 773.7	3 035.3
2010	5 419.1	3 427.9	4 195.3	3 165.6
2011	6 167.6	3 901.2	4 539.2	3 489.8
2012	6 841.3	4 339.4	4 719.5	3 744.9
2013	7 464.9	4 790.0	5 061.3	4 156.3
2014	8 121.8	5 284.8	5 486.5	4 734.1

注：城市和农村居民收入消费名义指数以1980年为100,未扣除价格因素。

Note: The 1980 nominal index of per capita disposable income and consumption expenditures of urban and rural households is set at 100, without excluding the price factors.

城乡居民家庭人均收入消费实际指数(1980～2014)

Real Indices of Per Capita Disposable Income and Consumption Expenditures of Urban and Rural Households

表 2－12

年份 Year	可支配收入指数 Real Indices of Per Capita Disposable Income (1980＝100)		消费支出指数 Real Indices of Per Capita Consumption Expenditures (1980＝100)	
	城市居民 Urban Residents	农村居民 Rural Residents	城市居民 Urban Residents	农村居民 Rural Residents
1980	100.0	100.0	100.0	100.0
1981	98.6	109.3	104.2	119.2
1982	101.8	131.5	102.4	135.2
1983	105.7	137.6	109.2	155.6
1984	125.8	188.0	126.1	184.1
1985	140.7	167.6	149.5	200.8
1986	159.2	183.1	166.0	217.6
1987	163.7	191.7	168.2	219.5
1988	163.4	196.1	180.1	229.9
1989	161.6	197.6	170.8	212.8
1990	168.0	203.6	171.7	191.6
1991	173.1	221.7	173.9	211.6
1992	190.5	223.9	183.0	245.7
1993	225.4	228.2	214.2	228.6
1994	249.5	232.2	228.7	227.7
1995	256.9	241.7	242.1	238.0
1996	267.6	252.6	255.5	250.3
1997	269.3	267.5	250.7	266.1
1998	280.0	274.1	252.4	264.8
1999	343.7	273.8	298.7	239.8
2000	359.4	271.2	313.3	250.4
2001	395.2	285.1	329.8	287.6
2002	438.4	301.2	365.6	319.7
2003	491.4	322.5	385.4	341.0
2004	539.6	347.9	431.4	372.6
2005	597.1	391.8	465.8	423.6
2006	654.0	427.5	493.3	461.2
2007	724.3	459.9	558.7	494.0
2008	773.1	484.2	593.6	481.3
2009	839.1	526.2	645.0	519.7
2010	898.6	569.1	691.4	525.8
2011	972.0	615.9	711.1	550.8
2012	1 048.8	666.2	723.5	564.5
2013	1 118.6	718.9	758.4	612.5
2014	1 185.1	772.3	800.5	679.3

注：人均可支配收入和消费支出实际指数是扣除价格因素后按同口径计算的。

Note: The real indices of per capita disposable income and consumption expenditures are calculated according to the same caliber after deducting the price factors.

城乡居民家庭人均消费支出项目比较(1978～2014)

表2－13

年 份 Year	食 品 Food		衣 着 Clothing		家庭设备用品及服务 Household Facilities, Articles and Services		医疗保健 Medical and Health Services	
	城市居民 Urban Residents	农村居民 Rural Residents	城市居民 Urban Residents	农村居民 Rural Residents	城市居民 Urban Residents	农村居民 Rural Residents	城市居民 Urban Residents	农村居民 Rural Residents
1978	200	117	52	29	26	12	4	
1979	242	137	63	37	30	13	5	
1980	310	167	79	35	50	5	7	
1981	332	198	89	43	53	11	6	
1982	339	221	82	39	51	13	6	
1983	360	241	90	46	55	43	6	4
1984	410	287	120	48	68	42	3	6
1985	517	341	148	67	131	65	5	8
1986	617	406	158	74	164	73	4	10
1987	698	450	181	81	165	94	6	9
1988	868	488	244	110	232	174	7	18
1989	1 011	558	208	111	215	159	9	23
1990	1 095	586	208	107	196	129	11	33
1991	1 234	739	238	134	220	151	14	35
1992	1 403	853	277	148	196	232	37	45
1993	1 873	1 022	414	157	295	259	68	50
1994	2 497	1 315	483	213	427	267	84	75
1995	3 131	1 491	561	233	637	284	113	73
1996	3 429	1 657	590	256	614	363	148	108
1997	3 526	1 756	552	267	525	338	197	174
1998	3 477	1 775	472	239	453	369	261	170
1999	3 731	1 669	551	202	772	389	347	160
2000	3 947	1 823	567	201	683	225	501	209
2001	4 056	1 915	577	226	579	294	558	265
2002	4 120	1 872	613	226	653	281	734	280
2003	4 102	2 004	751	250	792	297	603	333
2004	4 593	2 191	797	280	780	344	762	425
2005	4 940	2 676	940	367	800	458	797	562
2006	5 249	3 024	1 027	418	877	481	763	549
2007	6 125	3 259	1 330	476	959	452	857	571
2008	7 109	3 732	1 521	467	1 182	504	755	697
2009	7 345	3 639	1 593	496	1 365	481	1 002	739
2010	7 777	3 807	1 794	554	1 800	528	1 006	585
2011	8 906	4 517	2 054	644	1 826	649	1 141	909
2012	9 656	4 837	2 111	704	1 906	646	1 017	1 029
2013	9 823	5 334	2 032	771	1 706	694	1 350	1 181
2014	10 677	6 188	2 038	801	1 779	712	1 449	1 308

Items Comparison of Per Capita Consumption Expenditures of Urban and Rural Households

单位:元 (Unit: yuan)

交通和通信 Transport and Communication		教育文化娱乐服务 Education, Culture and Recreation services		居住 Housing		其他商品及服务 Other Commodities and Services	
城市居民 Urban Residents	农村居民 Rural Residents	城市居民 Urban Residents	农村居民 Rural Residents	城市居民 Urban Residents	农村居民 Rural Residents	城市居民 Urban Residents	农村居民 Rural Residents
13		30		17	25	15	10
16		33		21	50	19	10
20		49		26	82	12	34
23		38		28	96	16	42
23		33		34	128	8	43
25	1	37	6	33	165	9	6
28	2	46	12	36	215	15	7
30	2	91	34	43	254	27	7
32	4	111	40	48	286	36	3
38	3	108	39	60	287	26	14
41	4	145	50	71	343	40	42
48	4	193	68	74	344	54	52
58	6	231	59	90	272	48	70
62	15	216	85	118	324	65	57
114	31	220	121	164	451	98	86
211	65	321	220	208	357	140	70
292	79	381	222	333	454	172	90
321	159	508	256	401	761	196	111
496	200	827	347	416	816	243	121
397	240	828	414	605	921	190	118
406	226	893	463	674	876	230	89
583	197	1 094	474	842	681	328	95
759	279	1 287	559	794	724	330	118
958	340	1 422	673	796	890	390	150
1 115	462	1 668	661	1 189	1 392	372	137
1 259	587	1 834	676	1 280	1 437	419	86
1 703	720	2 195	806	1 327	1 446	474	117
1 984	739	2 273	936	1 412	1 323	627	204
2 333	780	2 432	920	1 436	1 658	645	176
3 154	884	2 654	857	1 412	2 097	764	249
3 373	880	2 875	850	1 646	1 806	937	179
3 499	1 212	3 139	943	1 913	2 103	1 136	191
4 076	1 459	3 363	1 012	2 166	2 070	1 218	210
3 808	1 309	3 746	1 139	2 226	1 806	1 395	299
4 564	1 705	3 724	1 088	1 790	1 834	1 485	253
4 736	1 719	4 122	964	2 848	2 260	1 538	502
4 885	1 891	4 931	1 069	3 031	2 747	1 730	575

城市居民家庭生活基本情况(1978～2014)

表2－14

年　份 Year	调查户数(户) Number of Households Surveyed (household)	平均每一就业者负担人数(人) Number of Dependents Per Employee (person)	平均每户就业面(%) Proportion of Employment per Household (%)
1978	500	1.68	59.5
1979	500	1.63	61.5
1980	500	1.68	59.4
1981	500	1.64	60.8
1982	500	1.63	61.5
1983	500	1.59	63.0
1984	500	1.56	64.2
1985	500	1.64	61.0
1986	500	1.59	62.8
1987	500	1.61	62.0
1988	500	1.63	61.5
1989	500	1.64	61.2
1990	500	1.64	60.9
1991	500	1.66	60.1
1992	500	1.69	59.2
1993	500	1.71	58.4
1994	500	1.82	55.0
1995	500	1.88	53.1
1996	500	1.94	51.5
1997	500	1.94	51.6
1998	500	1.96	51.1
1999	500	1.78	56.2
2000	500	1.85	53.9
2001	500	1.94	51.7
2002	500	1.91	52.4
2003	500	1.93	51.8
2004	1 000	1.99	50.3
2005	1 000	1.94	51.5
2006	1 000	1.89	53.0
2007	1 000	1.84	54.5
2008	1 000	1.82	54.9
2009	1 000	1.83	54.6
2010	1 000	1.81	55.2
2011	1 000	1.84	54.5
2012	1 000	1.86	53.6
2013	1 000	1.81	55.2
2014	1 000	1.83	54.7

Basic Conditions of Urban Households

人均可支配收入(元) Per Capita Disposable Income (yuan)	人均消费支出(元) Per Capita Consumption Expenditures (yuan)	恩格尔系数(%) Engel Coefficient(%)	平均消费倾向(%) Average Propensity to Consume(%)
406	357	56.0	87.9
481	429	56.4	89.2
637	553	56.0	86.8
637	585	56.8	91.8
659	576	58.9	87.4
686	615	58.5	89.7
834	726	56.5	87.1
1 075	992	52.1	92.3
1 293	1 170	52.7	90.5
1 437	1 282	54.4	89.2
1 723	1 648	52.7	95.6
1 976	1 812	55.8	91.7
2 183	1 937	56.5	88.7
2 486	2 167	56.9	87.2
3 009	2 509	55.9	83.4
4 277	3 530	53.1	82.5
5 868	4 669	53.5	79.6
7 172	5 868	53.4	81.8
8 159	6 763	50.7	82.9
8 439	6 820	51.7	80.8
8 773	6 866	50.6	78.3
10 932	8 248	45.2	75.4
11 718	8 868	44.5	75.7
12 883	9 336	43.4	72.5
13 250	10 464	39.4	79.0
14 867	11 040	37.2	74.3
16 683	12 631	36.4	75.7
18 645	13 773	35.9	73.9
20 668	14 762	35.6	71.4
23 623	17 255	35.5	73.0
26 675	19 398	36.6	72.7
28 838	20 992	35.0	72.8
31 838	23 200	33.5	72.9
36 230	25 102	35.5	69.3
40 188	26 253	36.8	65.3
43 851	28 155	34.9	64.2
47 710	30 520	35.0	64.0

城市居民家庭人均可支配收入及来源(1980～2014)
Per Capita Disposable Income and Sources of Urban Households

表 2－15　　单位:元(Unit: yuan)

年　份 Year	人均可支配收入 Average Per Capita Disposable Income	工资性收入 Salaries	经营净收入 Net Income from Household Business	财产性收入 Property Income	转移性收入 Transferred Income
1980	637	551			86
1981	637	567			70
1982	659	584	…		75
1983	686	607	…		79
1984	834	754	…		80
1985	1 075	794	1		280
1986	1 293	954	1		338
1987	1 437	1 049	2		386
1988	1 723	1 262	2	12	447
1989	1 976	1 447	2	18	509
1990	2 183	1 548	1	21	613
1991	2 486	1 780		29	677
1992	3 009	2 138	3	44	824
1993	4 277	3 099	4	37	1 137
1994	5 868	4 224	28	54	1 562
1995	7 172	5 002	69	92	2 009
1996	8 159	5 889	87	61	2 122
1997	8 439	5 969	150	69	2 251
1998	8 773	6 004	98	57	2 614
1999	10 932	7 326	156	68	3 382
2000	11 718	7 832	120	65	3 701
2001	12 883	7 975	119	39	4 750
2002	13 250	7 915	436	94	4 805
2003	14 867	10 097	377	130	4 263
2004	16 683	11 422	507	215	4 539
2005	18 645	12 409	798	292	5 146
2006	20 668	13 962	959	300	5 447
2007	23 623	16 598	1 158	369	5 498
2008	26 675	18 909	1 399	369	5 998
2009	28 838	19 811	1 435	474	7 118
2010	31 838	21 745	1 628	511	7 954
2011	36 230	24 454	1 994	633	9 149
2012	40 188	26 752	2 267	576	10 593
2013	43 851	28 518	2 317	788	12 228
2014	47 710	30 629	2 345	846	13 890

城市居民家庭人均可支配收入构成(1980～2014)
Composition of Per Capita Disposable Income of Urban Households

表2－16　　单位:%（Unit: %）

年份 Year	人均可支配收入 Average Per Capita Disposable Income	工资性收入 Salaries	经营净收入 Net Income from Household Business	财产性收入 Property Income	转移性收入 Transferred Income
1980	100.0	86.5			13.5
1981	100.0	89.0			11.0
1982	100.0	88.6	…		11.4
1983	100.0	88.5	…		11.5
1984	100.0	90.4	…		9.6
1985	100.0	73.9	0.1		26.0
1986	100.0	73.8	0.1		26.1
1987	100.0	73.0	0.1		26.9
1988	100.0	73.3	0.1	0.7	25.9
1989	100.0	73.2	0.1	0.9	25.8
1990	100.0	70.9	…	1.0	28.1
1991	100.0	71.6		1.2	27.2
1992	100.0	71.0	0.1	1.5	27.4
1993	100.0	72.4	0.1	0.9	26.6
1994	100.0	72.0	0.5	0.9	26.6
1995	100.0	69.7	1.0	1.3	28.0
1996	100.0	72.2	1.1	0.7	26.0
1997	100.0	70.7	1.8	0.8	26.7
1998	100.0	68.4	1.1	0.7	29.8
1999	100.0	67.0	1.4	0.6	31.0
2000		66.8	1.0	0.6	31.6
2001	100.0	61.9	0.9	0.3	36.9
2002	100.0	59.7	3.3	0.7	36.3
2003	100.0	67.9	2.5	0.9	28.7
2004	100.0	68.5	3.0	1.3	27.2
2005	100.0	66.5	4.3	1.6	27.6
2006	100.0	67.6	4.6	1.4	26.4
2007	100.0	70.2	4.9	1.6	23.3
2008	100.0	70.9	5.2	1.4	22.5
2009	100.0	68.7	5.0	1.6	24.7
2010	100.0	68.3	5.1	1.6	25.0
2011	100.0	67.5	5.5	1.7	25.3
2012	100.0	66.6	5.6	1.4	26.4
2013	100.0	65.0	5.3	1.8	27.9
2014	100.0	64.2	4.9	1.8	29.1

按收入水平分组城市居民家庭人均可支配收入(1985～2014)
Per Capita Disposable Income of Urban Households by 5 Income Levels

表 2－17

单位:元（Unit: yuan）

年　份 Year	总平均 Total Average	低收入户 Low Income	较低收入户 Medium-low Income	中等收入户 Medium Income	较高收入户 Medium-high Income	高收入户 High Income
1985	1 075	744	918	1 043	1 216	1 506
1986	1 293	923	1 106	1 256	1 445	1 796
1987	1 437	1 007	1 231	1 380	1 610	2 086
1988	1 723	1 190	1 451	1 678	1 953	2 519
1989	1 976	1 351	1 664	1 919	2 230	2 872
1990	2 183	1 518	1 836	2 104	2 470	3 128
1991	2 486	1 683	2 092	2 434	2 754	3 713
1992	3 009	1 975	2 503	2 936	3 441	4 452
1993	4 277	2 612	3 380	4 017	4 821	6 707
1994	5 868	3 339	4 559	5 405	6 456	9 899
1995	7 172	4 057	5 412	6 600	8 005	11 906
1996	8 159	4 557	6 092	7 528	9 257	13 339
1997	8 439	4 682	6 475	7 939	9 659	13 730
1998	8 773	4 854	6 740	8 132	9 997	14 255
1999	10 932	6 246	7 949	9 534	11 893	19 624
2000	11 718	6 840	8 815	10 529	12 892	19 959
2001	12 883	6 873	9 170	11 155	13 812	23 488
2002	13 250	7 108	9 917	12 162	14 794	23 195
2003	14 867	6 546	9 816	12 602	16 363	30 282
2004	16 683	7 065	10 664	14 149	19 371	34 404
2005	18 645	7 851	11 800	15 668	21 313	37 722
2006	20 668	8 973	13 045	16 774	22 994	42 884
2007	23 623	10 297	15 131	20 249	27 286	47 149
2008	26 675	11 593	17 550	22 675	30 239	53 733
2009	28 838	13 205	19 320	24 717	32 212	57 726
2010	31 838	14 996	21 780	27 484	35 120	62 465
2011	36 230	17 206	24 824	31 414	40 771	70 067
2012	40 188	19 059	27 597	34 351	44 474	78 522
2013	43 851	20 766	30 221	36 989	48 141	87 676
2014	47 710	24 317	34 120	40 799	52 089	93 901

注：收入水平根据居民家庭人均可支配收入由低到高排序，按照调查总户数各 20% 分为 5 组。

Note: The income levels are listed from low to high according to the Per Capita Disposable Income of Urban Households and they are divided into five levels, each involving 20% of the total number of households surveyed.

城市居民家庭人均分类消费支出（1980～2014）
Per Capita Consumption Expenditures of Urban Households by Category

表 2－18 单位：元（Unit：yuan）

年 份 Year	消费支出 Total Consumption Expenditures	食 品 Food	衣 着 Clothing	家庭设备用品及服务 Household Facilities, Articles and Services	医疗保健 Medical and Health Services
1980	553	310	79	50	7
1981	585	332	89	53	6
1982	576	339	82	51	6
1983	615	360	90	55	6
1984	726	410	120	68	3
1985	992	517	148	131	5
1986	1 170	617	158	164	4
1987	1 282	698	181	165	6
1988	1 648	868	244	232	7
1989	1 812	1 011	208	215	9
1990	1 937	1 095	208	196	11
1991	2 167	1 234	238	220	14
1992	2 509	1 403	277	196	37
1993	3 530	1 873	414	295	68
1994	4 669	2 497	483	427	84
1995	5 868	3 131	561	637	113
1996	6 763	3 429	590	614	148
1997	6 820	3 526	552	525	197
1998	6 866	3 477	472	453	261
1999	8 248	3 731	551	772	347
2000	8 868	3 947	567	683	501
2001	9 336	4 056	577	579	558
2002	10 464	4 120	613	653	734
2003	11 040	4 102	751	792	603
2004	12 631	4 593	797	780	762
2005	13 773	4 940	940	800	797
2006	14 762	5 249	1 027	877	763
2007	17 255	6 125	1 330	959	857
2008	19 398	7 109	1 521	1 182	755
2009	20 992	7 345	1 593	1 365	1 002
2010	23 200	7 777	1 794	1 800	1 006
2011	25 102	8 906	2 054	1 826	1 141
2012	26 253	9 656	2 111	1 906	1 017
2013	28 155	9 823	2 032	1 706	1 350
2014	30 520	10 677	2 038	1 779	1 449

表 2－18 续表　**Continued**

单位：元（Unit：yuan）

年　份 Year	交通和通信 Transport and Communication	教育文化娱乐服务 Education, Culture and Recreation Services	居　住 Housing	其他商品和服务 Other Commodities and Services
1980	20	49	26	12
1981	23	38	28	16
1982	23	33	34	8
1983	25	37	33	9
1984	28	46	36	15
1985	30	91	43	27
1986	32	111	48	36
1987	38	108	60	26
1988	41	145	71	40
1989	48	193	74	54
1990	58	231	90	48
1991	62	216	118	65
1992	114	220	164	98
1993	211	321	208	140
1994	292	381	333	172
1995	321	508	401	196
1996	496	827	416	243
1997	397	828	605	190
1998	406	893	674	230
1999	583	1 094	842	328
2000	759	1 287	794	330
2001	958	1 422	796	390
2002	1 115	1 668	1 189	372
2003	1 259	1 834	1 280	419
2004	1 703	2 195	1 327	474
2005	1 984	2 273	1 412	627
2006	2 333	2 432	1 436	645
2007	3 154	2 654	1 412	764
2008	3 373	2 875	1 646	937
2009	3 499	3 139	1 913	1 136
2010	4 076	3 363	2 166	1 218
2011	3 808	3 746	2 226	1 395
2012	4 564	3 724	1 790	1 485
2013	4 736	4 122	2 848	1 538
2014	4 885	4 931	3 031	1 730

城市居民家庭人均分类消费支出构成（1980～2014）
Composition of Per Capita Consumption Expenditures of Urban Households

表2－19　　　　单位：%（Unit：%）

年 份 Year	消费支出 Total Consumption Expenditures	食 品 Food	衣 着 Clothing	家庭设备用品及服务 Household Facilities, Articles and Services	医疗保健 Medical and Health Services
1980	100.0	56.0	14.3	9.0	1.3
1981	100.0	56.8	15.2	9.1	1.0
1982	100.0	58.9	14.2	8.9	1.0
1983	100.0	58.5	14.6	8.9	1.0
1984	100.0	56.5	16.5	9.4	0.4
1985	100.0	52.1	14.9	13.2	0.5
1986	100.0	52.7	13.5	14.0	0.4
1987	100.0	54.4	14.1	12.9	0.5
1988	100.0	52.7	14.8	14.1	0.4
1989	100.0	55.8	11.5	11.9	0.5
1990	100.0	56.5	10.7	10.1	0.6
1991	100.0	56.9	11.0	10.2	0.6
1992	100.0	55.9	11.0	7.8	1.5
1993	100.0	53.1	11.7	8.3	1.9
1994	100.0	53.5	10.3	9.1	1.8
1995	100.0	53.4	9.6	10.8	1.9
1996	100.0	50.7	8.7	9.1	2.2
1997	100.0	51.7	8.1	7.7	2.9
1998	100.0	50.6	6.9	6.6	3.8
1999	100.0	45.2	6.7	9.3	4.2
2000	100.0	44.5	6.4	7.7	5.6
2001	100.0	43.4	6.2	6.2	6.0
2002	100.0	39.4	5.9	6.2	7.0
2003	100.0	37.2	6.8	7.2	5.4
2004	100.0	36.4	6.3	6.2	6.0
2005	100.0	35.9	6.8	5.8	5.8
2006	100.0	35.6	6.9	5.9	5.2
2007	100.0	35.5	7.7	5.5	5.0
2008	100.0	36.6	7.9	6.1	3.9
2009	100.0	35.0	7.6	6.5	4.8
2010	100.0	33.5	7.7	7.8	4.3
2011	100.0	35.5	8.2	7.3	4.5
2012	100.0	36.8	8.0	7.3	3.9
2013	100.0	34.9	7.2	6.1	4.8
2014	100.0	35.0	6.7	5.8	4.7

表 2－19 续表　Continued

单位:%(Unit:%)

年　份 Year	交通和通信 Transport and Communication	教育文化娱乐服务 Education, Culture and Recreation Services	居　住 Housing	其他商品和服务 Other Commodities and Services
1980	3.6	8.9	4.7	2.2
1981	3.9	6.5	4.8	2.7
1982	4.0	5.7	5.9	1.4
1983	4.1	6.0	5.4	1.5
1984	3.8	6.3	5.0	2.1
1985	3.0	9.2	4.4	2.7
1986	2.7	9.5	4.1	3.1
1987	3.0	8.4	4.7	2.0
1988	2.5	8.8	4.3	2.4
1989	2.6	10.6	4.1	3.0
1990	3.0	11.9	4.7	2.5
1991	2.9	10.0	5.4	3.0
1992	4.6	8.8	6.5	3.9
1993	6.0	9.1	5.9	4.0
1994	6.3	8.2	7.1	3.7
1995	5.5	8.7	6.8	3.3
1996	7.3	12.2	6.2	3.6
1997	5.8	12.1	8.9	2.8
1998	5.9	13.0	9.8	3.4
1999	7.1	13.3	10.2	4.0
2000	8.6	14.5	9.0	3.7
2001	10.3	15.2	8.5	4.2
2002	10.7	15.9	11.4	3.5
2003	11.4	16.6	11.6	3.8
2004	13.5	17.4	10.5	3.7
2005	14.4	16.5	10.2	4.6
2006	15.8	16.5	9.7	4.4
2007	18.3	15.4	8.2	4.4
2008	17.4	14.8	8.5	4.8
2009	16.7	14.9	9.1	5.4
2010	17.6	14.5	9.3	5.3
2011	15.2	14.9	8.9	5.5
2012	17.4	14.2	6.8	5.6
2013	16.8	14.6	10.1	5.5
2014	16.0	16.2	9.9	5.7

城市居民家庭人均分类消费支出名义指数(以1980年为100)
Per Capita Consumption Expenditure Norminal Indices of Urban Households by Category(1980 = 100)

表2-20

年 份 Year	消费支出 Total Consumption Expenditures	食 品 Food	衣 着 Clothing	家庭设备用品及服务 Household Facilities, Articles and Services	医疗保健 Medical and Health Services
1980	100.0	100.0	100.0	100.0	100.0
1981	105.7	107.2	112.2	106.7	93.0
1982	104.1	109.3	103.0	102.8	91.1
1983	111.3	116.4	113.6	109.2	93.3
1984	131.3	132.4	152.1	135.6	48.1
1985	179.4	166.9	186.8	263.1	72.2
1986	211.7	199.1	200.4	329.0	57.8
1987	231.9	225.5	228.2	329.9	83.7
1988	298.1	280.3	308.1	463.3	107.7
1989	327.8	326.4	262.7	431.0	130.8
1990	350.4	353.5	263.2	392.4	163.4
1991	391.9	398.6	300.9	440.0	201.3
1992	453.9	453.1	350.2	392.7	537.2
1993	638.5	604.9	523.5	589.7	973.3
1994	844.4	806.5	611.4	853.0	1 201.4
1995	1 061.3	1 011.0	709.7	1 273.7	1 617.9
1996	1 223.2	1 107.3	745.8	1 228.3	2 119.2
1997	1 233.5	1 138.8	697.7	1 050.0	2 826.3
1998	1 241.9	1 123.0	597.4	905.4	3 739.8
1999	1 491.7	1 204.8	696.6	1 544.2	4 975.1
2000	1 603.9	1 274.6	717.7	1 365.1	7 182.6
2001	1 688.5	1 309.9	730.3	1 157.8	8 001.4
2002	1 881.0	1 330.5	775.2	1 306.5	10 518.7
2003	1 984.7	1 324.8	949.7	1 584.8	8 643.4
2004	2 270.6	1 483.3	1 007.8	1 560.3	10 923.1
2005	2 476.0	1 595.2	1 189.6	1 600.3	11 426.8
2006	2 653.7	1 695.0	1 298.9	1 754.9	10 940.6
2007	3 101.9	1 978.0	1 682.4	1 918.7	12 291.4
2008	3 487.1	2 295.5	1 923.4	2 364.1	10 831.2
2009	3 773.7	2 371.8	2 015.1	2 730.3	14 371.2
2010	4 170.6	2 511.3	2 269.3	3 599.8	14 419.9
2011	4 512.5	2 875.9	2 597.8	3 651.8	16 359.9
2012	4 719.5	3 118.0	2 670.4	3 812.4	14 579.2
2013	5 061.3	3 172.0	2 570.6	3 410.4	19 363.6
2014	5 486.5	3 447.9	2 578.3	3 558.1	20 779.0

表 2－20 续表　Continued

年　份 Year	交通和通信 Transport and Communication	教育文化娱乐服务 Education, Culture and Recreation Services	居　住 Housing	其他商品和服务 Other Commodities and Services
1980	100.0	100.0	100.0	100.0
1981	112.7	77.2	106.8	132.0
1982	113.9	67.3	128.6	70.4
1983	123.1	75.1	126.1	78.0
1984	140.0	94.5	135.7	122.0
1985	150.7	185.7	161.9	227.4
1986	158.9	225.6	183.2	302.9
1987	191.0	221.0	227.2	221.5
1988	206.3	296.0	269.6	341.3
1989	238.8	394.7	281.9	453.3
1990	289.1	472.3	341.1	400.9
1991	312.4	441.7	446.9	542.5
1992	569.2	449.8	621.8	823.4
1993	1 054.5	654.7	790.1	1 184.1
1994	1 460.7	777.7	1 264.4	1 445.5
1995	1 605.8	1 036.5	1 523.6	1 653.1
1996	2 483.1	1 688.6	1 576.8	2 050.3
1997	1 986.9	1 689.8	2 294.8	1 601.9
1998	2 034.6	1 823.2	2 555.7	1 935.5
1999	2 917.9	2 234.3	3 192.5	2 761.7
2000	3 799.4	2 628.2	3 013.5	2 773.6
2001	4 792.8	2 903.7	3 018.2	3 284.2
2002	5 578.8	3 406.1	4 509.3	3 134.8
2003	6 299.0	3 744.2	4 857.8	3 525.6
2004	8 521.6	4 482.1	5 033.3	3 993.9
2005	9 927.1	4 640.5	5 357.4	5 281.1
2006	11 674.2	4 965.1	5 447.0	5 432.0
2007	15 782.2	5 418.3	5 357.4	6 431.2
2008	16 880.5	5 869.2	6 245.5	7 891.3
2009	17 508.3	6 409.2	7 258.5	9 565.7
2010	20 399.8	6 867.1	8 218.4	10 253.1
2011	19 058.4	7 649.4	8 444.0	11 744.8
2012	22 838.6	7 603.1	6 792.9	12 508.2
2013	23 702.2	8 416.5	10 804.5	12 948.1
2014	24 446.4	10 067.6	11 497.7	14 562.9

按收入水平分组城市居民家庭人均消费支出(1985～2014)
Per Capita Consumption Expenditures of Urban Households by 5 Income Levels

表2－21 单位:元(Unit: yuan)

年份 Year	总平均 Total Average	低收入户 Low Income	较低收入户 Medium-low Income	中等收入户 Medium Income	较高收入户 Medium-high Income	高收入户 High Income
1985	992	724	870	973	1 123	1 309
1986	1 170	863	1 038	1 121	1 288	1 590
1987	1 282	949	1 114	1 203	1 459	1 789
1988	1 648	1 149	1 405	1 588	1 931	2 327
1989	1 812	1 299	1 625	1 743	2 079	2 428
1990	1 937	1 433	1 702	1 907	2 115	2 632
1991	2 167	1 524	1 866	2 295	2 348	2 968
1992	2 509	1 785	2 185	2 509	2 915	3 316
1993	3 530	2 407	2 967	3 416	3 895	5 061
1994	4 669	3 095	3 728	4 718	5 178	6 825
1995	5 868	3 700	4 696	5 497	6 601	8 911
1996	6 763	4 353	5 683	6 546	7 390	9 810
1997	6 820	4 533	5 624	6 659	7 395	10 072
1998	6 866	4 583	5 824	6 924	7 373	9 694
1999	8 248	5 987	7 011	7 623	8 966	11 911
2000	8 868	6 272	7 516	8 555	9 445	12 763
2001	9 336	6 900	7 647	8 473	10 010	13 666
2002	10 464	7 264	9 176	9 569	12 152	14 629
2003	11 040	6 481	8 931	10 060	12 569	17 427
2004	12 631	6 684	8 814	11 646	13 753	23 629
2005	13 773	7 698	9 807	11 524	15 024	25 470
2006	14 762	8 004	11 233	13 142	15 815	26 325
2007	17 255	9 217	12 959	15 468	18 993	30 820
2008	19 398	10 458	13 614	17 204	21 869	35 273
2009	20 992	11 654	16 155	18 487	24 253	36 063
2010	23 200	12 555	15 970	21 611	26 773	40 744
2011	25 102	13 700	18 449	23 228	30 387	41 397
2012	26 253	15 095	18 232	22 946	29 575	47 092
2013	28 155	16 210	19 263	24 325	33 183	50 218
2014	30 520	17 879	20 881	27 974	35 904	53 734

农村居民家庭生活基本情况(1978～2014)
Basic Conditions of Rural Households

表 2－22

年　份 Year	调查户数(户) Number of Households Surveyed (household)	人均可支配收入(元) Per Capita Disposable Income (yuan)	人均生活消费支出(元) Per Capita Consumption Expenditures (yuan)	恩格尔系数(%) Engel Coefficient(%)	平均消费倾向(%) Average Propensity to Consume (%)
1978	96	281	193	60.6	68.7
1979	96	360	247	55.5	68.6
1980	280	401	323	51.7	80.5
1981	360	444	390	50.8	87.8
1982	360	536	444	49.8	82.8
1983	360	562	512	47.0	91.1
1984	360	785	619	46.4	78.9
1985	1 000	806	778	43.8	96.5
1986	1 000	936	896	45.3	95.7
1987	1 000	1 059	977	46.1	92.3
1988	1 000	1 301	1 229	39.7	94.5
1989	1 000	1 520	1 319	42.3	86.8
1990	1 000	1 665	1 262	46.4	75.8
1991	600	2 003	1 540	48.0	76.9
1992	600	2 226	1 967	43.4	88.4
1993	600	2 727	2 200	46.4	80.7
1994	600	3 437	2 715	48.4	79.0
1995	600	4 246	3 368	44.3	79.3
1996	600	4 846	3 868	42.8	79.8
1997	600	5 277	4 228	41.5	80.1
1998	600	5 407	4 207	42.2	77.8
1999	600	5 481	3 867	43.1	70.6
2000	600	5 565	4 138	44.0	74.4
2001	600	5 850	4 753	40.3	81.2
2002	600	6 212	5 311	35.2	85.5
2003	600	6 658	5 670	35.4	85.2
2004	600	7 337	6 329	34.6	86.3
2005	600	8 342	7 265	36.8	87.1
2006	600	9 213	8 006	37.8	86.9
2007	600	10 222	8 845	36.8	86.5
2008	600	11 385	9 115	40.9	80.1
2009	600	12 324	9 804	37.1	79.6
2010	600	13 746	10 225	37.2	74.4
2011	1 200	15 644	11 272	40.1	72.1
2012	1 200	17 401	12 096	40.0	69.5
2013	1 200	19 208	13 425	39.7	69.9
2014	1 200	21 192	15 291	40.5	72.2

农村居民家庭人均可支配收入及来源（1978～2014）
Per Capita Disposable Income and Sources of Rural Households

表2－23 单位：元(Unit:yuan)

年 份 Year	人均可支配收入 Average Per Capita Disposable Income	工资性收入 Salaries	家庭经营纯收入 Net Income from Household Business	财产性收入 Property Income	转移性收入 Transferred Income
1978	281	227	18	2	34
1979	360	278	34		48
1980	401	297	55	2	47
1981	444	313	71	8	52
1982	536	405	78	6	47
1983	562	359	155	6	42
1984	785	451	275	9	50
1985	806	430	323	15	38
1986	936	536	344	22	34
1987	1 059	655	338	32	34
1988	1 301	829	412	17	43
1989	1 520	1 000	461	16	43
1990	1 665	1 066	539	16	44
1991	2 003	1 235	681	33	54
1992	2 226	1 454	685	30	57
1993	2 727	1 662	949	50	66
1994	3 437	2 112	1 084	104	137
1995	4 246	2 734	1 183	155	174
1996	4 846	3 240	1 278	181	147
1997	5 277	3 736	1 226	144	171
1998	5 407	3 869	1 185	221	132
1999	5 481	4 192	929	127	233
2000	5 565	4 310	934	143	178
2001	5 850	4 491	967	157	235
2002	6 212	4 920	774	205	313
2003	6 658	5 284	813	222	339
2004	7 337	5 757	886	297	397
2005	8 342	6 364	811	430	737
2006	9 213	6 892	766	556	999
2007	10 222	7 498	754	673	1 297
2008	11 385	8 182	711	837	1 655
2009	12 324	8 721	590	932	2 081
2010	13 746	9 606	589	970	2 581
2011	15 644	10 493	877	1 243	3 031
2012	17 401	11 496	905	1 382	3 618
2013	19 208	12 378	920	1 587	4 323
2014	21 192	13 430	1 035	1 757	4 970

注：2000年前农村居民平均每人可支配收入按纯收入口径计算。2011年，按可比口径计算，全年家庭经营纯收入增长为22%。

Note: Before 2000, the Per Capita Disposable Income of Rural Residents is calculated according to their net income. Since 2011, according to the calculation of comparable caliber, the growth rate of annual Household Business Income is 22%.

农村居民家庭人均可支配收入构成（1978～2014）
Composition of Per Capita Disposable Income of Rural Households

表2－24　　单位：%（Unit：%）

年份 Year	人均可支配收入 Average Per Capita Disposable Income	工资性收入 Salaries	家庭经营纯收入 Net Income from Household Business	财产性收入 Property Income	转移性收入 Transferred Income
1978	100.0	80.8	6.4	0.7	12.1
1979	100.0	77.2	9.4		13.4
1980	100.0	74.1	13.7	0.5	11.7
1981	100.0	70.5	16.0	1.8	11.7
1982	100.0	75.6	14.6	1.1	8.7
1983	100.0	63.9	27.6	1.1	7.4
1984	100.0	57.5	35.0	1.1	6.4
1985	100.0	53.3	40.1	1.9	4.7
1986	100.0	57.3	36.8	2.3	3.6
1987	100.0	61.9	31.9	3.0	3.2
1988	100.0	63.7	31.7	1.3	3.3
1989	100.0	65.8	30.3	1.1	2.8
1990	100.0	64.0	32.4	1.0	2.6
1991	100.0	61.7	34.0	1.6	2.7
1992	100.0	65.3	30.8	1.3	2.6
1993	100.0	60.9	34.8	1.8	2.5
1994	100.0	61.5	31.5	3.0	4.0
1995	100.0	64.4	27.9	3.6	4.1
1996	100.0	66.9	26.4	3.7	3.0
1997	100.0	70.8	23.2	2.7	3.3
1998	100.0	71.6	21.9	4.1	2.4
1999	100.0	76.5	16.9	2.3	4.3
2000	100.0	77.4	16.8	2.6	3.2
2001	100.0	76.8	16.5	2.7	4.0
2002	100.0	79.2	12.5	3.3	5.0
2003	100.0	79.4	12.2	3.3	5.1
2004	100.0	78.5	12.1	4.0	5.4
2005	100.0	76.3	9.7	5.2	8.8
2006	100.0	74.8	8.3	6.0	10.9
2007	100.0	73.3	7.4	6.6	12.7
2008	100.0	71.9	6.2	7.4	14.5
2009	100.0	70.8	4.8	7.5	16.9
2010	100.0	69.9	4.3	7.0	18.8
2011	100.0	67.1	5.6	7.9	19.4
2012	100.0	66.1	5.2	7.9	20.8
2013	100.0	64.4	4.8	8.3	22.5
2014	100.0	63.4	4.9	8.3	23.4

按收入水平分组农村居民家庭人均可支配收入（1994～2014）
Per Capita Disposable Income of Rural Households by 5 Income Levels

表 2－25 单位：元（Unit：yuan）

年 份 Year	总平均 Total Average	低收入户 Low Income	较低收入户 Medium-low Income	中等收入户 Medium Income	较高收入户 Medium-high Income	高收入户 High Income
1994	3 437	1 693	2 488	3 181	4 091	6 050
1995	4 246	1 951	3 071	3 899	5 044	7 593
1996	4 846	2 228	3 504	4 399	5 546	8 760
1997	5 277	2 361	3 727	4 854	6 222	9 461
1998	5 407	2 385	3 849	4 965	6 392	9 738
1999	5 481	2 212	3 692	4 883	6 528	10 266
2000	5 565	2 330	3 906	5 264	6 725	10 405
2001	5 850	2 351	4 078	5 649	7 122	10 930
2002	6 212	2 429	4 266	5 701	7 513	11 989
2003	6 658	2 761	4 621	6 213	7 972	12 777
2004	7 337	3 122	5 148	7 006	8 775	13 652
2005	8 342	3 347	5 594	7 612	9 755	15 309
2006	9 213	3 830	6 194	8 412	10 714	16 843
2007	10 222	4 321	7 098	9 442	11 807	18 443
2008	11 385	4 690	8 065	10 487	13 094	20 748
2009	12 324	5 279	8 785	11 184	14 039	22 465
2010	13 746	5 968	10 107	12 929	16 327	24 536
2011	15 644	7 018	11 772	14 568	18 145	27 227
2012	17 401	7 707	13 071	16 490	20 340	29 180
2013	19 208	8 708	14 415	18 152	22 618	31 196
2014	21 192	10 476	16 375	20 693	25 129	32 631

注：收入水平根据居民家庭人均可支配收入由低到高排序，按照调查总户数各 20% 分为 5 组。
Note：The income levels are listed from low to high according to the Per Capita Disposable Income of Urban Households and they are divided into five levels，each involving 20% of the total number of households surveyed.

农村居民家庭人均分类生活消费支出(1978～2014)

表2－26

年　份 Year	生活消费支出 Total Consumption Expenditures	食　品 Food	衣　着 Clothing	居　住 Housing
1978	193	117	29	25
1979	247	137	37	50
1980	323	167	35	82
1981	390	198	43	96
1982	444	221	39	128
1983	512	241	46	165
1984	619	287	48	215
1985	778	341	67	254
1986	896	406	74	286
1987	977	450	81	287
1988	1 229	488	110	343
1989	1 319	558	111	344
1990	1 262	586	107	272
1991	1 540	739	134	324
1992	1 967	853	148	451
1993	2 200	1 022	157	357
1994	2 715	1 315	213	454
1995	3 368	1 491	233	761
1996	3 868	1 657	256	816
1997	4 228	1 756	267	921
1998	4 207	1 775	239	876
1999	3 867	1 669	202	681
2000	4 138	1 823	201	724
2001	4 753	1 915	226	890
2002	5 311	1 872	226	1 392
2003	5 670	2 004	250	1 437
2004	6 329	2 191	280	1 446
2005	7 265	2 676	367	1 323
2006	8 006	3 024	418	1 658
2007	8 845	3 259	476	2 097
2008	9 115	3 732	467	1 806
2009	9 804	3 639	496	2 103
2010	10 225	3 807	554	2 070
2011	11 272	4 517	644	1 806
2012	12 096	4 837	704	1 834
2013	13 425	5 334	771	2 260
2014	15 291	6 188	801	2 747

Per Capita Consumption Expenditures of Rural Households by Category

单位:元(Unit: yuan)

家庭设备用品及服务 Household Facilities, Articles and Services	交通和通信 Transport and Communication	文教娱乐用品及服务 Education, Culture and Recreation Articles and Services	医疗保健 Medical and Health Services	其他商品和服务 Other Commodities and Services
12				10
13				10
5				34
11				42
13				43
43	1	6	4	6
42	2	12	6	7
65	2	34	8	7
73	4	40	10	3
94	3	39	9	14
174	4	50	18	42
159	4	68	23	52
129	6	59	33	70
151	15	85	35	57
232	31	121	45	86
259	65	220	50	70
267	79	222	75	90
284	159	256	73	111
363	200	347	108	121
338	240	414	174	118
369	226	463	170	89
389	197	474	160	95
225	279	559	209	118
294	340	673	265	150
281	462	661	280	137
297	587	676	333	86
344	720	806	425	117
458	739	936	562	204
481	780	920	549	176
452	884	857	571	249
504	880	850	697	179
481	1 212	943	739	191
528	1 459	1 012	585	210
649	1 309	1 139	909	299
646	1 705	1 088	1 029	253
694	1 719	964	1 181	502
712	1 891	1 069	1 308	575

农村居民家庭人均分类生活消费支出构成（1978～2014）

表2－27

年　份 Year	生活消费支出 Total Consumption Expenditures	食　品 Food	衣　着 Clothing	居　住 Housing
1978	100.0	60.6	15.0	13.0
1979	100.0	55.5	15.0	20.2
1980	100.0	51.7	10.8	25.4
1981	100.0	50.8	11.0	24.6
1982	100.0	49.8	8.8	28.8
1983	100.0	47.0	9.0	32.2
1984	100.0	46.4	7.8	34.7
1985	100.0	43.8	8.6	32.6
1986	100.0	45.3	8.3	31.9
1987	100.0	46.1	8.3	29.4
1988	100.0	39.7	9.0	27.9
1989	100.0	42.3	8.4	26.1
1990	100.0	46.4	8.5	21.6
1991	100.0	48.0	8.7	21.0
1992	100.0	43.4	7.5	22.9
1993	100.0	46.4	7.1	16.2
1994	100.0	48.4	7.9	16.7
1995	100.0	44.3	6.9	22.6
1996	100.0	42.8	6.6	21.1
1997	100.0	41.5	6.3	21.8
1998	100.0	42.2	5.7	20.8
1999	100.0	43.1	5.2	17.6
2000	100.0	44.0	4.9	17.5
2001	100.0	40.3	4.7	18.7
2002	100.0	35.2	4.3	26.2
2003	100.0	35.4	4.4	25.3
2004	100.0	34.6	4.4	22.9
2005	100.0	36.8	5.1	18.2
2006	100.0	37.8	5.2	20.7
2007	100.0	36.8	5.4	23.7
2008	100.0	40.9	5.1	19.8
2009	100.0	37.1	5.1	21.5
2010	100.0	37.2	5.4	20.2
2011	100.0	40.1	5.7	16.0
2012	100.0	40.0	5.8	15.2
2013	100.0	39.7	5.8	16.8
2014	100.0	40.5	5.2	17.9

Composition of Per Capita Consumption Expenditures of Rural Households by Category

单位:%(Unit:%)

家庭设备用品及服务 Household Facilities, Articles and Services	交通和通信 Transport and Communication	文教娱乐用品及服务 Education, Culture and Recreation Articles and Services	医疗保健 Medical and Health Services	其他商品和服务 Other Commodities and Services
6.2				5.2
5.3				4.0
1.6				10.5
2.8				10.8
2.9				9.7
8.4	0.2	1.2	0.8	1.2
6.8	0.3	1.9	1.0	1.1
8.4	0.3	4.4	1.0	0.9
8.2	0.4	4.5	1.1	0.3
9.6	0.3	4.0	0.9	1.4
14.1	0.3	4.1	1.5	3.4
12.1	0.3	5.2	1.7	3.9
10.2	0.5	4.7	2.6	5.5
9.8	1.0	5.5	2.3	3.7
11.8	1.6	6.1	2.3	4.4
11.8	3.0	10.0	2.3	3.2
9.8	2.9	8.2	2.8	3.3
8.4	4.7	7.6	2.2	3.3
9.4	5.2	9.0	2.8	3.1
8.0	5.7	9.8	4.1	2.8
8.8	5.4	11.0	4.0	2.1
10.1	5.1	12.3	4.1	2.5
5.4	6.7	13.5	5.1	2.9
6.2	7.1	14.2	5.6	3.2
5.3	8.7	12.4	5.3	2.6
5.2	10.4	11.9	5.9	1.5
5.4	11.4	12.7	6.7	1.9
6.3	10.2	12.9	7.7	2.8
6.0	9.7	11.5	6.9	2.2
5.1	10.0	9.7	6.5	2.8
5.5	9.7	9.3	7.7	2.0
4.9	12.4	9.6	7.5	1.9
5.2	14.3	9.9	5.7	2.1
5.8	11.6	10.1	8.1	2.6
5.3	14.1	9.0	8.5	2.1
5.2	12.8	7.2	8.8	3.7
4.7	12.4	7.0	8.5	3.8

农村居民家庭人均分类生活消费支出名义指数(以 1978 年为 100)

表 2－28

年　份 Year	生活消费支出 Total Consumption Expenditures	食　品 Food	衣　着 Clothing	居　住 Housing
1978	100.0	100.0	100.0	100.0
1979	128.2	117.2	128.4	199.4
1980	167.4	142.8	120.2	328.0
1981	202.1	169.3	147.6	384.0
1982	230.1	189.0	133.9	512.0
1983	265.3	206.1	157.9	660.0
1984	320.7	245.4	164.8	860.0
1985	403.1	291.6	230.0	1 016.0
1986	464.2	347.1	254.0	1 144.0
1987	506.2	384.7	278.1	1 148.0
1988				
1989	683.4	477.1	381.1	1 376.0
1990	653.9	501.0	367.3	1 088.0
1991	797.9	631.8	460.0	1 296.0
1992	1 019.2	729.3	508.1	1 804.0
1993	1 139.9	873.8	539.0	1 428.0
1994	1 406.7	1 124.3	731.2	1 816.0
1995	1 745.1	1 274.8	799.9	3 044.0
1996	2 004.1	1 416.7	878.8	3 264.0
1997	2 190.7	1 501.4	916.6	3 684.0
1998	2 179.8	1 517.6	820.5	3 504.0
1999	2 003.6	1 427.0	693.4	2 724.0
2000	2 144.0	1 558.7	690.0	2 896.0
2001	2 462.7	1 637.3	775.8	3 560.0
2002	2 751.8	1 600.5	775.8	5 568.0
2003				
2004	3 279.3	1 873.3	961.2	5 784.0
2005	3 764.2	2 288.0	1 259.9	5 292.0
2006	4 148.2	2 585.5	1 434.9	6 632.0
2007	4 582.9	2 786.4	1 634.1	8 388.0
2008	4 722.8	3 190.8	1 603.2	7 224.0
2009	5 079.8	3 111.3	1 702.7	8 412.0
2010	5 297.9	3 255.0	1 901.8	8 280.0
2011	5 840.4	3 860.7	2 220.7	7 224.0
2012	6 267.4	4 135.6	2 416.8	7 336.0
2013	6 956.0	4 560.5	2 646.8	9 040.0
2014	7 922.8	5 290.7	2 749.7	10 988.0

注：分类生活消费支出按原始数据计算，与用取整后的数据比较有尾数上差异。

Note: Figures in Consumption Expenditures Indices by Category are calculated by raw data, so they may have differences compared to the indices calculated by rounding data.

Per Capita Consumption Expenditure Norminal Indices of Rural Households by Category (1978 = 100)

家庭设备、用品及服务 Household Facilities, Articles and Services	交通和通信 Transport and Communication	文教娱乐用品及服务 Education, Culture and Recreation Articles and Services	医疗保健 Medical and Health Services	其他商品和服务 Other Commodities and Services
100.0				100.0
113.7				103.2
43.4				349.1
95.5				431.2
112.8				441.5
373.3	100.0	100.0	100.0	61.6
364.6	200.0	200.0	150.0	71.9
564.2	200.0	566.7	200.0	71.9
633.7	400.0	666.7	250.0	30.8
816.0	300.0	650.0	225.0	143.7
	400.0	833.3	450.0	431.2
1 380.2	400.0	1 133.3	575.0	533.9
1 119.8	600.0	983.3	825.0	718.7
1 310.8	1 500.0	1 416.7	875.0	585.2
2 013.9	3 100.0	2 016.7	1 125.0	883.0
2 248.3	6 500.0	3 666.7	1 250.0	718.7
2 317.7	7 900.0	3 700.0	1 875.0	924.0
2 465.3	15 900.0	4 266.7	1 825.0	1 139.6
3 151.0	20 000.0	5 783.3	2 700.0	1 242.3
2 934.0	24 000.0	6 900.0	4 350.0	1 211.5
3 203.1	22 600.0	7 716.7	4 250.0	913.8
3 376.7	19 700.0	7 900.0	4 000.0	975.4
1 953.1	27 900.0	9 316.7	5 225.0	1 211.5
2 552.1	34 000.0	11 216.7	6 625.0	1 540.0
2 439.2	46 200.0	11 016.7	7 000.0	1 406.6
	58 700.0	11 266.7	8 325.0	883.0
2 986.1	72 000.0	13 433.3	10 625.0	1 201.2
3 975.7	73 900.0	15 600.0	14 050.0	2 094.5
4 175.3	78 000.0	15 333.3	13 725.0	1 807.0
3 923.6	88 400.0	14 283.3	14 275.0	2 556.5
4 375.0	88 000.0	14 166.7	17 425.0	1 837.8
4 175.3	121 200.0	15 716.7	18 475.0	1 961.0
4 583.3	145 900.0	16 866.7	14 625.0	2 156.1
5 408.3	130 900.0	18 983.3	22 725.0	2 990.0
5 607.6	170 500.0	18 133.3	25 725.0	2 597.5
6 024.3	171 900.0	16 066.7	29 525.0	5 154.0
6 180.6	189 100.0	17 816.7	32 700.0	5 903.5

注：交通和通信、文教娱乐用品及服务、医疗保健以1983年为100。

Note: In the categories of Transport and Communication, Education and Recreation Articles and Services, Medical and Health Services, the figures of 1983 are set at 100.

按收入水平分组农村居民家庭人均生活消费支出(1994~2014)
Per Capita Consumption Expenditures of Rural Households by 5 Income Levels

表2-29 单位:元(Unit: yuan)

年 份 Year	总平均 Total Average	低收入户 Low Income	较低收入户 Medium-low Income	中等收入户 Medium Income	较高收入户 Medium-high Income	高收入户 High Income
1994	2 715	1 578	1 989	2 635	2 952	4 640
1995	3 368	1 813	2 680	2 704	3 408	6 546
1996	3 868	2 229	2 860	3 182	4 221	6 995
1997	4 228	2 558	3 334	3 986	4 866	6 532
1998	4 207	2 468	3 163	3 347	4 871	7 362
1999	3 867	2 275	2 940	4 181	4 279	5 909
2000	4 138	2 390	3 387	3 887	5 487	5 880
2001	4 753	2 921	3 250	4 334	5 356	8 449
2002	5 311	2 350	4 341	4 834	5 873	9 683
2003	5 670	2 886	3 681	5 363	6 286	10 769
2004	6 329	4 076	4 914	5 309	6 992	10 971
2005	7 265	4 618	5 690	6 317	7 059	12 975
2006	8 006	4 788	6 001	6 951	8 015	15 058
2007	8 845	4 890	6 077	7 305	9 541	17 317
2008	9 115	5 024	6 280	9 555	10 700	14 517
2009	9 804	5 472	6 266	9 026	12 843	16 035
2010	10 225	5 026	7 881	8 739	15 103	15 187
2011	11 272	6 979	9 881	11 701	11 654	16 531
2012	12 096	7 784	8 813	10 802	13 725	19 773
2013	13 425	8 011	10 048	12 150	15 793	20 775
2014	15 291	9 629	12 208	13 487	17 909	22 645

主要统计指标解释

第一部分 2015年上海居民收支与生活状况调查主要数据（新口径，表2-1到表2—9）

■居民可支配收入（城镇／农村常住居民）

指居民可用于最终消费支出和储蓄的总和，即居民可用于自由支配的收入。既包括现金收入，也包括实物收入。按照收入的来源，可支配收入包含四项，分别为：工资性收入、经营净收入、财产净收入和转移净收入。

■居民消费支出（城镇／农村常住居民）

指居民用于满足家庭日常生活消费需要的全部支出，既包括现金消费支出，也包括实物消费支出。消费支出可划分为食品烟酒、衣着、居住、生活用品及服务、交通通信、教育文化娱乐、医疗保健以及其他用品及服务八大类。

第二部分 历年城镇和农村住户调查主要数据（老口径，表2-10到表2—29）

■城镇居民家庭可支配收入

指居民家庭可用于最终消费支出和其他非义务性支出以及储蓄的总和，即居民家庭可以用来自由支配的收入。它是家庭总收入扣除交纳的所得税、个人交纳的社会保障费以及调查户的记账补贴后的收入。

■城镇居民家庭消费支出

指居民家庭用于满足家庭日常生活消费需要的全部支出，包括食品、衣着、居住、家庭设备及用品、交通通信、文教娱乐、医疗保健、其他等八大类。消费支出构成是按照商品或服务的用途进行分类，如果消费支出的目的与用途不一致时，必须按照用途归入相应类内。

■农村居民可支配收入

指农村居民获得的经过初次分配与再分配后的收入。可支配收入可用于住户的最终消费、非义务性支出以及储蓄。

农村居民可支配收入＝总收入－家庭经营费用支出－税费支出－生产性固定资产折旧－财产性支出－转移性支出。

■农村居民家庭生活消费支出

指农村住户用于物质生活和精神生活方面的支出。包括食品，衣着，居住，家庭设备用品及服务，医疗保健，交通和通信，文化教育娱乐用品及服务，其他商品和服务等消费支出。

■恩格尔系数

指食品支出占全部消费支出的比重，是反映人们生活水平高低的一项重要指标。国际上常用恩格尔系数来衡量一个国家和地区人民生活水平和富足程度。联合国粮农组织提出的标准，恩格尔系数在59%以上为贫困型阶段，50—59%为温饱型阶段；40—49%为小康型阶段；30—39%为富裕型阶段；30%以下为最富裕阶段。

■平均消费倾向

指居民消费支出占可支配收入的比重。在实际计算居民家庭平均消费倾向时，收入通常以居民家庭可支配收入来表示。消费倾向是度量居民生活水平的重要指标，一般来说，居民收入越高，消费倾向越低；收入越低，消费倾向越高。在收入既定的前提下，居民消费倾向越高，表明消费欲望越强烈，对经济增长的拉动作用越大；反之，则相反。

EXPLANATORY NOTES ON MAIN STATISTICAL INDICATORS

Part 1 Data of Survey on Income, Expenditure and Living Conditions of Residents in Shanghai 2015 (New Statistics Scope, from Chart 2-1 to 2-9)

■Disposable Income of Households (usual resident households in urban/rural areas)

It refers to the income of households for purpose of final expenditure and savings. It includes income both in cash and in kind. By sources of income, disposable income includes four categories: income from wages and salaries, net business income, net income from properties and net income from transfer.

■Consumption Expenditure of Households (usual resident households in urban/rural areas)

It refers to all expenditure of households for living expenditure to satisfy family daily living. It includes expenditure in cash and in kind. It includes eight categories: food, tobacco and liquor; clothing; residence; household facilities, articles and services; transport and communications; education, cultural and recreational activities; health care and medical services, and miscellaneous goods and services.

Part 2 Historical data of urban and rural household survey (Old Statistics Scope, from Chart 2-10- to 2-29)

■Disposable Income of Urban Households

It refers to the actual income at the disposal of members of the urban households which can be used for final consumption, other non-compulsory expenditure and savings. This equals to total income minus income tax, personal contribution to social security and subsidy for keeping diaries in being a sample household.

■Consumption Expenditure of Urban Households

It refers to total expenditure of urban households for consumption in daily life, including expenditure on the eight categories of food; clothing; housing; household appliances; transport and communications; education, cultural and recreational activities, medical care, and miscellaneous goods and services.

■Disposable Income of Rural Households

It refers to the income of the rural households after first distribution and redistribution, which can be used for final consumption, other non-compulsory expenditure and savings. This equals to total income minus income tax, personal contribution to social security and subsidy for keeping diaries in being a sample household.

Consumption expenditure of rural households = total income - household operation expenses - taxes and fees-depreciation of fixed assets for production - expenses on properties - expenses on transfers.

■Consumption Expenditure of Rural Households

It refers to total expenditure of rural households for consumption in daily life, including expenditure on the eight categories of food; clothing; housing; household appliances; transport and communications; education, cultural and recreational activities, medical care, and miscellaneous goods and services.

■Engel's Coefficient

It refers to the percentage of expenditure on food to the total consumption.It is an important indicator which reflects the living level of people.Internationally,it is often used to measure the living and prosperity level of people in a country or region.According to the standard provided by FAO,countries(regions) whose Engel's coefficient is over 59% are of the poor stage;50–59% are of the subsistence stage;40–49% are of the well–off stage;30–39% are of the rich stage;below 30% are of the very rich stage.

■Average propensity to consume

It refers to the percentage of income that went for comsumption.Usually, we select a household's disposable income as the income when we calculate this gauge.Propensity to consume is an important measurement of living standard.Generally speaking,the higher income will generate the lower propensity to consume,and the lower income will generate the higher propensity to consume.Given the fixed income, the higher propensity to consume indicates a stronger desire for consumption,which in turn will give a bigger push to the economic growth,and the other way around,the opposite will be true.

Chapter 3

第三篇

价 格

Price

简要说明

一、本篇资料的主要内容

本篇价格指数资料，反映生产、流通、消费、投资与交易等环节的价格变动趋势和变动幅度。主要包括居民消费价格指数、商品零售价格指数、工业生产者出厂价格指数、工业生产者购进价格指数、固定资产投资价格指数、农产品生产者价格指数等。

二、本篇的资料来源

价格指数编制由国家统计局上海调查总队消费价格调查处、生产投资价格调查处、农业调查处组织实施，依据国家统计局统一制定的价格统计调查制度，由上海调查总队直接以及通过区县调查队从基层采集原始价格数据汇总后上报。

三、居民消费、商品零售价格指数调查方法

编制居民消费、商品零售价格指数的资料采用抽样调查和重点调查相结合的方法取得，即在全市选择不同经济区域和分布合理的商品销售或服务网点，以及有代表性的商品或服务作为样本，对其市场价格进行定期调查，以样本推断总体。目前，居民消费、商品零售价格调查已涉及全市16个区县。

1、价格调查点的抽选方法：对全市消费市场进行摸底调查、掌握市场的基本情况（经营品种、销售额等指标）基础上，将各种类型的商场（店）、超市、农贸市场、服务网点以销售额（成交额或经营规模）为标志，从高到低排队，依据所需调查点的数量进行等距抽样。选择经营品种齐全、销售额大的商场（店）、超市、农贸市场、服务网点作为价格调查点。

2、代表规格品根据全市的消费情况确定，必须遵循以下原则：⑴选择消费量较大的消费项目；⑵价格变动趋势和变动程度有较强的代表性，即选中规格品与未选中规格品的价格变动特征愈相关愈好；⑶在市场销售份额大体相等的情况下，同一基本分类的规格品之间，性质差异愈大愈好，价格变动特征的相关性愈低愈好；⑷生产和销售前景较好；⑸选中的工业消费品必须是合格产品，工业产品包装上必须有注册商标、产地、规格等级等标识。

目前，居民消费价格调查分为8大类，262个基本分类，全市每月共调查1300种以上的规格品价格；商品零售价格分为16个大类，229个基本分类，全市每月调查1000种以上的规格品价格。

3、价格调查方法：居民消费、商品零售价格调查是非全面调查，主要方法是定人、定点、定时直接调查。

4、权数的确定：居民消费价格指数的权数主要根据全市城镇居民家庭消费支出构成确定；商品零售价格指数的权数主要根据全市社会商品零售额资料确定。

5、指数计算方法：使用链式拉氏公式计算，每5年更换1次基期，目前固定基期为2010年。

四、工业生产者价格指数调查方法

工业生产者价格包括工业企业产品第一次出售时的出厂价格（以下简称工业生产者出厂价格）和企业作为中间投入的原材料、燃料、动力购进价格（以下简称工业生产者购进价格）。该项调查采用重点调查与典型调查相结合的调查方法。重点调查对象为年主营业务收入2000万元及以上的工业法人企业；典型调查对象为年主营业务收入2000万元以下的工业法人企业。

1、选择代表企业的原则:(1)按工业行业选择调查企业,各中类行业原则上都要有调查企业;(2)大型企业应尽量都选上(或占相当大比重);(3)选择生产正常、稳定的企业作为调查对象;(4)选择企业时要兼顾不同所有制形式。不仅选择国有企业,也要选择非国有企业。

2、选择代表产品的原则:(1)按工业行业选择基本分类和代表产品;(2)选择对国计民生影响大的产品;(3)选择生产较为稳定的产品;(4)选择有发展前景的产品;(5)选择具有地方特色的产品。

目前《工业生产者出厂价格调查目录》包括11000多种产品,并将其划分为1702个基本分类;《工业生产者购进价格调查目录》包括6000多种产品,并划分为900多个基本分类。上海根据全市的经济结构、产品结构和企业选报产品等情况,在工业生产者价格调查目录中编制规格品代码。上海编制工业生产者出厂价格指数选用近700个基本分类(1000余种产品),工业生产者购进价格指数选用了近500个基本分类(约900种产品)。

3、价格调查方式采用企业网上直报形式,每月1000余家工业企业上报数据资料。

五、固定资产投资价格指数调查方法

固定资产投资价格调查采用重点调查与典型调查相结合的方法。固定资产投资价格调查所涉及的价格是构成固定资产投资额实体的实际购进价格或结算价格。调查的内容包括构成当年建筑工程实体的钢材、木材、水泥、地方材料(如砖、瓦、灰、沙、石等)、化工材料(如油漆等)等主要建筑材料价格;作为活劳动投入的劳动力价格(单位工资)和各种施工机械使用价格;设备、工器具购置和其他费用投资价格。

1、选择建筑安装工程调查点的原则:(1)样本单位应具有一定覆盖面;(2)投资经济活动代表性强;(3)兼顾不同登记注册类型;(4)选择重点工程;(5)兼顾国民经济各门类及不同工程类别。

2、选择其他费用调查点的原则:在选择其他费用调查点时,所遵循的原则与建筑安装工程调查点的原则基本相同,特别是要注意选择那些投资额大的工程。但由于其他费用不易取得,所以在实际操作过程中,应同时在建设单位、施工单位开展重点调查,并辅以典型调查(从管理部门取得资料)。

3、价格调查方式采用企业报表形式,每季度120余家调查企业上报数据资料。

六、农产品生产者价格指数

农产品生产者价格是指农产品生产者直接出售其产品时实际获得的单位产品价格。农产品生产者价格调查采用抽样调查和重点调查相结合的方法。内容包括被调查单位生产并出售的主要农产品。农产品代表产品的选择涵盖农、林、牧、渔四大类、各中类以及90%以上的小类,一般是生产量和销售量大的对国计民生影响大、稳定性强的产品,具有发展前景的新产品和具有地方特色的产品。代表品一般稳定五年。调查周期为季度。

BRIEF INTRODUCTION

I. Main Contents

Data on price indices in this chapter show the changing trends and the changing rates in the prices of production, trade, consumption, investment and transaction, mainly including consumer price indices, retail price indices, producer price indices, producer purchasing price indices, price indices for investment in fixed assets.

II. Sources of Data

Statistics on price indices, organized and compiled by the Survey Office of the National Bureau of Statistics in Shanghai, are collected from the grassroots units or survey offices in districts and counties in accordance with the scheme of price survey system stipulated by the National Bureau of Statistics, and then statistics are tabulated and reported to the higher agencies.

III. Consumer Price Indices and Retail Price Indices

Data for compilation of the consumer price indices and the retail price indices in Shanghai are collected through a combination of sample surveys and surveys of key units. Areas distributed in the city's economic regions, representative commodities and representative services are selected as samples. Regular surveys are conducted to collect data on their market prices. Population parameters are inferred on the basis of the sample data. At present, 16 districts and counties in Shanghai are all included in the survey of the consumer price indices and the retail price indices.

(1) The selection of sample survey areas: Based on the basic conditions (including product varieties, their sales and etc) the city's consumer market, the city's consumer market, shops, supermarkets, wet markets and service outlets of different varieties are ranked by sales (turnover or scales) and then selected on the number of survey areas needed via systematic sampling method schemes. The price survey areas should be shops, supermarkets, wet markets and service outlets with a wide range of products and big sales.

(2) The goods are selected on the city's consumption conditions, following these principles: (a) goods sold in large quantities (b) Representative for the price changing trends and the changing rates, which means selected goods are highly relevant with those unselected (c) Under the conditions of similar market shares, the bigger the differences in nature among goods and the lower the price relevance, the better (d) Good production and sales outlook (e) Qualified industrial goods, with registered trademark, origin and grade printed on the packaging.

At present, data are collected on more than 1,300 specifications each month in the city under 262 basic headings in 8 categories in the consumer price surveys. For the retail price surveys, data are collected on more than 1,000 specifications each month under 229 basic headings in 16 categories.

(3) Method of data collection: Sample surveys are used for the consumer price indices and the retail price indices, with method of direct survey with fixed people, fixed location and fixed time period.

(4) Determination of the weights: The weights of the consumer price indices are determined according to the composition of the consumption expenditures of Shanghai's urban and rural households. The weights of the retail

price indices are determined mainly according to the total retail sales of commodities in the city.

(5) Method of calculation: the approach of the chain Laspyres with 2010 being a base period.

IV. Producer Price Indices for industrial products

Producer prices for industrial products refer to the ex-factory price of manufactured goods when they are first sold. The survey program is a combined use of the key units' survey and typical units' survey methods. Key units refer to those industrial enterprises with annual revenue from the primary activities at and above 20 million yuan. Typical units refer to the industrial enterprises with annual revenue from the primary activities below 20 million yuan.

(1) Principles for selecting the representative enterprises: (a) Enterprises to be covered in the survey are selected by industrial sectors. In principle, every second level classifacation should have representative enterprises; (b) All (or a majority of) large-scale enterprises should be selected; (c) Enterprises selected should be those with normal and stable production. (d) Enterprises selected should include both state-owned and private companies to cover ownership of different nature.

(2) Principle for the selection of representative goods: (a) The goods are selected by industrial sectors; (b) The selected goods should have great impact on the national economy and people's living conditions; (c) The production of the goods selected are relatively stable; (d) The prospects of the goods selected are promising; (e) The goods selected are local specialties.

Now《The survey catalog of Producer Prices for Industrial Products》includes over 11,000 goods, and they are divided into 1702 basic categories;《The survey catalog of Purchasing Price for Industrial Producers》includes over 6,000 goods, and they are divided into over 900 basic categories.

Based on the city's economic structure, product structure and the products selected by the enterprises, Shanghai compiles the code of specifications according to the Survey Catalog of Producer Price Indices for Industrial Products. More than 1,000 goods in 700 basic categories are selected to compile the city's producer price indices, and about 900 goods in 500 basic categories are chose to compile the city's purchasing price for industrial goods.

(3) Online direct reporting method is used for data collection. About 1,000 industrial enterprises report the price data every month.

V. Price Indices for Investment in Fixed Assets

Data on prices of investment in fixed assets are collected by a program involving the combined use of surveys on key units and surveys on typical units. The prices collected in the surveys of investment in fixed assets are the actual purchasing prices or settlement prices of entities of investment in fixed assets. The survey content includes the prices of main construction materials that constitute the architectural engineering entity in the year, such as steel, timber, cement, local construction materials (such as brick, tile, calcareous ashes, sand, stone, and etc.), chemical materials (such as oil paint, and etc.), the price of labor cost (wages), prices for renting of building machinery and equipment, the purchasing price of equipment, tools and instruments and the prices of others investments.

(1) Principles for selecting the survey points of construction and installation: (a) Sample units should have a good coverage; (b) The economic activity of investment should have strong representativeness; (c) Different types of registration should be considered; (d) Key projects should be selected; (e) Inclusion of various sectors of the national economy and types of projects.

(2) Principles for selecting price survey points of other charges or cost: The principles for selecting survey points of others charges or cost is in general the same as that of construction and installation, with special attention to include projects with huge investment value. Since it is not easy to obtain the other charges or cost, during the actual data gathering operations, survey on key construction owner units and building units should be conducted concurrently with survey on typical units (with information from administration units)

(3) Enterprises reporting system is used as the method for the price survey. More than 120 enterprises should report their data in each quarter.

VI. Price Index for Farm Products

Price index for Farm Products refers to the actual price per unit through directly selling their products by producers of farm products. The survey program of Price Index for Farm Products is a combined use of sampling survey and typical units´survey. It covers main farm products produced and sold by the units surveyed. Representative farm products include those in Agriculture, Forestry, Animal Husbandry and Fishery, 90% of small classification in medium-sized classification. The products are generally with large production and sales, having great impact on the national economy and people´s living conditions, with strong stability, with promising to new products and with local characters. Representative products are for 5 years. The survey is conducted quarterly.

各种价格指数(1978～2015,以上年价格为100)

Price Indices (preceding year = 100)

表3-1

年 份 year	居民消费价格指数 Residents Consumer Price Indices	商品零售价格指数 Retail Price Indices	工业生产者出厂价格指数 Producer Price Index of Industries	工业生产者购进价格指数 Purchasing Price Index of Industries	固定资产投资价格指数 Price Indices of Investment in Fixed Assets
1978	100.5	100.1			
1980	105.9	106.5			
1985	115.2	116.4			
1986	106.3	106.7			
1987	108.1	108.8			
1988	120.1	121.3			
1989	115.9	116.7			
1990	106.3	104.8			
1991	110.5	109.5			
1992	110.0	109.7	110.4	109.6	
1993	120.2	117.5	128.0	129.2	131.4
1994	123.9	117.5	118.2	121.6	108.8
1995	118.7	113.0	107.9	113.3	103.1
1996	109.2	105.0	97.6	97.6	107.0
1997	102.8	98.8	97.8	98.6	100.5
1998	100.0	95.1	93.9	94.1	98.4
1999	101.5	97.3	97.6	97.1	98.1
2000	102.5	96.4	102.5	107.1	100.0
2001	100.0	98.6	96.7	98.7	100.7
2002	100.5	98.7	96.4	97.7	100.3
2003	100.1	99.0	101.4	106.4	102.4
2004	102.2	100.9	103.6	116.4	106.7
2005	101.0	99.4	101.7	106.8	100.8
2006	101.2	100.2	100.6	104.8	100.1
2007	103.2	102.4	101.2	104.1	103.5
2008	105.8	105.3	102.2	110.3	107.9
2009	99.6	99.4	93.8	89.8	97.0
2010	103.1	101.7	102.3	111.2	103.8
2011	105.2	104.1	102.9	107.5	106.5
2012	102.8	101.2	98.4	94.7	99.4
2013	102.3	100.2	98.2	96.5	100.2
2014	102.7	100.9	98.9	95.9	100.5
2015	102.4	101.1	96.1	90.6	97.0

注：国家统计局从1993年开始编制固定资产投资价格指数，从2011年起，工业品价格出厂价格指数和原材料燃料动力购进价格指数，分别改为工业生产者出厂价格指数和工业生产者购进价格指数。

Note: The National Bureau of Statistics has Compiled Price Indies of Investment in Fixed Assets since 1993. Since 2011, Producer Price Index of Industrial Products and Purchasing Price Index of Raw Materials, Fuels and Power have Changed to Producer Price Index of Industries and Purchasing Price Index of Industries.

各种价格定基指数(1978~2015)
Fixed-base Price Indices

表3-2

年份 Year	居民消费价格指数(以1978年价格为100) Residents Consumer Price Indices (1978=100)	商品零售价格指数(以1978年价格为100) Retail Price Indices (1978=100)	工业生产者出厂价格指数(以1991年价格为100) Producer Price Index of Industries (1991=100)	工业生产者购进价格指数(以1991年价格为100) Purchasing Price Index of Industries (1991=100)	固定资产投资价格指数(以1992年价格为100) Price Indices of Investment in Fixed Assets (1992=100)
1978	100.0	100.0			
1980	106.9	107.6			
1985	128.2	130.4			
1986	136.3	139.1			
1987	147.3	151.4			
1988	176.9	183.6			
1989	205.1	214.3			
1990	218.0	224.6			
1991	240.9	245.9			
1992	265.0	269.8	110.4	109.6	100.0
1993	318.5	317.0	128.0	129.2	131.4
1994	394.6	372.4	118.2	121.6	143.0
1995	468.4	420.9	107.9	113.3	147.4
1996	511.5	441.9	97.6	97.6	157.7
1997	525.8	436.6	97.8	98.6	158.5
1998	525.8	415.2	93.9	94.1	156.0
1999	533.7	404.0	97.6	97.1	153.0
2000	547.0	389.5	102.5	107.1	153.0
2001	547.0	384.0	96.7	98.7	154.1
2002	549.7	379.0	96.4	97.7	154.5
2003	550.1	375.4	101.4	106.4	158.2
2004	561.9	378.8	103.6	116.4	168.8
2005	567.3	376.7	101.7	106.8	170.2
2006	574.2	377.3	100.6	104.8	170.4
2007	592.3	386.5	101.2	104.1	176.3
2008	626.5	407.1	102.2	110.3	190.2
2009	624.0	404.8	93.8	89.8	184.5
2010	643.4	411.7	102.3	111.2	191.5
2011	676.7	428.4	102.9	107.5	203.9
2012	695.9	433.6	98.4	94.7	202.7
2013	711.9	434.3	98.2	96.5	203.1
2014	730.7	438.0	98.9	95.9	204.1
2015	748.4	442.8	96.1	90.6	198.0

居民消费分类价格指数(1978～2015,以上年价格为100)

表3－3

年 份 Year	居民消费价格指数 Residents Consumer Price Indices	食 品 Food	烟 酒 Cigarettes and Liquors	衣 着 Clothing
1978	100.5	100.1		99.9
1980	105.9	106.6		99.9
1985	115.2	125.1		100.5
1986	106.3	109.9		101.6
1987	108.1	111.2		107.5
1988	120.1	124.7		121.8
1989	115.9	113.3		123.8
1990	106.3	103.6		110.9
1991	110.5	112.7		106.3
1992	110.0	113.1		109.8
1993	120.2	121.1		119.2
1994	123.9	130.2		117.4
1995	118.7	124.4		109.0
1996	109.2	109.7		108.8
1997	102.8	99.3		101.0
1998	100.0	97.7		93.0
1999	101.5	97.6		98.2
2000	102.5	98.1		94.9
2001	100.0	100.3	98.9	98.9
2002	100.5	102.9	98.9	97.5
2003	100.1	101.3	99.8	97.5
2004	102.2	108.3	98.3	94.2
2005	101.0	104.5	99.7	92.1
2006	101.2	102.5	100.2	106.4
2007	103.2	109.4	100.7	101.3
2008	105.8	115.3	101.7	101.6
2009	99.6	102.1	100.8	99.3
2010	103.1	107.7	101.1	98.6
2011	105.2	110.8	101.3	104.3
2012	102.8	105.8	101.4	103.0
2013	102.3	104.4	100.1	100.0
2014	102.7	103.2	101.0	103.7
2015	102.4	102.9	104.2	107.8

注：1、家庭设备用品及维修服务:1978～1993年为日用品类,1994～2000年为家庭设备及用品类。
2、医疗保健和个人用品:1978～1993年为药及医药用品类,1994～2000年为医疗保健类。
3、交通和通信:1994～2000年为交通和通信工具类。
4、娱乐教育文化用品及服务:1978～1993年为文化娱乐用品类,1994～2000年为娱乐教育文化用品类。

Note: 1. 1. Household Facilities, Articles and Repair Services is Daily Use Articles from 1978 to 1993 and Household Facilities and Articles from 1994 to 2000.
2. Medical and Health Services and Personal Articles is Medicines and Medical Products from 1978 to 1993 and Medical and Health Care from 1994 to 2000,
3. Transport and Communication is Tools of Transport and Communication from 1994 to 2000.
4. Recreation, Education, Culture Articles and Services is Culture and Recreation Articles from 1978 to 1993 and Recreation, Education and Culture Articles from 1994 to 2000.

Consumer Price Indices by Category(preceding year = 100)

家庭设备用品及维修服务 Household Facilities, Articles and Repair Services	医疗保健和个人用品 Medical and Health Services and Personal Articles	交通和通信 Transport and Communication	娱乐教育文化用品及服务 Recreation, Education, Culture Articles and Services	居 住 Housing
100.2	100.0		100.0	
100.1	99.3		100.3	
102.0	103.1		99.8	
102.4	106.3		100.6	
106.2	102.6		101.3	
113.9	107.8		108.9	
108.3	115.8		135.6	
108.6	103.0		94.9	
112.5	97.7		90.8	
101.3	106.9		90.9	
108.5	107.6		99.2	
110.8	112.3	103.5	115.6	120.3
103.5	108.2	93.4	103.2	120.1
99.9	107.6	98.6	105.3	109.7
92.4	103.3	99.5	96.9	120.3
93.1	102.6	94.9	92.8	113.4
97.6	101.0	81.4	95.7	105.8
96.6	99.9	93.3	92.1	103.3
97.2	97.4	98.1	102.1	102.3
97.7	97.6	96.9	100.8	100.0
98.4	100.0	96.3	100.3	101.1
97.8	100.0	96.5	99.9	101.6
100.8	100.3	97.5	98.3	102.9
102.7	101.1	97.3	98.2	102.9
103.3	100.2	96.9	97.3	104.5
108.3	103.1	97.5	98.2	102.5
101.5	99.4	97.5	98.0	96.6
101.1	103.7	97.4	100.9	103.5
107.1	104.1	100.2	99.2	105.4
103.5	100.6	100.8	99.3	102.8
101.3	100.0	100.4	100.1	103.9
101.8	100.4	100.1	101.8	104.6
102.9	99.3	97.6	100.3	104.6

居民消费分类价格指数(1978～1993,以1978年价格为100)

表3－4

年　份 Year	居民消费价格指数 Consumer Price Indices	食　品 Food	衣　着 Clothing	日用品 Daily Use Articles
1978	100.0	100.0	100.0	100.0
1979	100.9	101.7	100.0	100.2
1980	106.9	108.4	99.9	100.3
1981	108.3	109.8	99.3	99.6
1982	108.7	111.9	96.3	95.8
1983	108.9	113.6	90.9	94.4
1984	111.3	117.5	90.8	94.0
1985	128.2	147.0	91.2	95.8
1986	136.3	161.6	92.7	98.2
1987	147.3	179.7	99.6	104.2
1988	176.9	224.1	121.3	118.7
1989	205.1	253.9	150.2	128.6
1990	218.0	263.0	166.5	139.6
1991	240.9	296.5	177.1	157.1
1992	265.0	335.2	194.4	159.1
1993	318.5	406.0	231.7	172.7

注：由于居民消费价格分类从1978年来经历三次大调整,1978～1993年、1994～2000年、2001～2007年三个阶段的居民消费价格分类内容不完全一致,因此在使用历年分类指数时注意数据口径衔接。

Note: Consumer Price Indices by Category has been adjusted for 3 times, so Consumer Price Indices by Category of the three periods (1978－1993,1994－2000 and 2001－2007) are not of the same caliber. Please notice the different calibers when use these data.

Consumer Price Indices by Category
(1978 = 100)

文化娱乐用品 Culture and Recreation Articles	书报杂志 Books, Newspaper and Magzines	药品及医疗用品 Medicines and Medical Supplies	燃 料 Fuels	服务项目 Sevices
100.0	100.0	100.0	100.0	100.0
101.5	100.0	99.5	100.0	100.3
101.7	100.0	98.8	100.0	100.4
101.9	100.0	99.3	100.0	100.5
100.7	100.0	108.0	100.0	100.7
100.1	100.0	110.1	100.0	101.3
98.9	100.0	116.3	100.0	104.0
98.7	125.7	119.8	100.0	109.7
99.3	144.3	127.4	100.0	112.3
100.5	144.3	130.7	102.8	113.9
109.6	172.0	141.0	106.3	125.1
148.6	319.4	163.2	106.5	135.3
140.9	364.5	168.2	123.7	165.0
128.0	377.6	164.2	209.5	196.2
116.4	415.3	175.5	268.2	220.7
115.5	438.2	188.9	421.8	305.3

居民消费分类价格指数(1994～2000,以1993年价格为100)

表3-5

年 份 Year	居民消费价格指数 Consumer Price Indices	食 品 Food	衣 着 Clothing	家庭设备用品及维修服务 Household Facilities, Articles and Repair Services
1994	123.9	130.2	117.4	110.8
1995	147.1	162.0	128.0	114.7
1996	160.6	177.7	139.2	114.6
1997	165.1	176.4	140.6	105.9
1998	165.1	172.4	130.8	98.6
1999	167.6	168.2	128.4	96.2
2000	171.8	165.0	121.9	92.9

居民消费分类价格指数(2001～2015,以2000年价格为100)

表3-6

年 份 Year	居民消费价格指数 Consumer Price Indices	食 品 Food	烟 酒 Cigarettes and Spirits Related Items	衣 着 Clothing
2001	100.0	100.3	98.9	98.9
2002	100.5	103.2	97.9	96.4
2003	100.6	104.6	97.6	94.0
2004	102.8	113.2	96.0	88.6
2005	103.7	118.3	95.6	81.6
2006	105.0	121.3	95.9	86.8
2007	108.3	132.7	96.5	88.0
2008	114.6	153.0	98.1	89.4
2009	114.1	156.1	98.9	88.8
2010	117.6	168.2	100.0	87.6
2011	123.7	186.3	101.3	91.3
2012	127.2	197.2	102.8	94.0
2013	130.2	205.8	102.9	94.0
2014	133.6	212.4	103.9	97.5
2015	136.9	218.5	108.2	105.1

Consumer Price Indices by Category(1993 = 100)

医疗保健 Medical and Health Services	交通和通信工具 Transport and Communication Tools	娱乐教育文化用品 Recreation, Education and Culture Articles	居 住 Housing	服务项目 Services
112.3	103.5	115.6	120.3	120.6
121.5	96.7	119.3	144.5	150.4
130.7	95.3	125.6	158.5	178.8
135.1	94.8	121.7	190.7	219.8
138.6	90.0	113.0	216.2	251.4
140.0	73.3	108.1	228.8	306.5
139.9	68.4	99.6	236.4	399.7

Consumer Price Indices by Category(2000 = 100)

家庭设备用品及维修服务 Household Facilities, Articles and Repair Services	医疗保健和个人用品 Medical and Health Services and Personal Articles	交通和通信 Transport and Communication	娱乐教育文化用品及服务 Recreation, Education and Culture Articlesand Services	居 住 Housing
97.2	97.4	98.1	102.1	102.3
94.9	95.1	95.0	102.9	102.3
93.4	95.1	91.5	103.2	103.4
91.4	95.0	88.4	103.2	105.1
92.1	95.3	86.2	101.4	108.2
94.6	96.3	83.8	99.6	111.3
97.7	96.6	81.2	96.9	116.3
105.8	99.6	79.2	95.2	119.3
107.4	99.0	77.2	93.2	115.2
108.6	102.7	75.2	94.1	119.2
116.2	106.9	75.3	93.3	125.6
120.3	107.6	75.9	92.7	129.2
121.8	107.6	76.2	92.8	134.2
124.0	108.0	76.3	94.5	140.4
127.5	107.2	74.4	94.8	146.8

居民消费分类价格指数(2001～2015,以上年价格为100)

表3-7

指 标	Indicators	2001年	2005年	2006年
居民消费价格指数	**Consumer Price Indices**	**100.0**	**101.0**	**101.2**
#消费品价格指数	Consumer Goods Price Indices	98.6	100.4	101.2
服务项目价格指数	Services Price Indices	105.4	102.7	101.2
食 品	**Food**	**100.3**	**104.5**	**102.5**
粮 食	Grain	102.9	103.0	101.9
淀粉及制品	Starch and Its Products	103.6	105.2	95.6
干豆类及豆制品	Dry Beans and Bean Products	95.6	103.0	99.0
油 脂	Oil or Fat	84.5	91.2	97.6
肉禽及其制品	Meat, Poultry and Their Products	99.3	105.7	100.6
蛋	Eggs	102.4	105.8	95.4
水产品	Aquatic Products	100.1	114.2	102.0
菜	Vegetables	108.9	103.3	105.2
调味品	Flavoring	99.2	102.1	104.4
糖	Sugars	101.4	103.2	102.1
茶及饮料	Tea and Beverages	98.4	99.3	100.5
干鲜瓜果	Dried and Fresh Fruit	104.3	99.4	111.5
糕点饼干面包	Cakes, Biscuits and Bread	100.5	98.1	98.9
液体乳及乳制品	Milk and Its Products	100.8	100.8	102.3
在外用膳食品	Dining Out	98.0	104.5	102.5
其它食品	Other Food	99.2	101.1	102.8
烟 酒	**Cigarettes and Liquors**	**98.9**	**99.7**	**100.2**
烟 草	Tobacco	99.2	99.5	99.8
酒	Liquors	98.2	99.8	100.2
衣 着	**Clothing**	**98.9**	**92.1**	**106.4**
服 装	Garments	96.4	90.8	106.3
衣着材料	Clothing Materials	98.7	105.1	97.8
鞋袜帽	Shoes, Socks and Hats	106.2	94.5	107.9
衣着加工服务费	Clothing Manufacturing Services	100.0	103.4	100.0
家庭设备用品及维修服务	**Household Facilities, Articles and Repair Services**	**97.2**	**100.8**	**102.7**
耐用消费品	Durable Consumer Goods	94.7	98.6	101.2
室内装饰品	Interior Decorations	101.0	99.3	100.0
床上用品	Bedding Articles	100.5	96.9	100.6
家庭日用杂品	Household Daily Use Articles	98.6	103.4	102.8
家庭服务及加工维修服务	Household Services and Processing and Repair Services	100.0	109.8	112.0
医疗保健和个人用品	**Medical and Health Services and Personal Articles**	**97.4**	**100.3**	**101.1**
医疗保健	Medical and Health Care	96.5	100.4	98.1
个人用品及服务	Personal Articles and Services	99.8	100.2	107.1
交通和通信	**Transport and Communication**	**98.1**	**97.5**	**97.3**
交 通	Transport and Communication	102.3	99.9	98.9
通 信	Communication	94.4	94.9	94.9
娱乐教育文化用品及服务	**Recreation, Education and Culture Articles and Services**	**102.1**	**98.3**	**98.2**
文娱用耐用消费品及服务	Durable Consumer Goods and Services for Recreation	91.2	85.8	87.8
教 育	Education	109.6	99.5	100.0
文化娱乐类	Recreation and Culture Articles	105.2	102.6	101.6
旅 游	Tourism	96.2	107.0	103.0
居 住	**Housing**	**102.3**	**102.9**	**102.9**
建房及装修材料	Construction and Decoration Materials	97.5	103.9	107.0
住房租金	Renting			
自有住房	Self-owned House	99.8	106.9	102.3
水、电、燃料	Water, Electric Power and Fuels	101.7	101.0	100.4

Consumer Price Indices by Category
(preceding year = 100)

2007 年	2008 年	2009 年	2010 年	2011 年	2012 年	2013 年	2014 年	2015 年
103.2	**105.8**	**99.6**	**103.1**	**105.2**	**102.8**	**102.3**	**102.7**	**102.4**
104.0	107.4	100.4	103.5	105.9	102.8	103.7	101.9	102.0
100.9	101.6	97.5	102.0	103.9	103.0	101.5	104.0	103.2
109.4	**115.3**	**102.1**	**107.7**	**110.8**	**105.8**	**104.4**	**103.2**	**102.9**
101.6	107.3	103.7	112.0	113.5	102.9	103.7	102.4	103.0
101.8	107.9	106.0	95.5	106.6	109.5	101.6	102.5	103.9
108.7	132.5	100.2	108.7	114.7	109.5	103.1	100.4	101.2
129.8	124.7	80.3	105.6	117.5	103.8	97.9	95.5	98.5
123.0	122.9	95.5	104.3	119.9	105.1	103.7	101.4	105.3
121.8	106.4	103.0	106.1	113.5	98.2	102.2	106.0	98.0
101.4	111.2	105.4	116.4	113.7	105.8	105.0	102.7	101.3
113.5	120.6	116.5	111.0	99.8	111.1	108.1	101.5	107.5
104.6	109.5	104.0	106.5	107.7	103.5	102.5	103.1	104.9
99.8	107.4	101.3	103.8	104.8	103.5	102.1	102.0	102.2
101.8	106.9	103.0	103.9	105.1	103.1	100.4	103.2	103.9
111.8	112.3	100.3	112.0	114.5	102.8	107.3	111.6	96.8
101.5	112.5	102.8	100.5	108.8	102.8	101.7	102.6	101.8
106.2	119.4	100.5	102.3	108.2	103.8	108.1	110.1	99.2
107.6	114.3	101.8	105.6	107.9	107.8	103.3	101.9	104.1
100.9	104.3	99.3	105.0	107.4	108.1	102.6	103.4	104.2
100.7	**101.7**	**100.8**	**101.1**	**101.3**	**101.4**	**100.1**	**101.0**	**104.2**
100.6	100.1	100.4	101.0	100.3	100.0	100.1	101.2	104.9
101.0	103.4	100.8	101.6	103.9	105.0	99.9	100.7	102.5
101.3	**101.6**	**99.3**	**98.6**	**104.3**	**103.0**	**100.0**	**103.7**	**107.8**
103.1	101.7	99.4	99.9	105.4	103.9	100.3	102.4	107.3
100.7	103.8	102.9	102.9	119.8	104.9	98.5	103.1	106.3
95.4	100.6	98.3	93.6	99.0	99.3	98.4	108.5	109.8
102.0	106.6	103.3	107.2	119.1	105.5	105.4	110.0	105.5
103.3	**108.3**	**101.5**	**101.1**	**107.1**	**103.5**	**101.3**	**101.8**	**102.9**
102.9	107.2	100.0	99.6	102.8	103.0	99.5	100.9	101.8
100.2	100.9	99.0	99.2	101.5	105.0	98.0	93.6	102.2
103.1	101.7	99.9	104.2	116.4	99.1	100.8	98.4	103.4
102.1	110.4	103.3	99.4	107.6	103.0	101.1	100.5	101.4
108.5	116.5	106.1	108.8	118.0	109.1	108.8	110.7	108.5
100.2	**103.1**	**99.4**	**103.7**	**104.1**	**100.6**	**100.0**	**100.4**	**99.3**
98.4	100.5	101.0	100.8	100.6	99.9	100.8	101.7	100.7
103.0	106.2	97.7	107.1	107.4	101.3	99.3	99.2	98.0
96.9	**97.5**	**97.5**	**97.4**	**100.2**	**100.8**	**100.4**	**100.1**	**97.6**
98.8	99.2	99.7	98.7	101.8	102.6	101.3	100.6	97.3
94.3	95.1	94.4	95.3	96.3	96.5	97.8	98.7	98.2
97.3	**98.2**	**98.0**	**100.9**	**99.2**	**99.3**	**100.1**	**101.8**	**100.3**
83.8	85.0	82.8	89.4	89.7	87.8	88.7	93.7	95.9
99.8	101.2	102.1	101.2	101.8	102.0	103.0	102.4	102.5
99.8	100.7	104.2	101.0	102.8	101.8	100.3	101.0	100.7
103.4	101.7	93.9	115.9	99.9	102.1	103.4	107.9	97.9
104.5	**102.5**	**96.6**	**103.5**	**105.4**	**102.8**	**103.9**	**104.6**	**104.6**
106.9	104.5	100.8	102.1	103.3	105.0	101.4	99.8	101.4
				105.6	100.2	104.0	105.2	107.3
105.6	101.3	81.3	103.0	107.1	103.2	104.9	105.3	105.5
100.3	100.5	106.4	103.8	101.8	101.4	102.8	105.9	102.4

居民消费分类价格指数(2001~2015,以2000年价格为100)

表3-8

指 标	Indicators	2001年	2005年	2006年
居民消费价格指数	**Consumer Price Indices**	**100.0**	**103.7**	**105.0**
#消费品价格指数	Consumer Goods Price Indices	98.6	100.8	102.1
服务项目价格指数	Services Price Indices	105.4	114.7	116.1
食 品	**Food**	**100.3**	**118.3**	**121.3**
粮 食	Grain	102.9	141.0	143.7
淀粉及制品	Starch and Its Products	103.6	142.8	136.5
干豆类及豆制品	Dry Beans and Bean Products	95.6	119.4	118.2
油 脂	Oil or Fat	84.5	90.8	88.7
肉禽及其制品	Meat, Poultry and Their Products	99.3	126.8	127.6
蛋	Eggs	102.4	135.6	129.4
水产品	Aquatic Products	100.1	134.0	136.6
菜	Vegetables	108.9	122.0	128.4
调味品	Flavoring	99.2	103.7	108.3
糖	Sugars	101.4	107.3	109.6
茶及饮料	Tea and Beverages	98.4	95.8	96.3
干鲜瓜果	Dried and Fresh Fruit	104.3	121.0	134.9
糕点饼干面包	Cakes, Biscuits and Bread	100.5	99.6	98.5
液体乳及乳制品	Milk and Its Products	100.8	100.0	102.3
在外用膳食品	Dining Out	98.0	111.8	114.6
其它食品	Other Food	99.2	99.3	102.1
烟 酒	**Cigarettes and Liquors**	**98.9**	**95.7**	**95.9**
烟 草	Tobacco	99.2	93.7	93.5
酒	Liquors	98.2	96.7	96.9
衣 着	**Clothing**	**98.9**	**81.6**	**86.8**
服 装	Garments	96.4	78.6	83.5
衣着材料	Clothing Materials	98.7	102.4	100.1
鞋袜帽	Shoes, Socks and Hats	106.2	86.8	93.7
衣着加工服务费	Clothing Manufacturing Services	100.0	104.5	104.5
家庭设备用品及维修服务	**Household Facilities, Articles and Repair Services**	**97.2**	**92.1**	**94.6**
耐用消费品	Durable Consumer Goods	94.7	86.8	87.8
室内装饰品	Interior Decorations	101.0	98.5	98.5
床上用品	Bedding Articles	100.5	99.4	100.0
家庭日用杂品	Household Daily Use Articles	98.6	93.9	96.5
家庭服务及加工维修服务	Household Services and Processing and Repair Services	100.0	108.5	121.5
医疗保健和个人用品	**Medical and Health Services and Personal Articles**	**97.4**	**95.3**	**96.4**
医疗保健	Medical and Health Care	96.5	91.6	89.8
个人用品及服务	Personal Articles and Services	99.8	105.7	113.2
交通和通信	**Transport and Communication**	**98.1**	**86.2**	**83.8**
交 通	Transport and Communication	102.3	100.2	99.1
通 信	Communication	94.4	74.6	70.8
娱乐教育文化用品及服务	**Recreation, Education and Culture Articles and Services**	**102.1**	**101.4**	**99.6**
文娱用耐用消费品及服务	Durable Consumer Goods and Services for Recreation	91.2	55.1	48.4
教 育	Education	109.6	122.2	122.2
文化娱乐用类	Recreation and Culture Articles	105.2	122.7	124.7
旅 游	Tourism	96.2	101.4	104.5
居 住	**Housing**	**102.3**	**108.2**	**111.3**
建房及装修材料	Construction and Decoration Materials	97.5	104.5	111.8
住房租金	Renting			
自有住房	Self-owned House	99.8	97.8	100.1
水、电、燃料	Water, Electric Power and Fuels	101.7	109.3	109.7

Consumer Price Indices by Category
(2000 = 100)

2007 年	2008 年	2009 年	2010 年	2011 年	2012 年	2013 年	2014 年	2015 年
108.3	**114.6**	**114.1**	**117.7**	**123.7**	**127.3**	**130.2**	**133.6**	**136.9**
106.2	114.0	114.4	118.4	125.4	128.8	133.6	136.2	138.9
117.1	119.0	116.0	118.4	123.0	126.7	128.6	133.8	138.0
132.7	**153.0**	**156.1**	**168.2**	**186.3**	**197.2**	**205.8**	**212.4**	**218.5**
146.0	156.5	162.3	181.7	206.3	212.4	220.2	225.3	232.1
139.0	150.0	158.9	151.8	161.8	177.2	180.0	184.5	191.7
128.5	170.3	170.7	185.5	212.8	233.1	240.4	241.3	244.1
115.1	143.5	115.2	121.6	142.9	148.3	145.2	138.8	136.6
156.9	192.7	184.1	192.0	230.2	242.1	251.0	254.5	267.9
157.6	167.7	172.6	183.1	207.8	204.0	208.4	220.9	216.4
138.5	154.0	162.3	189.0	214.8	227.4	238.7	245.2	248.3
145.7	175.6	204.7	227.1	226.7	251.9	272.2	276.3	297.0
113.3	124.0	129.0	137.4	147.9	153.1	156.9	161.7	169.7
109.4	117.5	119.0	123.5	129.4	133.9	136.7	139.5	142.6
98.0	104.7	107.8	112.0	117.7	121.4	121.9	125.8	130.7
150.8	169.4	170.0	190.4	218.0	224.1	240.5	268.3	259.5
100.0	112.5	115.6	116.1	126.4	129.9	132.2	135.5	137.9
108.7	129.8	130.5	133.5	144.4	149.8	162.0	178.4	177.1
123.4	141.1	143.6	151.7	163.7	176.5	182.4	185.8	193.5
103.0	107.4	106.6	111.9	120.3	129.9	133.3	137.9	143.7
96.5	**98.2**	**98.9**	**100.0**	**101.3**	**102.8**	**102.8**	**103.9**	**108.2**
94.1	94.2	94.5	95.4	95.7	95.6	95.8	96.9	101.6
97.9	101.2	102.0	103.7	107.8	113.2	113.1	113.9	116.8
88.0	**89.4**	**88.8**	**87.5**	**91.3**	**94.0**	**93.9**	**97.5**	**105.1**
86.1	87.6	87.1	87.0	91.6	95.2	95.5	97.8	104.9
100.8	104.6	107.7	110.8	132.7	139.2	137.1	141.3	150.2
89.4	89.9	88.4	82.7	81.9	81.3	80.0	86.8	95.4
106.6	113.6	117.4	125.8	149.9	158.1	166.5	183.2	193.2
97.7	**105.8**	**107.4**	**108.6**	**116.2**	**120.2**	**121.8**	**123.9**	**127.5**
90.4	96.9	96.9	96.5	99.2	102.1	101.6	102.6	104.4
98.7	99.6	98.6	97.8	99.3	104.2	102.1	95.6	97.7
103.1	104.8	104.7	109.1	126.9	125.8	126.7	124.7	128.9
98.6	108.8	112.4	111.8	120.3	123.9	125.3	125.9	127.7
131.8	153.5	162.9	177.2	209.1	228.1	248.3	275.0	298.4
96.6	**99.6**	**99.1**	**102.7**	**106.9**	**107.6**	**107.6**	**108.0**	**107.2**
88.4	88.9	89.8	90.5	91.0	90.9	91.6	93.2	93.9
116.6	123.8	121.0	129.6	139.2	141.0	140.0	138.8	136.0
81.2	**79.2**	**77.2**	**75.2**	**75.3**	**76.0**	**76.2**	**76.3**	**74.4**
97.9	97.2	96.9	95.6	97.4	99.9	101.3	101.8	99.1
66.8	63.5	59.9	57.2	55.0	53.1	52.0	51.3	50.4
96.9	**95.2**	**93.3**	**94.1**	**93.3**	**92.7**	**92.8**	**94.5**	**94.8**
40.5	34.4	28.5	25.5	22.9	20.1	17.8	16.7	16.0
122.0	123.5	126.1	127.6	129.9	132.5	136.5	139.7	143.1
124.5	125.4	130.6	132.0	135.7	138.1	138.6	140.0	140.9
108.1	109.9	103.1	119.6	119.4	121.9	126.1	136.1	133.2
116.3	**119.3**	**115.2**	**119.2**	**125.6**	**129.2**	**134.2**	**140.4**	**146.8**
119.4	124.8	125.7	128.3	132.6	139.2	141.2	140.9	143.0
105.7	107.0	87.0	89.6	96.0	99.0	103.9	109.4	115.4
110.0	110.6	117.6	122.1	124.3	126.0	129.5	137.1	140.5

商品零售价格指数(2001～2015,以上年价格为100)

表3－9

指　标	Indicators	2001年	2005年	2006年
商品零售价格指数	**Retail Price Indices**	**98.6**	**99.4**	**100.2**
食　品	Food	98.4	104.7	102.7
粮　食	Grain	100.1	102.1	102.4
淀粉及制品	Starch and Its Products	100.4	105.2	95.6
干豆类及豆制品	Dry Beans and Bean Products	111.3	103.6	99.5
油　脂	Oil and Fat	81.4	91.2	97.6
肉禽及其制品	Meat Poultry and Their Products	100.4	105.5	100.6
蛋	Eggs	110.7	105.8	95.4
水产品	Aquatic Products	90.1	114.4	102.0
菜	Vegetables	107.1	103.4	105.2
调味品	Flavoring	99.5	102.1	104.4
糖	Sugars	104.4	103.8	103.8
干鲜瓜果	Dried and Fresh Fruits	107.3	99.4	111.5
糕点饼干面包	Cakes, Biscuits and Bread	99.8	98.4	98.9
液体乳及乳制品	Milk and Its Products	99.8	100.8	102.3
在外用膳食品	Dining Out	100.7	104.4	102.5
其它食品	Other Food	99.5	101.1	102.8
饮料、烟酒	Beverages,Tobacco and Liquors	98.4	99.6	100.1
服装、鞋帽	Garments,Shoes and Hats	107.7	92.6	106.6
纺织品	Textile Products	98.8	99.4	100.1
家用电器及音像器材	Household Appliances and Audio-video Equipment	95.0	93.1	92.6
文化办公用品	Culture and Office Articles	98.7	91.6	95.2
日用品	Daily Use Articles	99.0	100.5	102.5
体育娱乐用品	Sports and Recreation Articles	99.1	94.7	95.6
交通、通信用品	Transport and Communication Products	97.4	88.5	87.5
家　具	Furniture	90.4	100.1	101.2
化妆品	Cosmetics	100.7	96.1	98.0
金银珠宝	Gold and Silver Jewelry	87.2	107.3	114.7
中西药品及医疗保健用品	Traditional Chinese and Western Medicines, Medical and Health Care Articles	98.7	97.7	97.6
书报杂志及电子出版物	Newspapers and Magazines and Electronic Publications	99.5	98.0	100.8
燃　料	Fuels	111.4	109.1	110.0
建筑材料及五金电料	Building Materials and Hardware	101.8	104.0	106.1

Classified Retail Price Indices
(preceding year = 100)

2007 年	2008 年	2009 年	2010 年	2011 年	2012 年	2013 年	2014 年	2015 年
102.4	**105.3**	**99.4**	**101.7**	**104.1**	**101.2**	**100.2**	**100.9**	**101.1**
109.6	115.3	102.0	107.6	111.0	105.9	104.5	103.2	102.8
101.4	107.3	103.7	112.0	113.3	103.0	103.6	102.0	103.0
101.8	107.9	106.0	95.5	106.6	109.5	101.6	102.5	103.9
108.6	132.5	100.2	108.7	114.7	109.5	103.1	100.4	101.2
129.8	124.7	80.3	105.6	117.3	103.8	97.5	95.0	98.0
123.0	122.9	95.6	104.2	119.9	105.1	103.7	101.4	105.3
121.8	106.4	103.0	106.1	113.5	98.2	102.2	106.0	98.0
101.4	110.8	105.2	116.1	113.7	105.8	105.0	102.7	101.3
113.5	120.6	116.5	111.0	99.8	111.1	108.0	101.5	107.5
104.6	109.5	104.0	106.5	107.5	103.5	102.4	103.1	104.8
99.1	107.4	101.3	103.8	104.8	103.5	102.0	102.0	102.2
111.8	112.3	100.3	112.1	114.5	102.8	107.3	111.6	96.8
101.5	112.5	102.8	100.5	108.8	102.8	101.7	102.6	101.8
106.2	119.4	100.4	102.3	108.2	103.8	108.1	110.1	99.2
107.6	114.3	101.8	105.6	107.9	107.8	103.3	101.9	104.1
100.9	104.3	99.3	105.0	107.4	108.1	102.6	103.4	104.2
100.9	102.7	101.2	101.9	102.3	102.1	100.1	101.4	103.9
101.2	101.5	99.2	98.4	103.9	102.9	99.9	103.6	107.9
102.6	102.1	100.5	103.9	117.6	99.5	100.6	99.1	104.1
92.2	94.7	90.8	92.4	96.0	96.2	94.9	96.5	99.3
93.9	94.9	93.9	97.7	94.7	94.1	94.9	98.2	99.2
101.8	105.8	102.4	100.3	106.2	102.1	100.2	99.9	101.5
92.9	92.2	92.1	95.9	103.8	100.0	98.6	98.6	99.4
90.8	89.5	91.1	94.0	98.3	95.4	96.8	98.8	97.8
101.8	108.2	99.9	101.1	104.2	103.3	99.7	102.6	101.8
101.2	101.8	100.5	101.0	104.8	101.1	100.8	102.3	100.1
106.2	110.3	98.6	111.7	107.9	99.2	93.7	93.7	95.2
98.0	100.7	100.6	99.8	99.4	100.0	101.0	101.7	100.6
103.6	101.8	111.4	103.2	102.1	102.1	100.9	100.6	101.7
103.0	112.0	102.1	112.8	107.2	102.0	99.3	99.8	91.2
107.6	106.6	97.9	103.3	104.2	102.6	100.6	99.3	99.6

商品零售价格指数(2001～2015，以2000年价格为100)

表3－10

指 标	Indicators	2001年	2005年	2006年
商品零售价格指数	**Retail Price Indices**	**98.6**	**96.7**	**96.9**
食 品	Food	98.4	113.9	116.9
粮 食	Grain	100.1	128.1	131.1
淀粉及制品	Starch and Its Products	100.4	125.2	119.6
干豆类及豆制品	Dry Beans and Bean Products	111.3	139.3	138.6
油 脂	Oil and Fat	81.4	88.8	86.7
肉禽及其制品	Meat Poultry and Their Products	100.4	125.5	126.2
蛋	Eggs	110.7	141.0	134.5
水产品	Aquatic Products	90.1	116.7	119.0
菜	Vegetables	107.1	114.3	120.3
调味品	Flavoring	99.5	103.8	108.4
糖	Sugars	104.4	108.8	113.0
干鲜瓜果	Dried and Fresh Fruits	107.3	128.8	143.6
糕点饼干面包	Cakes, Biscuits and Bread	99.8	99.4	98.3
液体乳及乳制品	Milk and Its Products	99.8	101.5	103.8
在外用膳食品	Dining Out	100.7	107.9	110.6
其它食品	Other Food	99.5	98.9	101.7
饮料、烟酒	Beverages,Tobacco and Liquors	98.4	94.1	94.2
服装、鞋帽	Garments,Shoes and Hats	107.7	86.0	91.6
纺织品	Textile Products	98.8	99.5	99.6
家用电器及音像器材	Household Appliances and Audio-video Equipment	95.0	73.9	68.4
文化办公用品	Culture and Office Articles	98.7	72.2	68.7
日用品	Daily Use Articles	99.0	96.9	99.3
体育娱乐用品	Sports and Recreation Articles	99.1	86.6	82.8
交通、通信用品	Transport and Communication Products	97.4	68.5	59.9
家 具	Furniture	90.4	88.4	89.5
化妆品	Cosmetics	100.7	93.7	91.8
金银珠宝	Gold and Silver Jewelry	87.2	107.5	123.3
中西药品及医疗保健用品	Traditional Chinese and Western Medicines, Medical and Health Care Articles	98.7	90.1	88.0
书报杂志及电子出版物	Newspapers and Magazines and Electronic Publications	99.5	94.5	95.2
燃 料	Fuels	111.4	150.8	165.9
建筑材料及五金电料	Building Materials and Hardware	101.8	115.9	123.0

Classified Retail Price Indices
(2000 = 100)

2007 年	2008 年	2009 年	2010 年	2011 年	2012 年	2013 年	2014 年	2015 年
99.2	**104.5**	**103.9**	**105.7**	**110.0**	**111.3**	**111.5**	**112.5**	**113.7**
128.1	147.7	150.7	162.3	180.1	190.7	199.2	205.6	211.4
133.0	142.6	147.9	165.7	187.7	193.3	200.4	204.4	210.5
121.8	131.4	139.3	133.0	141.8	155.3	157.7	161.7	168.0
150.5	199.5	199.9	217.3	249.2	273.0	281.5	282.6	285.9
112.5	140.3	112.6	118.9	139.5	144.8	141.2	134.1	131.4
155.2	190.7	182.2	190.0	227.8	239.5	248.3	251.8	265.1
163.9	174.3	179.5	190.4	216.1	212.1	216.7	229.7	225.1
120.7	133.8	140.7	163.4	185.8	196.6	206.5	212.1	214.7
136.5	164.5	191.7	212.8	212.4	236.1	255.0	258.8	278.3
113.4	124.1	129.2	137.6	147.9	153.1	156.8	161.7	169.5
112.0	120.3	121.8	126.4	132.5	137.2	139.9	142.7	145.9
160.5	180.2	180.8	202.6	231.9	238.4	255.8	285.4	276.1
99.8	112.2	115.4	115.9	126.1	129.6	131.9	135.2	137.7
110.3	131.7	132.3	135.3	146.3	151.8	164.2	180.8	179.5
119.0	136.1	138.6	146.4	157.9	170.3	176.0	179.3	186.7
102.6	107.0	106.2	111.5	119.8	129.4	132.8	137.3	143.2
95.0	97.6	98.8	100.6	102.9	105.1	105.3	106.7	110.9
92.8	94.1	93.4	91.9	95.5	98.2	98.1	101.7	109.7
102.2	104.4	104.9	109.0	128.2	127.5	128.3	127.1	132.4
63.1	59.8	54.3	50.2	48.1	46.3	43.9	42.4	42.1
64.5	61.2	57.5	56.2	53.2	50.1	47.5	46.7	46.3
101.1	107.0	109.7	110.0	116.8	119.2	119.5	119.4	121.2
76.9	70.9	65.3	62.6	65.0	65.0	64.1	63.3	62.9
54.4	48.7	44.4	41.7	41.0	39.1	37.9	37.4	36.6
91.1	98.6	98.5	99.6	103.7	107.2	106.9	109.6	111.6
92.9	94.6	95.0	96.0	100.6	101.7	102.5	104.9	105.0
131.0	144.4	142.4	159.1	171.7	170.2	159.5	149.5	142.3
86.2	86.8	87.3	87.1	86.6	86.5	87.5	88.9	89.5
98.6	100.4	111.8	115.4	117.8	120.3	121.4	122.2	124.2
170.9	191.5	195.5	220.5	236.4	241.1	239.4	238.9	217.7
132.3	141.1	138.2	142.7	148.7	152.6	153.5	152.4	151.8

工业生产者出厂价格指数(1992～2015,以上年价格为100)

表3－11

指　标	Indicators	1992年	1995年
工业生产者出厂价格指数	**Producer Price Index of Industries**	**110.4**	**107.9**
按轻重工业分	**Grouped by Light and Heavy Industries**		
轻工业	Light Industry	105.8	112.3
以农产品为原料	Using Farm Products as Raw Materials	108.2	114.9
以非农产品为原料	Using Non-farm Products as Raw Materials	103.3	109.6
重工业	Heavy Industry	115.2	104.4
采　掘	Mining and Quarrying		
原　料	Raw Material	119.0	102.4
加　工	Processing	109.2	108.8
按用途分	**Grouped by Uses**		
生产资料	Means of Production	112.4	107.3
采　掘	Mining and Quarrying		
原　料	Raw Material	113.7	106.3
加　工	Processing	109.7	110.0
生活资料	Consumer Goods	107.4	108.9
食　品	Food	115.5	112.8
衣　着	Clothing	105.6	113.7
一般日用品	Non-Durable Consumer Goods	105.9	111.8
耐用消费品	Durable Consumer Goods	104.8	94.4
按工业部门分	**Grouped by Industrial Sectors**		
冶金工业	Metallurgy Industry	115.4	95.7
电力工业	Electric Power Industry	136.7	117.3
煤炭及炼焦工业	Coal and Coking Industry	114.6	152.5
石油工业	Petroleum Industry	123.9	94.1
化学工业	Chemical Industry	106.5	120.4
机械工业	Machinery Industry	106.7	104.5
建筑材料工业	Building Material Industry	114.5	98.5
森林工业	Forest Industry	106.6	86.1
食品工业	Food Industry	115.7	112.7
纺织工业	Textile Industry	102.7	118.8
缝纫工业	Sewing Industry	94.1	99.5
皮革工业	Leather Industry	111.8	129.6
造纸工业	Paper Making Industry	99.0	157.4
文教艺术用品工业	Industry of Culture, Education and Art Articles	118.9	98.8
其他工业	Other Industries	107.5	118.3

Producer Price Indices of Industries
(preceding year = 100)

1996 年	1997 年	1998 年	1999 年	2000 年	2001 年	2002 年	2003 年	2004 年
97.6	**97.8**	**93.9**	**97.6**	**102.5**	**96.7**	**96.4**	**101.4**	**103.6**
96.3	97.1	93.4	99.3	99.9	97.8	97.0	99.2	101.0
101.7	100.5	93.0	100.1	99.4	99.8	98.9	101.0	103.2
90.5	94.0	93.9	98.4	100.2	95.4	94.9	98.3	99.8
98.6	98.4	94.2	96.5	104.3	96.1	96.1	102.9	105.0
					100.0	100.4	112.6	119.3
95.8	99.5	91.6	96.4	110.9	98.7	98.1	108.0	113.1
104.1	97.3	96.5	96.5	99.0	94.7	95.0	100.9	102.3
95.8	96.9	92.9	96.4	105.4	96.3	95.8	103.1	106.1
					100.0	100.4	112.6	119.3
92.5	97.8	92.0	97.9	110.8	97.9	97.6	107.5	112.8
104.3	95.7	94.3	94.5	99.0	94.9	94.7	101.5	103.7
100.3	99.1	95.4	99.5	98.0	97.3	97.3	98.1	98.7
106.2	102.9	100.9	101.3	98.2	102.6	102.6	100.1	101.3
98.3	101.5	88.3	100.8	99.9	99.6	99.8	99.7	102.5
102.0	98.1	96.0	100.0	97.4	97.2	97.1	99.3	101.3
95.9	96.3	98.0	97.6	97.3	95.1	94.7	96.1	94.6
97.5	95.1	92.8	94.1	104.6	98.4	96.7	112.5	118.4
97.7	113.1	99.1	95.8	98.3	100.2	99.6	99.3	101.9
112.9	122.4	107.5	99.3	102.7	103.8	104.7	116.4	112.3
100.3	109.7	90.5	106.3	135.9	99.8	97.7	116.3	116.3
92.6	98.0	92.1	100.9	108.7	96.2	96.3	103.4	108.2
100.6	95.5	95.8	95.5	96.9	93.6	94.2	96.6	97.3
98.8	104.8	90.3	94.4	108.4	102.2	96.4	100.2	105.9
70.9	87.5	84.6	96.5	97.4	97.6	96.3	98.2	98.5
106.1	102.1	100.1	100.1	98.2	102.8	102.3	101.7	104.1
89.6	97.9	92.1	100.5	105.5	96.2	94.8	103.2	103.7
91.8	101.9	81.5	104.7	97.4	99.1	99.8	99.8	102.6
96.9	116.2	89.9	96.4	97.6	100.7	98.8	99.4	100.3
101.3	83.5	91.9	94.6	110.0	97.8	94.7	98.1	99.2
105.0	91.0	95.2	106.9	99.4	96.9	99.0	99.2	99.0
102.5	102.8	99.4	110.0	98.2	100.5	105.0	101.5	105.1

表3-11续表　**Continued**

指　标	Indicators	2005年	2006年
工业生产者出厂价格指数	**Producer Price Index of Industries**	**101.7**	**100.6**
按轻重工业分	**Grouped by Light and Heavy Industries**		
轻工业	Light Industry	100.6	98.8
以农产品为原料	Using Farm Products as Raw Materials	100.4	100.6
以非农产品为原料	Using Non-farm Products as Raw Materials	100.7	98.2
重工业	Heavy Industry	102.3	102.4
采　掘	Mining and Quarrying	124.5	114.7
原　料	Raw Material	109.7	108.2
加　工	Processing	99.9	100.3
按用途分	**Grouped by Uses**		
生产资料	Means of Production	103.2	101.2
采　掘	Mining and Quarrying	124.5	114.7
原　料	Raw Material	109.8	107.8
加　工	Processing	100.9	99.6
生活资料	Consumer Goods	98.7	98.9
食　品	Food	100.6	100.5
衣　着	Clothing	101.4	100.4
一般日用品	Non-Durable Consumer Goods	100.7	100.9
耐用消费品	Durable Consumer Goods	95.7	95.4
按工业部门分	**Grouped by Industrial Sectors**		
冶金工业	Metallurgy Industry	109.3	104.1
电力工业	Electric Power Industry	101.3	100.8
煤炭及炼焦工业	Coal and Coking Industry	100.9	101.0
石油工业	Petroleum Industry	120.7	114.5
化学工业	Chemical Industry	106.9	102.0
机械工业	Machinery Industry	97.1	98.1
建筑材料工业	Building Material Industry	94.8	96.4
森林工业	Forest Industry	101.1	101.0
食品工业	Food Industry	101.5	101.0
纺织工业	Textile Industry	99.6	100.6
缝纫工业	Sewing Industry	101.5	100.2
皮革工业	Leather Industry	99.9	100.8
造纸工业	Paper Making Industry	98.5	99.6
文教艺术用品工业	Industry of Culture, Education and Art Articles	99.7	98.2
其他工业	Other Industries	101.6	105.1

2007年	2008年	2009年	2010年	2011年	2012年	2013年	2014年	2015年
101.2	**102.2**	**93.8**	**102.3**	**102.9**	**98.4**	**98.2**	**98.9**	**96.1**
100.0	99.1	94.8	97.1	103.9	100.7	99.2	99.1	98.6
103.1	103.6	101.1	102.6	104.6	101.8	99.9	99.8	98.8
99.1	97.9	93.1	95.6	103.3	99.8	98.5	98.6	98.5
102.3	105.2	92.9	106.9	102.6	97.9	98.0	98.8	95.5
101.5	125.8	82.5	116.9	115.0	100.1	103.9	102.2	85.2
104.0	110.7	91.8	116.8	110.3	99.1	97.6	98.2	86.8
101.7	102.8	93.5	102.9	100.6	97.6	98.1	99.0	97.7
101.4	102.5	92.1	102.7	102.8	98.1	97.9	98.7	95.1
101.5	125.8	82.5	116.9	115.0	100.1	103.9	102.2	85.2
103.9	110.2	92.0	116.6	110.3	99.1	97.6	98.1	86.6
100.9	100.5	92.2	99.2	100.8	97.8	98.0	98.9	97.4
100.2	101.3	100.6	100.7	102.9	99.5	99.2	99.4	99.3
104.8	105.3	102.0	104.4	105.5	103.3	99.9	100.4	99.3
101.7	102.2	100.3	100.6	101.9	99.6	100.2	100.4	100.0
101.0	102.2	101.9	101.7	105.1	100.9	97.5	99.2	98.7
95.6	97.2	98.5	97.6	100.2	96.2	99.7	98.9	99.6
108.1	108.0	83.9	114.5	108.5	91.5	97.2	97.0	89.2
100.5	102.0	103.5	101.5	100.8	102.2	99.7	101.4	98.8
112.8	138.6	93.9	107.8	108.5	92.9	91.6	93.7	97.8
103.6	119.9	95.9	120.8	116.8	102.7	98.5	96.0	74.4
103.0	104.3	90.8	111.3	108.8	98.1	97.4	99.0	91.2
97.8	97.9	94.2	96.2	98.9	98.6	98.2	99.0	99.3
101.6	105.7	97.5	103.0	108.9	94.8	96.8	100.9	94.8
102.6	102.7	100.4	95.4	105.8	102.3	100.2	101.5	100.8
105.7	105.9	101.3	104.8	105.5	103.5	100.3	99.8	98.5
100.5	99.6	101.5	103.4	105.5	97.4	98.6	98.3	96.6
101.9	102.2	100.3	100.7	102.2	99.5	100.2	100.3	99.9
100.1	100.5	99.2	99.8	99.9	99.2	101.1	100.9	100.4
100.2	103.8	105.7	100.5	105.0	101.1	97.8	99.0	99.0
99.1	101.1	99.4	100.5	103.5	101.0	98.9	99.6	99.5
102.2	107.4	102.9	109.3	111.8	101.9	94.2	97.6	98.4

工业生产者出厂价格指数(1992~2015,以1991年价格为100)

表3-12

指 标	Indicators	1992年	1995年
工业生产者出厂价格指数	**Producer Price Index of Industries**	**110.4**	**180.2**
按轻重工业分	**Grouped by Light and Heavy Industries**		
轻工业	Light Industry	105.8	161.0
以农产品为原料	Using Farm Products as Raw Materials	108.2	163.0
以非农产品为原料	Using Non-farm Products as Raw Materials	103.3	142.4
重工业	Heavy Industry	115.2	199.8
采 掘	Mining and Quarrying		
原 料	Raw Material	113.7	212.3
加 工	Processing	109.7	172.3
按用途分	**Grouped by Uses**		
生产资料	Means of Production	112.4	195.3
采 掘	Mining and Quarrying		
原 料	Raw Material	113.7	200.9
加 工	Processing	109.7	180.0
生活资料	Consumer Goods	107.4	159.0
食 品	Food	115.5	180.5
衣 着	Clothing	105.6	182.9
一般日用品	Non-Durable Consumer Goods	105.9	148.7
耐用消费品	Durable Consumer Goods	104.8	118.7
按工业部门分	**Grouped by Industrial Sectors**		
冶金工业	Metallurgy Industry	115.4	192.1
电力工业	Electric Power Industry	136.7	237.5
煤炭及炼焦工业	Coal and Coking Industry	114.6	264.4
石油工业	Petroleum Industry	123.9	255.1
化学工业	Chemical Industry	106.5	169.8
机械工业	Machinery Industry	106.7	146.4
建筑材料工业	Building Material Industry	114.5	223.0
森林工业	Forest Industry	106.6	159.3
食品工业	Food Industry	115.7	181.7
纺织工业	Textile Industry	102.7	174.5
缝纫工业	Sewing Industry	94.1	134.3
皮革工业	Leather Industry	111.8	194.9
造纸工业	Paper Making Industry	99.0	169.9
文教艺术用品工业	Industry of Culture, Education and Art Articles	118.9	161.0
其他工业	Other Industries	107.5	154.4

Producer Price Indices of Industries
(1991 = 100)

1996年	1997年	1998年	1999年	2000年	2001年	2002年	2003年	2004年
175.8	**172.0**	**161.4**	**157.5**	**161.5**	**156.2**	**150.6**	**152.7**	**158.3**
155.0	150.5	140.7	139.6	139.4	136.3	132.2	131.1	132.4
165.8	166.5	154.8	154.9	154.0	153.8	152.2	153.7	158.5
128.8	121.1	113.7	111.9	112.1	106.9	101.5	99.8	99.5
196.9	193.7	182.4	175.9	183.4	176.2	169.4	174.2	182.9
					100.0	100.4	113.0	134.8
203.4	202.4	185.5	178.8	198.2	195.6	191.7	207.0	234.1
179.4	174.6	168.5	162.6	161.0	152.5	144.9	146.2	149.6
187.0	181.2	168.4	162.4	171.2	164.9	158.0	162.9	172.8
					100.0	100.4	113.0	134.8
185.7	181.7	167.1	163.5	181.1	177.4	173.2	186.2	209.9
187.7	179.7	169.4	160.1	158.4	150.3	142.4	144.6	149.9
159.5	158.1	150.8	150.0	147.0	143.1	139.2	136.6	134.9
191.7	197.2	199.0	201.6	197.9	203.0	208.2	208.3	211.1
179.7	182.4	161.1	162.3	162.2	161.5	161.1	160.7	164.6
151.6	148.7	142.7	142.7	139.1	135.2	131.2	130.3	132.0
113.8	109.6	107.4	104.9	102.1	97.0	91.9	88.3	83.5
187.2	178.0	165.2	155.4	162.6	160.0	154.7	174.1	206.1
232.0	262.3	260.0	249.0	244.7	245.3	244.3	242.6	247.3
298.4	365.3	392.5	389.6	400.0	415.1	434.7	505.8	568.1
255.9	280.6	253.9	269.8	366.6	365.7	357.3	415.6	483.4
157.3	154.1	142.0	143.2	155.7	149.8	144.2	149.1	161.4
147.2	140.6	134.8	128.6	124.7	116.7	110.0	106.2	103.4
220.3	230.9	208.4	196.7	213.2	218.0	210.1	210.6	222.9
112.9	98.8	83.5	80.6	78.5	76.6	73.8	72.4	71.3
192.8	196.9	197.2	197.4	193.8	199.3	203.9	207.3	215.8
156.3	153.1	140.9	141.6	149.4	143.6	136.1	140.4	145.6
123.3	125.6	102.3	107.1	104.3	103.4	103.2	103.0	105.7
188.9	219.6	197.3	190.3	185.7	187.0	184.7	183.6	184.0
172.1	143.8	132.2	125.0	137.5	134.4	127.2	124.8	123.8
169.1	153.8	146.4	156.5	155.5	150.6	149.1	147.9	146.4
158.2	162.6	161.6	177.8	174.5	175.3	184.0	186.8	196.4

表 3－12 续表 Continued

指 标	Indicators	2005 年	2006 年
工业生产者出厂价格指数	**Producer Price Index of Industries**	**161.1**	**162.1**
按轻重工业分	**Grouped by Light and Heavy Industries**		
轻工业	Light Industry	133.1	131.5
以农产品为原料	Using Farm Products as Raw Materials	159.2	160.1
以非农产品为原料	Using Non-farm Products as Raw Materials	100.2	98.4
重工业	Heavy Industry	187.1	191.6
采 掘	Mining and Quarrying	167.8	192.4
原 料	Raw Material	256.7	277.7
加 工	Processing	149.5	149.9
按用途分	**Grouped by Uses**		
生产资料	Means of Production	178.4	180.4
采 掘	Mining and Quarrying	167.8	192.4
原 料	Raw Material	230.5	248.4
加 工	Processing	151.3	150.7
生活资料	Consumer Goods	133.2	131.6
食 品	Food	212.4	213.4
衣 着	Clothing	166.9	167.5
一般日用品	Non-Durable Consumer Goods	132.9	134.1
耐用消费品	Durable Consumer Goods	80.0	76.2
按工业部门分	**Grouped by Industrial Sectors**		
冶金工业	Metallurgy Industry	225.4	234.6
电力工业	Electric Power Industry	250.5	252.6
煤炭及炼焦工业	Coal and Coking Industry	573.4	579.1
石油工业	Petroleum Industry	583.5	668.2
化学工业	Chemical Industry	172.6	176.1
机械工业	Machinery Industry	100.3	98.4
建筑材料工业	Building Material Industry	211.3	203.7
森林工业	Forest Industry	72.1	72.8
食品工业	Food Industry	219.0	221.2
纺织工业	Textile Industry	145.0	145.7
缝纫工业	Sewing Industry	107.3	107.5
皮革工业	Leather Industry	183.9	185.4
造纸工业	Paper Making Industry	121.9	121.4
文教艺术用品工业	Industry of Culture, Education and Art Articles	145.9	143.3
其他工业	Other Industries	199.5	209.7

注：采掘业以 2001 年为 100。
Note: Mining and Quarrying is calculated with 2001 = 100.

2007 年	2008 年	2009 年	2010 年	2011 年	2012 年	2013 年	2014 年	2015 年
163.9	**167.5**	**157.2**	**160.8**	**165.4**	**162.8**	**159.9**	**158.1**	**151.9**
131.6	130.4	123.6	120.0	124.7	125.6	124.6	123.5	121.8
165.0	171.0	172.9	177.4	185.6	188.9	188.7	188.3	186.0
97.5	95.5	88.9	85.0	87.8	87.6	86.3	85.1	83.8
196.0	206.2	191.5	204.7	210.0	205.6	201.5	199.1	190.1
195.3	245.7	202.7	237.0	272.6	272.9	283.5	289.7	246.8
288.9	319.8	293.6	342.9	378.2	374.8	365.8	359.2	311.8
152.4	156.7	146.5	150.8	151.7	148.1	145.3	143.8	140.5
183.0	187.6	172.8	177.4	182.4	178.9	175.1	172.8	164.3
195.3	245.7	202.7	237.0	272.6	272.9	283.5	289.7	246.8
258.0	284.3	261.5	304.9	336.3	333.3	325.3	319.1	276.3
152.0	152.8	140.9	139.7	140.8	137.7	134.9	133.4	129.9
131.9	133.7	134.5	135.4	139.3	138.6	137.5	136.7	135.7
223.5	235.4	240.1	250.7	264.5	273.2	272.9	274.0	272.1
170.3	174.0	174.5	175.6	178.9	178.2	178.6	179.3	179.3
135.4	138.4	141.1	143.5	150.8	152.2	148.4	147.2	145.3
72.9	70.8	69.8	68.1	68.2	65.6	65.4	64.7	64.4
253.7	274.0	229.9	263.2	285.6	261.3	254.0	246.4	219.8
253.8	258.9	267.9	271.9	274.1	280.1	279.3	283.2	279.8
653.0	905.1	849.9	916.2	994.1	923.5	845.9	792.6	775.2
692.4	830.1	796.1	961.7	1 123.3	1 153.6	1 136.3	1 090.8	811.6
181.3	189.1	171.7	191.1	207.9	203.9	198.6	196.6	179.3
96.3	94.2	88.8	85.4	84.5	83.3	81.8	81.0	80.4
207.0	218.8	213.3	219.7	239.3	226.9	219.6	221.6	210.1
74.7	76.7	77.0	73.5	77.8	79.6	79.8	81.0	81.6
233.8	247.6	250.8	262.9	277.4	287.1	288.0	287.4	283.1
146.4	145.9	148.1	153.1	161.5	157.3	155.1	152.5	147.3
109.5	111.9	112.3	113.1	115.6	115.0	115.2	115.5	115.4
185.7	186.6	185.1	184.7	184.5	183.0	185.0	186.7	187.4
121.6	126.2	133.4	134.1	140.8	142.3	139.2	137.8	136.4
142.0	143.6	142.7	143.4	148.4	149.9	148.3	147.7	147.0
214.3	230.1	236.8	258.8	289.3	294.8	277.7	271.0	266.7

34个工业行业工业品出厂价格指数（1992～2015，以上年价格为100）

表3－13

指 标	Indicators	1992年	1995年
按工业行业分	**Grouped by Industrial Sectors**		
石油和天然气开采业③	Extraction of Petroleum and Natural Gas		
农副食品加工业	Processing of Food from Agricultural Products	117.3	115.2
食品制造业	Processing of Foodstuff		
酒、饮料和精制茶制造业	Manufacture of Beverages	106.8	119.7
烟草制品业	Manufacture of Tobacco	113.7	109.7
纺织业①	Manufacture of Textile	105.5	112.2
纺织服装、服饰业①	Manufacture of Textile Wearing Apparel, Footware, and Caps		
皮革、毛皮、羽毛及其制品和制鞋业①	Manufacture of Leather, Fur, Feather and Related Products	111.8	129.6
木材加工和木、竹、藤、棕、草制品业	Processing of Timber, Manufacture of Wood, Bamboo, Rattan, Palm and Straw Products	102.8	86.1
家具制造业	Manufacture of Furniture	117.7	
造纸和纸制品业	Manufacture of Paper and Paper Products	100.7	151.0
印刷和记录媒介复制业②	Printing, Reproduction of Recording Media		
文教、工美、体育和娱乐用品制造业①	Manufacture of Articles for Culture, Education and Sport Activities	117.9	98.8
石油加工、炼焦和核燃料加工业	Processing of Petroleum, Coking, Processing of Nuclear Fuel	121.3	94.1
化学原料和化学制品制造业	Manufacture of Raw Chemical Materials and Chemical Products	109.4	124.5
医药制造业	Manufacture of Medicines	98.9	113.3
化学纤维制造业	Manufacture of Chemical Fibers	99.1	133.6
橡胶和塑料制品业①	Manufacture of Rubber	103.4	110.3
非金属矿物制品业	Manufacture of Non-metallic Mineral Products	113.6	98.5
黑色金属冶炼和压延加工业①	Smelting and Pressing of Ferrous Metals	116.7	93.7
有色金属冶炼和压延加工业	Smelting and Pressing of Non-ferrous Metals	112.3	130.8
金属制品业①	Manufacture of Metal Products	104.4	110.4
通用设备制造业①	Manufacture of General Purpose Machinery	109.1	105.5
专用设备制造业①	Manufacture of Special Purpose Machinery		105.5
汽车制造业⑤	Automotive Industry		
铁路、船舶、航空航天和其他运输设备制造业⑤	Railroads, Ships, Aerospace and other Transportation		
电气机械和器材制造业①	Manufacture of Electrical Machinery and Equipment	111.9	122.7
计算机、通信和其他电子设备制造业	Manufacture of Communication Equipment, Computers and Other Electronic Equipment	94.8	65.2
仪器仪表制造业①	Manufacture of Measuring Instruments and Machinery for Cultural Activity and Office Work	99.8	106.2
其他制造业①	Manufacture of Artwork and Other Manufacturing		
废弃资源综合利用业④	Comprehensive Utilization of Waste Resources		
金属制品、机械和设备修理业⑤	Metal Products, Machinery and Equipment Repair		
电力、热力生产和供应业	Production and Supply of Electric Power and Heat Power	138.0	117.3
燃气生产和供应业	Production and Supply of Gas	115.7	152.5
水的生产和供应业	Production and Supply of Water	121.5	124.5

注：①2012年起按新口径编制。
②2000年起新增印刷业记录媒介的复制。
③2001年起新增石油和天然气开采业。
④2003年起新增废弃资源综合利用业。
⑤2012年起新增汽车制造业，铁路、船舶、航空航天和其他运输设备制造业，金属制品、机械和设备修理业。

Note: ①These indices have been calculated according to a new caliber since 2012.
②Printing, Reproduction of Recording Media has been added since 2000.
③Extraction of Petroleum and Natural Gas has been added since 2001.
④Comprehensive Utilization of Waste Resources has been added since 2003.
⑤Automotive Industry, Railroads, Ships, Aerospace and other Transportationhave, Metal Products, Machinery and Equipment Repair have been added since 2012.

Producer Price Indices of Industrial Products in 34 Industries
(preceding year = 100)

1996年	1997年	1998年	1999年	2000年	2001年	2002年	2003年	2004年
					100.0	100.4	112.6	119.3
105.9	101.2	94.7	95.1	89.6	101.8	100.0	107.7	113.3
	102.8	95.4	101.4	100.4	101.1	99.7	99.7	101.5
93.0	93.7	103.3	95.9	95.5	99.5	99.6	101.8	99.4
106.4	107.1	107.5	110.7	109.8	108.4	110.6	100.0	103.3
99.4	100.8	93.9	98.0	100.3	97.6	96.0	101.9	104.1
	95.3	68.7	104.7	97.6	99.2	100.3	100.4	101.8
96.9	113.8	97.4	96.4	97.5	100.9	99.0	98.8	101.0
70.9	90.1	77.9	95.8	96.0	97.1	96.2	97.9	97.9
	84.7	91.7	99.8	100.6	99.7	96.7	98.9	100.6
101.3	83.5	91.9	94.6	110.0	95.8	94.0	98.1	99.2
				100.4	99.8	95.8	99.2	98.9
105.0	97.6	98.4	107.0	110.0	100.0	99.0	99.9	100.6
100.3	109.7	90.5	106.3	134.6	100.2	98.8	119.0	117.6
88.7	99.9	89.2	100.7	117.1	96.7	97.0	106.4	113.4
99.1	96.4	102.5	108.4	91.0	98.9	98.2	94.8	94.9
66.6	92.2	89.3	104.3	115.9	91.7	90.9	108.7	115.7
104.9	96.1	98.3	97.0	97.5	98.8	99.6	99.7	98.7
98.8	104.8	90.3	94.4	108.4	102.2	96.4	100.1	105.3
97.9	95.6	93.8	94.1	104.5	99.4	97.4	119.6	122.0
89.9	91.1	84.9	93.4	110.4	92.8	95.7	106.1	123.2
101.0	94.5	97.3	97.8	98.1	98.5	97.2	99.9	109.7
105.9	97.9	97.6	95.6	98.7	96.6	97.5	98.0	101.0
	100.6	96.5	94.3	100.4	99.8	98.1	97.7	98.8
93.1	99.0	95.1	91.6	97.4	97.6	95.4	97.6	102.9
83.6	82.6	86.7	88.4	92.9	87.1	88.6	95.0	95.3
99.5	101.8	95.9	95.0	96.6	97.4	96.3	97.7	98.3
	86.0	92.8	105.9	96.6	93.8	103.4	105.2	110.3
							109.0	110.2
111.7	113.1	99.1	95.8	98.3	100.1	99.6	99.3	101.9
112.9	122.4	107.5	99.3	100.0	101.1	100.8	107.1	104.1
100.0	116.3	114.6	121.2	100.0	100.7	117.0	100.0	100.0

表 3－13 续表 Continued

指　标	Indicators	2005 年	2006 年
按工业行业分	**Grouped by Industrial Sectors**		
石油和天然气开采业	Extraction of Petroleum and Natural Gas	124.5	114.7
农副食品加工业	Processing of Food from Agricultural Products	101.2	100.3
食品制造业	Processing of Foodstuff	101.1	101.1
酒、饮料和精制茶制造业	Manufacture of Beverages	100.7	101.8
烟草制品业	Manufacture of Tobacco	102.4	101.1
纺织业	Manufacture of Textile	100.4	100.3
纺织服装、服饰业	Manufacture of Textile Wearing Apparel, Footware, and Caps	101.1	100.2
皮革、毛皮、羽毛及其制品和制鞋业①	Manufacture of Leather, Fur, Feather and Related Products	100.7	101.0
木材加工和木、竹、藤、棕、草制品业	Processing of Timber, Manufacture of Wood, Bamboo, Rattan, Palm and Straw Products	101.4	101.7
家具制造业	Manufacture of Furniture	101.1	100.6
造纸和纸制品业	Manufacture of Paper and Paper Products	98.5	99.6
印刷和记录媒介复制业	Printing, Reproduction of Recording Media	100.0	97.2
文教、工美、体育和娱乐用品制造业①	Manufacture of Articles for Culture, Education and Sport Activities	101.1	99.6
石油加工、炼焦和核燃料加工业	Processing of Petroleum, Coking, Processing of Nuclear Fuel	120.1	113.4
化学原料和化学制品制造业	Manufacture of Raw Chemical Materials and Chemical Products	110.1	103.5
医药制造业	Manufacture of Medicines	99.4	98.7
化学纤维制造业	Manufacture of Chemical Fibers	107.6	99.1
橡胶和塑料制品业	Manufacture of Rubber	102.0	102.1
非金属矿物制品业	Manufacture of Non-metallic Mineral Products	95.6	96.9
黑色金属冶炼和压延加工业	Smelting and Pressing of Ferrous Metals	111.0	97.1
有色金属冶炼和压延加工业	Smelting and Pressing of Non-ferrous Metals	113.7	145.0
金属制品业	Manufacture of Metal Products	104.8	103.9
通用设备制造业	Manufacture of General Purpose Machinery	101.8	100.7
专用设备制造业	Manufacture of Special Purpose Machinery	99.0	98.7
汽车制造业	Automotive Industry		
铁路、船舶、航空航天和其他运输设备制造业	Railroads, Ships, Aerospace and other Transportation		
电气机械和器材制造业	Manufacture of Electrical Machinery and Equipment	101.8	105.8
计算机、通信和其他电子设备制造业	Manufacture of Communication Equipment, Computers and Other Electronic Equipment	94.8	95.9
仪器仪表制造业	Manufacture of Measuring Instruments and Machinery for Cultural Activity and Office Work	98.1	98.0
其他制造业	Manufacture of Artwork and Other Manufacturing	102.4	108.7
废弃资源综合利用业	Comprehensive Utilization of Waste Resources	101.4	90.7
金属制品、机械和设备修理业	Metal Products, Machinery and Equipment Repair		
电力、热力生产和供应业	Production and Supply of Electric Power and Heat Power	101.3	101.0
燃气生产和供应业	Production and Supply of Gas	100.2	106.8
水的生产和供应业	Production and Supply of Water	100.0	100.1

2007 年	2008 年	2009 年	2010 年	2011 年	2012 年	2013 年	2014 年	2015 年
101.5	125.8	82.5	116.9	115.0	100.1	103.9	102.2	85.2
120.6	120.7	87.3	106.9	119.6	104.0	99.0	96.3	92.2
102.7	106.8	104.3	104.8	106.7	103.7	101.9	102.1	100.7
100.4	100.7	101.2	104.4	103.2	105.3	95.9	98.5	97.7
100.9	100.0	105.2	103.7	100.0	103.0	100.6	100.0	100.0
100.7	100.7	100.4	102.2	104.3	98.3	98.8	98.5	97.9
102.3	102.3	100.7	100.9	102.4	99.4	100.1	100.3	99.6
100.2	100.3	99.0	100.0	100.1	99.4	101.7	101.6	100.4
104.6	104.6	103.5	99.8	106.2	103.5	100.3	102.7	101.4
101.0	100.1	98.4	93.1	102.8	100.3	99.8	100.0	100.2
100.2	103.8	105.7	100.5	105.0	101.1	97.8	99.0	99.0
97.6	102.2	99.8	99.8	101.4	99.3	98.0	100.1	98.8
100.3	100.3	99.5	101.4	107.0	102.8	93.0	95.0	97.5
104.9	122.4	95.1	121.2	116.7	102.3	98.2	95.3	73.9
104.0	104.9	87.0	117.2	110.9	96.8	96.8	99.0	87.3
103.1	105.6	100.8	100.3	103.1	101.8	97.3	100.2	101.5
101.7	100.4	88.2	115.7	113.6	91.2	98.1	97.0	91.7
100.9	100.1	102.1	101.5	107.6	99.9	99.3	98.0	95.4
101.9	105.7	97.9	102.6	108.0	95.4	97.1	100.5	95.6
108.7	114.1	79.6	115.1	110.1	88.0	98.4	97.7	86.0
106.7	92.2	83.2	127.8	112.8	91.0	93.8	95.9	91.0
107.6	101.9	95.1	107.3	103.2	98.6	96.2	96.5	95.7
100.5	101.6	98.6	99.5	98.9	99.4	98.1	98.9	99.6
99.7	101.1	101.9	99.7	100.5	100.6	99.5	101.0	101.9
					96.3	98.5	99.7	99.0
					98.5	98.0	99.3	99.5
102.3	101.4	96.6	100.9	100.8	98.1	97.4	98.4	97.9
96.2	94.5	88.4	91.5	98.1	99.4	98.3	98.5	99.3
99.2	100.1	98.0	99.6	101.4	98.8	99.8	99.8	99.6
102.0	111.2	99.8	112.1	116.3	100.5	99.9	100.1	101.6
109.1	133.2	75.0	113.0	123.2	86.6	91.2	95.0	74.4
					97.3	99.1	101.2	97.5
100.7	102.0	103.7	101.6	100.9	102.4	99.8	101.4	98.8
103.8	104.8	110.1	104.2	109.0	97.0	93.8	98.8	100.2
100.0	101.3	120.9	112.7	110.1	100.8	104.7	118.0	101.2

34个工业行业工业品出厂价格指数(1992～2015,以1991年价格为100)

表3－14

指 标	Indicators	1992年	1995年
按工业行业分	**Grouped by Industrial Sectors**		
石油和天然气开采业②	Extraction of Petroleum and Natural Gas		
农副食品加工业	Processing of Food from Agricultural Products	117.3	207.1
食品制造业	Processing of Foodstuff		
酒、饮料和精制茶制造业	Manufacture of Beverages	106.8	223.0
烟草制品业	Manufacture of Tobacco	113.7	151.8
纺织业	Manufacture of Textile	105.5	179.9
纺织服装、服饰业	Manufacture of Textile Wearing Apparel, Footware, and Caps		
皮革、毛皮、羽毛及其制品和制鞋业	Manufacture of Leather, Fur, Feather and Related Products	111.8	192.4
木材加工和木、竹、藤、棕、草制品业	Processing of Timber, Manufacture of Wood, Bamboo, Rattan, Palm and Straw Products	102.8	147.2
家具制造业	Manufacture of Furniture		
造纸和纸制品业	Manufacture of Paper and Paper Products	100.7	164.2
印刷和记录媒介复制业①	Printing, Reproduction of Recording Media		
文教、工美、体育和娱乐用品制造业	Manufacture of Articles for Culture, Education and Sport Activities	117.9	157.6
石油加工、炼焦和核燃料加工业	Processing of Petroleum, Coking, Processing of Nuclear Fuel	121.3	247.5
化学原料和化学制品制造业	Manufacture of Raw Chemical Materials and Chemical Products	109.4	186.4
医药制造业	Manufacture of Medicines	98.9	131.1
化学纤维制造业	Manufacture of Chemical Fibers	99.1	167.9
橡胶和塑料制品业	Manufacture of Rubber	103.4	135.5
非金属矿物制品业	Manufacture of Non-metallic Mineral Products	113.6	215.6
黑色金属冶炼和压延加工业	Smelting and Pressing of Ferrous Metals	116.7	186.3
有色金属冶炼和压延加工业	Smelting and Pressing of Non-ferrous Metals	112.3	176.2
金属制品业	Manufacture of Metal Products	104.4	122.0
通用设备制造业	Manufacture of General Purpose Machinery	109.1	158.6
专用设备制造业	Manufacture of Special Purpose Machinery		
汽车制造业④	Automotive Industry		
铁路、船舶、航空航天和其他运输设备制造业④	Railroads, Ships, Aerospace and other Transportation		
电气机械和器材制造业	Manufacture of Electrical Machinery and Equipment	111.9	189.3
计算机、通信和其他电子设备制造业	Manufacture of Communication Equipment, Computers and Other Electronic Equipment	94.8	78.5
仪器仪表制造业	Manufacture of Measuring Instruments and Machinery for Cultural Activity and Office Work	99.8	110.5
其他制造业	Manufacture of Artwork and Other Manufacturing		
废弃资源综合利用业③	Comprehensive Utilization of Waste Resources		
金属制品、机械和设备修理业④	Metal Products, Machinery and Equipment Repair		
电力、热力生产和供应业	Production and Supply of Electric Power and Heat Power	138.0	238.4
燃气生产和供应业	Production and Supply of Gas	115.7	254.6
水的生产和供应业	Production and Supply of Water	121.5	242.9

注：①以1999年价格为100。
②以2000年价格为100。
③以2002年价格为100。
④以2011年价格为100。

Note: ①Year of 1999 = 100.
②Year of 2000 = 100.
③Year of 2002 = 100.
④Year of 2011 = 100.

Producer Price Indices of Industrial Products in 34 Industries (1991 = 100)

1996年	1997年	1998年	1999年	2000年	2001年	2002年	2003年	2004年
					100.0	100.4	113.0	134.8
219.4	101.2	95.8	91.1	81.6	83.1	83.1	93.5	111.6
	102.8	98.0	99.4	99.8	100.9	100.7	108.4	122.9
207.4	194.3	200.8	192.6	184.0	183.1	182.3	181.7	184.4
161.5	173.0	185.9	205.9	226.1	245.1	271.0	275.9	274.1
178.9	100.8	94.7	92.8	93.1	90.9	87.2	87.2	90.1
	95.3	65.5	68.5	66.8	66.3	66.5	67.7	70.5
186.4	212.1	206.7	199.3	194.3	196.0	194.0	194.7	198.1
104.3	93.9	73.2	70.1	67.3	65.3	62.9	62.1	62.7
	84.7	77.7	77.5	78.0	77.8	75.2	73.6	72.1
166.4	139.0	127.8	120.9	132.9	127.3	119.7	118.3	119.0
				100.4	100.2	95.9	95.1	94.1
165.4	161.5	158.9	169.9	170.6	170.5	168.7	167.4	165.5
248.3	272.3	246.4	261.8	352.4	353.1	348.7	348.3	350.3
165.3	165.2	147.3	148.3	173.8	168.0	163.0	194.0	228.2
129.9	125.2	128.3	139.1	126.6	125.2	122.9	130.7	148.2
111.8	103.1	92.0	95.9	111.2	102.0	92.8	87.9	83.4
142.1	136.5	134.2	130.2	126.9	125.4	124.8	135.7	157.0
213.0	223.2	201.4	190.1	206.1	210.7	203.1	204.1	212.6
182.3	174.3	163.5	153.9	160.9	159.9	155.8	155.9	164.2
158.4	144.3	122.5	114.5	126.4	117.3	112.2	134.2	163.7
123.1	116.4	113.2	110.7	108.6	107.0	103.9	110.2	135.8
167.9	97.9	95.5	91.3	90.1	87.0	84.8	84.7	92.9
	100.6	97.1	91.5	91.9	91.7	89.9	88.1	89.0
176.3	174.5	166.0	152.0	148.0	144.4	137.8	133.4	126.6
65.7	54.2	47.0	41.5	38.6	33.6	29.8	29.0	29.9
109.9	111.9	107.4	102.0	98.5	92.5	95.6	90.8	86.5
	86.0	79.7	84.4	81.5	76.6	73.9	72.2	71.0
							109.0	120.0
266.3	301.1	298.3	285.8	280.8	281.1	279.9	305.0	335.9
287.3	351.7	378.0	375.2	375.3	379.3	382.5	379.9	387.2
242.9	282.4	323.7	392.3	392.2	394.9	462.1	495.0	515.1

表3-14续表 Continued

指 标	Indicators	2005年	2006年
按工业行业分	**Grouped by Industrial Sectors**		
石油和天然气开采业	Extraction of Petroleum and Natural Gas	167.8	192.4
农副食品加工业	Processing of Food from Agricultural Products	138.9	159.3
食品制造业	Processing of Foodstuff	124.4	124.7
酒、饮料和精制茶制造业	Manufacture of Beverages	186.3	188.3
烟草制品业	Manufacture of Tobacco	276.0	280.9
纺织业	Manufacture of Textile	92.3	93.2
纺织服装、服饰业	Manufacture of Textile Wearing Apparel, Footware, and Caps	70.7	71.0
皮革、毛皮、羽毛及其制品和制鞋业	Manufacture of Leather, Fur, Feather and Related Products	200.3	200.7
木材加工和木、竹、藤、棕、草制品业	Processing of Timber, Manufacture of Wood, Bamboo, Rattan, Palm and Straw Products	63.1	63.8
家具制造业	Manufacture of Furniture	73.1	74.3
造纸和纸制品业	Manufacture of Paper and Paper Products	120.3	121.0
印刷和记录媒介复制业	Printing, Reproduction of Recording Media	94.1	91.4
文教、工美、体育和娱乐用品制造业	Manufacture of Articles for Culture, Education and Sport Activities	165.5	160.9
石油加工、炼焦和核燃料加工业	Processing of Petroleum, Coking, Processing of Nuclear Fuel	354.2	352.9
化学原料和化学制品制造业	Manufacture of Raw Chemical Materials and Chemical Products	274.1	310.9
医药制造业	Manufacture of Medicines	163.3	169.0
化学纤维制造业	Manufacture of Chemical Fibers	82.9	81.8
橡胶和塑料制品业	Manufacture of Rubber	169.0	167.4
非金属矿物制品业	Manufacture of Non-metallic Mineral Products	221.9	223.3
黑色金属冶炼和压延加工业	Smelting and Pressing of Ferrous Metals	156.9	152.1
有色金属冶炼和压延加工业	Smelting and Pressing of Non-ferrous Metals	181.7	176.4
金属制品业	Manufacture of Metal Products	154.4	223.9
通用设备制造业	Manufacture of General Purpose Machinery	97.4	101.2
专用设备制造业	Manufacture of Special Purpose Machinery	90.6	91.2
汽车制造业	Automotive Industry		
铁路、船舶、航空航天和其他运输设备制造业	Railroads, Ships, Aerospace and other Transportation		
电气机械和器材制造业	Manufacture of Electrical Machinery and Equipment	120.0	115.8
计算机、通信和其他电子设备制造业	Manufacture of Communication Equipment, Computers and Other Electronic Equipment	30.4	32.2
仪器仪表制造业	Manufacture of Measuring Instruments and Machinery for Cultural Activity and Office Work	82.1	78.7
其他制造业	Manufacture of Artwork and Other Manufacturing	69.6	68.2
废弃资源综合利用业	Comprehensive Utilization of Waste Resources	121.7	110.4
金属制品、机械和设备修理业	Metal Products, Machinery and Equipment Repair		
电力、热力生产和供应业	Production and Supply of Electric Power and Heat Power	340.5	309.0
燃气生产和供应业	Production and Supply of Gas	392.3	396.3
水的生产和供应业	Production and Supply of Water	515.9	550.9

2007年	2008年	2009年	2010年	2011年	2012年	2013年	2014年	2015年
195.3	245.7	202.7	237.0	272.6	272.9	283.5	289.7	246.8
161.7	195.2	170.4	182.1	217.8	226.5	224.2	215.9	199.1
150.4	160.7	167.6	175.6	187.4	194.3	198.0	202.2	203.6
193.3	194.7	197.0	205.7	212.3	223.6	214.4	211.2	206.3
281.9	281.9	296.6	307.6	307.6	316.8	318.7	318.7	318.7
94.1	94.7	95.1	97.2	101.4	99.7	98.5	97.0	95.0
71.5	73.1	73.6	74.3	76.1	75.6	75.7	75.9	75.6
205.3	205.9	203.8	203.8	204.0	202.8	206.2	209.5	210.3
63.9	66.8	69.2	69.0	73.3	75.9	76.1	78.2	79.3
77.8	77.8	76.6	71.3	73.3	73.5	73.4	73.4	73.5
122.2	126.8	134.1	134.8	141.5	143.1	140.0	138.6	137.2
89.2	91.2	91.0	90.8	92.1	91.5	89.7	89.8	88.7
157.0	157.5	156.7	158.9	170.0	174.8	162.6	154.5	150.6
353.9	433.2	411.9	499.3	582.7	596.1	585.4	557.9	412.3
326.0	342.0	297.5	348.7	386.7	374.3	362.3	358.7	313.1
175.7	185.5	187.0	187.6	193.4	196.9	191.6	192.0	194.9
84.3	84.7	74.7	86.4	98.2	89.6	87.9	85.3	78.2
170.2	170.3	173.9	176.5	189.9	189.7	188.4	184.6	176.1
226.8	239.7	234.7	240.8	260.1	248.1	240.9	242.1	231.4
154.9	176.8	140.7	162.0	178.4	157.0	154.5	150.9	129.8
191.7	176.7	147.0	187.9	212.0	192.9	180.9	173.5	157.9
238.9	243.5	231.6	248.5	256.5	252.9	243.3	234.8	224.7
108.8	110.5	109.0	108.5	107.3	106.7	104.7	103.5	103.1
91.7	92.7	94.5	94.2	94.7	95.3	94.8	95.7	97.5
					96.3	94.9	94.6	93.7
					98.5	96.5	95.8	95.3
111.9	113.4	109.6	110.6	111.5	109.4	106.6	104.9	102.7
32.9	31.1	27.5	25.2	24.7	24.6	24.2	23.8	23.6
75.7	75.8	74.3	74.0	75.0	74.1	74.0	73.9	73.6
67.7	75.3	75.2	84.3	98.0	98.5	98.4	98.5	100.1
120.4	160.4	120.3	135.9	167.4	145.0	132.2	125.6	93.4
					97.3	96.4	97.6	95.2
336.9	343.7	356.4	362.1	365.4	374.2	373.5	378.7	374.2
398.9	418.1	460.3	479.6	522.8	507.1	475.7	470.0	470.9
571.7	579.1	700.1	789.0	868.7	875.6	916.8	1 081.8	1 094.8

工业生产者购进价格指数(1992～2015,以上年价格为100)

表3－15

指 标	Indicators	1992年	1995年
工业生产者购进价格指数	**Purchasing Price Index of Industries**	**109.6**	**113.3**
燃料、动力类	Fuel and Power	117.9	107.6
黑色金属材料类	Ferrous Metals	112.1	99.1
#钢 材	Rolled-steel	117.8	98.8
有色金属材料类	Nonferrous Metals	109.9	131.7
化工原料类	Chemical Raw Materials	87.8	124.1
木材及纸浆类	Timber and Paper Pulps	103.9	121.3
建筑材料类及非金属矿类	Building Materials and Nonmetal Minerals	109.1	92.1
其它工业原材料及半成品类	Other Industrial Raw and Processed Materials		
农副产品类	Agricultural and Sideline Products	110.7	123.3
纺织原料类	Textile Raw Materials	101.6	114.8

表3－15续表 Continued

指 标	Indicators	2005年	2006年
工业生产者购进价格指数	**Purchasing Price Index of Industries**	**106.8**	**104.8**
燃料、动力类	Fuel and Power	124.1	110.9
黑色金属材料类	Ferrous Metals	103.2	92.7
#钢 材	Rolled-steel	109.9	95.9
有色金属材料类	Nonferrous Metals	112.2	139.1
化工原料类	Chemical Raw Materials	111.1	103.2
木材及纸浆类	Timber and Paper Pulps	101.5	100.3
建筑材料类及非金属矿类	Building Materials and Nonmetal Minerals	88.9	99.8
其它工业原材料及半成品类	Other Industrial Raw and Processed Materials	99.3	103.3
农副产品类	Agricultural and Sideline Products	98.1	105.1
纺织原料类	Textile Raw Materials	101.8	100.5

Purchasing Price Index of Industries
(preceding year = 100)

1996年	1997年	1998年	1999年	2000年	2001年	2002年	2003年	2004年
97.6	**98.6**	**94.1**	**97.1**	**107.1**	**98.7**	**97.7**	**106.4**	**116.4**
109.9	103.2	97.4	102.1	116.7	99.9	101.6	107.7	124.8
96.0	98.3	99.0	96.0	96.7	104.5	100.1	113.7	134.6
98.5	94.8	98.0	94.4	102.6	99.7	96.9	108.9	123.2
87.3	96.4	83.3	98.5	111.4	93.2	95.1	102.5	119.9
93.7	96.4	86.0	100.8	123.5	90.4	92.7	107.3	114.3
102.8	105.3	75.2	92.9	101.6	94.9	97.6	99.3	100.9
123.9	90.9	91.9	102.1	99.5	101.6	96.3	103.0	115.1
	96.0	92.3	100.7	104.6	100.9	97.7	98.9	103.0
100.6	119.5	92.2	93.8	97.2	99.3	99.5	109.2	110.4
90.0	96.0	100.2	87.1	96.9	96.8	94.5	102.0	104.9

2007年	2008年	2009年	2010年	2011年	2012年	2013年	2014年	2015年
104.1	**110.3**	**89.8**	**111.2**	**107.5**	**94.7**	**96.5**	**95.9**	**90.6**
104.3	135.6	76.0	129.0	117.9	98.9	90.4	93.9	68.3
106.6	117.0	86.7	113.9	110.9	85.2	96.3	89.7	81.7
104.4	114.1	87.8	105.0	105.9	93.6	95.2	95.5	89.5
107.2	96.4	86.3	129.4	113.8	91.0	93.0	93.4	88.8
105.2	105.9	87.5	116.0	110.5	96.4	97.2	96.8	89.4
102.0	102.6	96.3	103.4	103.6	98.1	99.5	99.3	99.3
102.7	109.0	98.6	105.4	116.0	93.7	98.9	102.3	94.2
102.2	102.3	96.7	102.3	100.9	97.1	97.3	98.0	97.0
106.7	107.6	100.0	108.2	111.7	102.5	99.5	97.1	94.1
101.8	103.2	99.2	106.4	110.6	99.1	100.1	99.9	100.2

工业生产者购进价格指数(1992～2015,以1991年价格为100)

表3－16

指　标	Indicators	1992年	1995年
工业生产者购进价格指数	**Purchasing Price Index of Industries**	**109.6**	**195.1**
燃料、动力类	Fuel and Power	117.9	198.9
黑色金属材料类	Ferrous Metals	112.1	187.1
#钢　材	Rolled-steel	117.8	184.3
有色金属材料类	Nonferrous Metals and Electric Wire	109.9	190.7
化工原料类	Chemical Raw Materials	87.8	140.4
木材及纸浆类	Timber and Paper Pulps	103.9	210.7
建筑材料类及非金属矿类	Building Materials and Nonmetal Minerals	109.1	162.1
其它工业原材料及半成品类①	Other Industrial Raw and Processed Materials		
农副产品类	Agricultural and Sideline Products	110.7	248.6
纺织原料类	Textile Raw Materials	101.6	170.3

注：①以1996年价格为100。
Note：Year of 1996 = 100.

表3－16 续表　Continued

指　标	Indicators	2005年	2006年
工业生产者购进价格指数	**Purchasing Price Index of Industries**	**234.6**	**245.8**
燃料、动力类	Fuel and Power	443.2	491.5
黑色金属材料类	Ferrous Metals	267.7	248.1
#钢　材	Rolled-steel	232.9	223.3
有色金属材料类	Nonferrous Metals	179.1	249.2
化工原料类	Chemical Raw Materials	155.1	160.1
木材及纸浆类	Timber and Paper Pulps	152.4	152.8
建筑材料类及非金属矿类	Building Materials and Nonmetal Minerals	175.7	175.3
其它工业原材料及半成品类	Other Industrial Raw and Processed Materials	93.1	96.1
农副产品类	Agricultural and Sideline Products	293.4	308.3
纺织原料类	Textile Raw Materials	124.0	124.7

Purchasing Price Index of Industries
(1991 = 100)

1996年	1997年	1998年	1999年	2000年	2001年	2002年	2003年	2004年
190.4	**187.8**	**176.7**	**171.6**	**183.8**	**181.5**	**177.3**	**188.7**	**219.6**
218.6	225.6	219.7	224.4	261.8	261.5	265.7	286.1	357.1
179.6	176.5	174.8	167.7	162.1	169.3	169.5	192.7	259.4
181.5	172.1	168.7	159.2	163.3	162.9	157.9	171.9	211.9
166.4	160.4	133.5	131.6	146.6	136.6	129.9	133.2	159.7
131.5	126.8	109.1	109.9	135.8	122.8	113.8	122.1	139.6
216.6	228.1	171.5	159.2	161.7	153.5	149.8	148.8	150.1
200.9	182.5	167.7	171.3	170.4	173.1	166.7	171.7	197.6
	96.0	88.5	89.2	93.3	94.2	92.0	91.0	93.7
250.0	298.8	275.5	258.3	251.1	249.3	248.1	270.9	299.0
153.3	147.2	147.6	128.4	124.4	120.5	113.9	116.1	121.8

2007年	2008年	2009年	2010年	2011年	2012年	2013年	2014年	2015年
255.9	**282.2**	**253.5**	**281.8**	**302.9**	**286.8**	**276.8**	**265.5**	**240.5**
512.6	695.1	528.3	681.5	803.5	794.7	718.4	674.6	460.8
264.5	309.5	268.3	305.6	338.9	288.8	278.1	249.5	203.8
233.2	266.0	233.6	245.3	259.8	243.1	231.4	221.0	197.8
267.1	257.5	222.2	287.5	327.2	297.7	276.9	258.6	229.6
168.4	178.3	156.0	181.0	200.0	192.8	187.4	181.4	162.2
155.9	159.9	154.0	159.2	164.9	161.8	161.0	159.9	158.8
180.1	196.3	193.5	204.0	236.6	221.7	219.3	224.3	211.3
98.3	100.5	97.2	99.4	100.3	97.4	94.8	92.9	90.1
329.0	354.0	354.0	383.0	427.8	438.5	436.3	423.6	398.6
126.9	131.0	129.9	138.2	152.8	151.5	151.7	151.5	151.8

固定资产投资价格指数(1993～2015,以上年价格为100)

表3-17

指 标	Indicators	1993年	1994年
固定资产投资价格指数	**Price Indices of Investment in Fixed Assets**	**131.4**	**108.8**
建筑安装装饰工程	Building Project Price Index	134.2	108.8
#人工费	Manpower Cost	163.9	117.7
材料费	Materials	146.6	105.3
钢 材	Rolled-steel	116.9	96.1
木 材	Timber	114.1	114.0
水 泥	Cement	115.8	105.8
地方建筑材料	Local Materials	146.0	113.7
化工材料	Chemical Materials		
电 料	Electric Materials		
其他材料	Other Materials	129.4	105.7
机械使用费	Machinery Use Cost		
设备、工器具购置	Purchase of Equipment and Instrument	131.4	112.1
其他费用	Other Investment Price Index	125.0	105.0

表3-17 续表 Continued

指 标	Indicators	2004年	2005年
固定资产投资价格指数	**Price Indices of Investment in Fixed Assets**	**106.7**	**100.8**
建筑安装装饰工程	Building Project Price Index	110.6	100.9
#人工费	Manpower Cost	105.7	104.8
材料费	Materials	112.0	99.4
钢 材	Rolled-steel	120.4	100.8
木 材	Timber	102.5	100.3
水 泥	Cement	108.5	97.5
地方建筑材料	Local Materials	103.5	95.3
化工材料	Chemical Materials	106.4	110.3
电 料	Electric Materials	106.9	100.3
其他材料	Other Materials	105.2	100.8
机械使用费	Machinery Use Cost	108.7	105.6
设备、工器具购置	Purchase of Equipment and Instrument	99.4	97.4
其他费用	Other Investment Price Index	104.7	103.2

Price Indices of Investment in Fixed Assets
(preceding year =100)

1995年	1996年	1997年	1998年	1999年	2000年	2001年	2002年	2003年
103.1	**107.0**	**100.5**	**98.4**	**98.1**	**100.0**	**100.7**	**100.3**	**102.4**
101.9	108.9	101.4	98.9	97.8	101.5	102.4	101.9	105.2
108.7	114.2	109.0	96.0	103.4	100.6	109.0	110.5	104.5
99.5	97.4	98.7	98.3	96.1	101.8	101.2	99.8	105.5
97.0	98.2	98.1	97.7	95.0	105.6	100.1	99.8	110.9
98.9	98.1	100.5	97.5	96.6	100.8	98.8	97.6	100.9
98.9	99.2	99.0	99.3	95.5	97.8	99.9	98.6	102.1
99.3	100.6	96.4	98.8	96.3	98.1	103.2	99.9	100.8
		102.5	97.9	99.3	100.9	100.3	99.3	106.2
		103.7	98.3	99.7	104.3	100.7	97.8	100.0
101.4	96.8	102.2	98.8	96.9	97.6	103.5	101.2	100.2
	118.5	104.5	99.7	100.5	99.8	99.7	102.8	104.9
104.8	101.7	97.8	96.1	96.9	97.0	96.5	96.7	97.5
107.0	107.7	100.8	99.6	99.8	99.9	101.3	100.3	101.4

2006年	2007年	2008年	2009年	2010年	2011年	2012年	2013年	2014年	2015年
100.1	**103.5**	**107.9**	**97.0**	**103.8**	**106.5**	**99.4**	**100.2**	**100.5**	**97.0**
100.1	104.6	112.1	94.8	106.1	110.6	98.7	99.8	100.3	94.9
104.8	107.3	108.8	106.2	106.9	110.2	108.1	108.4	108.3	105.8
98.6	104.3	113.9	91.1	106.5	111.6	95.8	97.3	98.1	91.5
96.7	106.6	122.7	83.0	107.9	113.9	92.7	93.8	93.2	85.9
100.9	102.8	105.5	100.9	102.3	104.3	100.8	100.9	102.0	101.1
99.2	102.1	108.5	99.5	107.9	114.4	97.1	101.4	103.9	97.3
97.3	102.1	109.6	101.9	104.2	111.2	97.4	101.1	104.1	95.7
111.7	103.0	107.4	90.9	111.1	110.1	105.6	99.0	96.2	84.7
108.6	103.6	101.9	91.5	102.2	104.6	100.4	100.0	100.0	98.0
98.7	101.9	102.4	101.3	102.3	102.8	101.1	100.3	101.3	101.0
102.9	102.4	104.9	101.8	102.4	104.1	103.3	103.4	102.8	100.9
97.3	99.4	99.5	96.1	98.6	99.7	98.6	98.5	99.5	99.8
102.0	104.1	105.4	102.2	102.4	102.7	101.6	102.2	101.5	100.6

固定资产投资价格指数（1993～2015，以1992年价格为100）

表3－18

指 标	Indicators	1993年	1994年
固定资产投资价格指数	**Price Indices of Investment in Fixed Assets**	**131.4**	**143.0**
建筑安装装饰工程	Building Project Price Index	134.2	146.0
#人工费	Manpower Cost	163.9	192.9
材料费	Materials	146.6	154.4
钢 材	Rolled-steel	116.9	112.3
木 材	Timber	114.1	130.1
水 泥	Cement	115.8	122.5
地方建筑材料	Local Materials	146.0	166.0
化工材料①	Chemical Materials		
电 料①	Electric Materials		
其他材料	Other Materials	129.4	136.8
机械使用费②	Machinery Use Cost		
设备、工器具购置	Purchase of Equipment and Instrument	131.4	147.3
其他费用	Other Investment Price Index	125.0	131.3

注：①以1996年价格为100。
②以1995年价格为100。
Note：①Year of 1996＝100.
②Year of 1995＝100.

表3－18 续表 Continued

指 标	Indicators	2004年	2005年
固定资产投资价格指数	**Price Indices of Investment in Fixed Assets**	**168.8**	**170.2**
建筑安装装饰工程	Building Project Price Index	195.9	197.6
#人工费	Manpower Cost	346.9	363.5
材料费	Materials	169.5	168.4
钢 材	Rolled-steel	137.3	138.4
木 材	Timber	120.1	120.5
水 泥	Cement	120.5	117.4
地方建筑材料	Local Materials	160.5	152.9
化工材料	Chemical Materials	113.2	124.9
电 料	Electric Materials	111.6	111.9
其他材料	Other Materials	141.6	142.7
机械使用费	Machinery Use Cost	144.7	152.8
设备、工器具购置	Purchase of Equipment and Instrument	125.4	122.1
其他费用	Other Investment Price Index	163.3	168.6

Price Indices of Investment in Fixed Assets (1992 = 100)

1995年	1996年	1997年	1998年	1999年	2000年	2001年	2002年	2003年
147.4	**157.7**	**158.5**	**156.0**	**153.0**	**153.0**	**154.1**	**154.5**	**158.2**
148.8	162.0	164.3	162.5	158.9	161.3	165.2	168.3	177.1
209.7	239.5	261.0	250.6	259.1	260.7	284.2	314.0	328.2
153.6	149.6	147.7	145.1	139.5	142.0	143.7	143.4	151.3
109.0	107.0	105.0	102.6	97.4	102.9	103.0	102.8	114.0
128.6	126.2	126.8	123.7	119.5	120.4	119.0	116.1	117.2
121.2	120.2	119.0	118.2	112.8	110.4	110.3	108.7	111.0
164.8	165.8	159.9	157.9	152.1	149.2	154.0	153.8	155.1
		102.5	100.3	99.6	100.5	100.8	100.1	106.3
		103.7	101.9	101.6	106.0	106.7	104.4	104.4
138.7	134.3	137.2	135.6	131.4	128.2	132.7	134.3	134.6
	118.5	123.8	123.5	124.1	123.8	123.5	126.9	133.1
154.4	157.0	153.5	147.6	143.0	138.7	133.8	129.4	126.1
140.4	151.3	152.5	151.9	151.5	151.4	153.4	153.9	156.0

2006年	2007年	2008年	2009年	2010年	2011年	2012年	2013年	2014年	2015年
170.4	**176.3**	**190.2**	**184.5**	**191.5**	**203.9**	**202.7**	**203.1**	**204.1**	**198.0**
197.8	206.9	231.9	219.9	233.3	258.0	254.6	254.1	254.9	241.9
381.0	408.9	444.9	472.5	505.1	556.6	601.7	652.2	706.3	747.3
166.1	173.1	197.2	179.6	191.3	213.5	204.5	199.0	195.2	178.6
133.8	142.6	175.0	145.2	156.7	178.5	165.5	155.2	144.6	124.2
121.6	124.9	131.8	133.0	136.0	141.8	142.9	144.2	147.1	148.7
116.5	119.0	129.1	128.5	138.6	158.6	154.0	156.2	162.3	157.9
148.8	151.9	166.5	169.6	176.8	196.6	191.5	193.6	201.5	192.8
139.5	143.6	154.2	140.2	155.8	171.5	181.1	179.3	172.5	146.1
121.5	125.8	128.2	117.3	119.9	125.4	125.9	125.9	125.9	123.4
140.9	143.5	146.9	148.9	152.3	156.6	158.3	158.8	160.9	162.5
157.3	161.1	169.0	172.0	176.2	183.4	189.5	195.9	201.4	203.2
118.8	118.1	117.5	112.9	111.3	111.0	109.4	107.8	107.3	107.1
171.9	179.0	188.7	192.8	197.4	202.7	205.9	210.4	213.6	214.9

农产品生产者价格指数(2004～2015,以上年价格为100)
Producer Price Indices of Farm Products (preceding year = 100)

表3－19

年 份 year	总指数 General Index	#种植业 Planting Products	#粮 食 Cereal	牧 业 Animal Husbandry Products	#生 猪 hogs	渔 业 Fishery Products
2004	110.84	108.12	184.25	107.81	127.55	114.74
2005	105.71	108.17	108.79	102.07	96.85	104.94
2006	101.86	104.07	104.67	94.35	88.04	107.47
2007	110.24	106.19	102.75	128.76	147.68	102.60
2008	109.73	105.52	106.32	112.95	114.96	116.04
2009	102.23	108.66	104.94	90.12	81.23	100.97
2010	107.05	110.54	119.58	99.96	97.20	107.34
2011	110.85	106.05	109.81	121.42	132.54	113.18
2012	101.44	103.41	103.31	94.41	88.07	104.09
2013	104.13	104.52	105.54	101.86	99.55	106.92
2014	99.49	98.77	100.91	99.76	89.40	99.69
2015	102.39	102.43	99.84	103.55	112.69	100.88

主要统计指标解释

■居民消费价格指数

是度量一组代表性消费商品及服务项目价格水平随着时间而变动的相对数，反映居民家庭购买的消费品及服务价格水平的变动情况。它是宏观经济分析和决策、价格总水平监测和调控以及国民经济核算的重要指标。其按年度计算的变动率通常被用来作为反映通货膨胀或紧缩程度的指标。

现行的居民消费价格指数按用途分为八个大类，包括食品、烟酒、衣着、家庭设备用品及维修服务、医疗保健和个人用品、交通和通信、娱乐教育文化用品及服务、居住。

■商品零售价格指数

是反映一定时期内城乡商品零售价格变动趋势和程度的相对数。商品零售价格的变动直接影响城乡居民的生活支出和国家的财政收入，影响居民购买力和市场供需的平衡，影响消费与积累的比例关系。因此，该指数可以从一个侧面对上述经济活动进行观察和分析。

■工业生产者出厂价格指数

从 2011 年起工业品出厂价格改为工业生产者出厂价格指数，它是反映一定时期内全部工业产品出厂价格总水平的变动趋势和程度的相对数，包括工业企业售给本企业以外所有单位的各种产品和直接售给居民用于生活消费的产品。该指数可以观察出厂价格变动对工业总产值及增加值的影响。

■工业生产者购进价格指数

从 2011 年起原材料、燃料和动力购进价格改为工业生产者购进价格指数，它是反映工业企业作为生产投入，从物资交易市场和能源、原材料生产企业购买原材料、燃料和动力产品时，所支付的价格水平变动趋势和程度的统计指标，是扣除工业企业物质消耗成本中的价格变动影响的重要依据。

目前，上海编制的工业生产者购进价格指数所调查的产品包括燃料动力、黑色金属、有色金属、化工、建材等九大类的约 900 种产品。

■固定资产投资价格指数

是反映一定时期内固定资产投资品及项目的价格变动趋势和程度的相对数。固定资产投资额是由建筑安装工程投资完成额、设备工器具购置投资完成额和其他费用投资完成额三部分组成的。编制固定资产投资价格指数应首先分别编制上述三部分投资的价格指数，然后采用加权算术平均法求出固定资产投资价格总指数。

该指数可以准确地反映固定资产投资中涉及的各类投资品和收费项目价格变动趋势和变动幅度，消除按现价计算的固定资产投资指标中的价格变动因素，真实地反映固定资产投资的规模、速度、结构和效益，为国家科学地制定、检查固定资产投资计划并提高宏观调控水平，为完善国民经济核算体系提供科学的、可靠的依据。

■农产品生产者价格指数

是反映一定时期内,农产品生产者出售农产品价格水平变动趋势及幅度的相对数。该指数可以客观反映农产品生产价格水平和结构变动情况,满足农业与国民经济核算需要。其中某代表品生产价格指数是通过对全部有出售该产品行为的调查单位的个体指数进行几何平均求得的,类价格指数是通过对其所属的类(或代表品)的价格指数进行加权平均求得的。季度累计价格指数的计算方法与分季指数的计算方法相同。

EXPLANATORY NOTES ON MAIN STATISTICAL INDICATORS

■Consumer Price Index

It is an index that reflects the time–based change of prices of a group of representative consumption commodities and services. It is an important reference factor for macro–economic analysis and strategy, monitoring and adjustment of overall price level and the national economic budgeting. The year–on–year change of the index is often a norm reflecting the inflation or deflation.

The current CPI covers eight categories of goods and services: food; tobacco and liquor; garments; household facilities, articles and repair services; medical and health care and personal items; traffic and telecommunications; education, culture and recreation articles and services and residence.

■Retail Price Index

It reflects the trend and degree of change in retail prices of commodities during a given period. The change in retail prices of commodities directly affect the living expenditure of urban and rural residents, government revenue, purchasing power of residents and the equilibrium of market supply and demand, and the ratio of consumption to accumulation. Therefore, the retail price indices are useful to analyze the changes of the above economic activities.

■Producer Ex–factory Price Index

Since 2011, Ex–factory Price Indices of Industrial Products?have been changed into Producer Ex–factory Price Index. Producer Ex–factory Price Index reflects the trend and degree of changes in general ex–factory prices of all industrial products during a given period, including sales of industrial products by an industrial enterprise to all units outside the enterprise, as well as sales of consumer goods to residents. It can be used to analyze the impact of ex–factory prices on gross output value and value–added of the industrial sector.

■Producer Purchasing Price Index

Since 2011, Indices of Purchasing Prices of Raw Materials, Fuels and Power?have been changed into Producer Purchasing Price Index which reflects changes in the level and degree of prices paid by industrial enterprises when they purchase production input such as raw materials, fuels and power from the market or from other energy or raw materials producing enterprises. These indices provide important basis for measuring the material consumption of industrial enterprises after removing influence of price changes.

At present, close to 900 products in 9 categories, including fuels and power, ferrous metals, non–ferrous metals, chemicals, building materials, are covered in Shanghai for the survey to producer purchasing prices index.

■Price Index of Investment in Fixed Assets

It reflects the trend and degree of changes in prices of investment goods and projects in fixed assets during a given period. The investment in fixed assets consists of three components, namely the investment in construction and installation, the investment in purchases of equipment and instrument, and the investment in other items. Price indices of investment in fixed assets are calculated as the weighted arithmetic mean of the price indices of the three components of investment in fixed assets.

Removing the factor of price change in the aggregates of investment at current prices, this indicator shows the changes in the prices of commodities and fees involved in the investment of fixed assets, and can be used to observe the actual size, growth, structure, and efficiency of investment in fixed assets and provides reliable and scientific data for government planning, management, decision–making, and further improving the current national accounting system.

■Producer Price Index for Farm Products

It reflects the trend and degree of changes in producers' prices received by farmers when they sell farm products during a given period. These indices depict the change in the level and structure of producer prices for farm products of the country and meet the needs of agricultural statistics and national accounts statistics.The producer price index for a given product is calculated as the geometrical mean of individual indices for all surveyed units which sell such product,and the indices for a product category is obtained as the weighted mean of price indices for all products in the category.Method for calculating accumulative quarterly indices is the same as for calculating the individual quarterly indices.

Chapter 4
第四篇

上海调查年鉴 SHANGHAI SURVEY YEARBOOK

农业
Agriculture

简要说明

一、本篇资料的主要内容

本篇资料反映本市农业生产和农村经济的基本情况，内容主要包括农林牧渔业产值、农作物播种面积、主要农产品产量、农业机械拥有量、农业产业化组织、自然村数量等方面的统计资料。

二、本篇的资料来源

主要由国家统计局上海调查总队农业调查处根据《农村统计报表制度》的有关资料和上海市农业委员会的相关资料整理提供。

三、本篇资料的统计范围

农业统计范围为上海市，包括闵行区、宝山区、嘉定区、松江区、金山区、青浦区、奉贤区、崇明县和浦东新区(农村)行政区域范围内所有建制乡镇、行政村和涉农街道、居委会辖区内的生产经营单位和农户；上海光明食品(集团)、上海水产(集团)总公司、青东农场、前卫农场、上实现代农业园区以及其他中央属、市属和军委系统的农业生产(经营)活动单位。

1. 种植业：指对各种农作物的种植活动。包括谷物、豆类、薯类、棉花、油料、糖料、麻类、烟叶、蔬菜、园艺作物、水果、坚果、饮料和香料作物、中草药及其他作物的种植。

2. 林业：包括林木的栽培(不包括茶园、桑园和果园的栽培、管理和收获等活动)，木材和竹材的采运，林产品的采集。

3. 牧业：包括牲畜饲养和放牧，家禽饲养以及野生动物的捕猎和饲养。

4. 渔业：包括水生动物和海藻类植物的养殖和捕捞。

5. 农林牧渔服务业：指对种植业、林业、牧业、渔业生产活动进行的各种支持性服务。但不包括各种科学技术和专业性技术服务活动。

农村社会经济统计范围包括除城关镇以外所有乡镇的社会经济活动。

《农村统计报表制度》包括三部分内容：

一是农林牧渔业统计调查。包括农作物播种面积、主要农作物产量、农产量抽样调查等内容，调查方法由统计部门确定。其中，水果、林业、渔业、农业机械和部分畜牧业数据来源为农委相关部门，调查方法由资料来源相关部门确定。

二是农业产值综合统计。包括农业总产值、农林牧渔业中间消耗、农产品出口、种源农业等内容，调查方法由统计部门确定。

三是农村社会经济基本情况统计。包括乡镇社会经济基本情况、行政村基本情况等内容。上海参照国家统计局《县域社会经济基本情况统计报表制度》充实部分指标进行调查。

BRIEF INTRODUCTION

Ⅰ. Main Contents

The data in this chapter reflect the basic conditions of agricultural production and rural economy in Shanghai. The main contents include output of agriculture, forestry, animal husbandry and fishery, sown area of farm crops, output of major products, quantity of agricultural machinery, condition of agricultural industrialization organizations, number of villages.

II. Sources of Data

Data in this chapter are provided by the Survey Office of the National Bureau of Statistics in Shanghai using data from the Statistical Survey System on Rural Areas and Shanghai Municipal Agricultural Commission.

Ⅲ. Statistical Scopes

Data on agriculture cover the whole Shanghai Municipality including Minhang, Baoshan, Jiading, Songjiang, Jinshan, Qingpu, Fengxian districts, Chongming County, and Pudong New Area (rural area). Included in agriculture statistics are production activities in agriculture by rural production units and by rural households; production activities of farms in counties, villages and rural communities; production activities in agriculture undertaken by Shanghai Bright Food (Group), Shanghai Fisheries (Group) Corporation, the Qingdong Farm, the Qianwei Farm, SIIC Modern Agriculture Park and agricultural production units owned by the central government, municipal government and military agencies.

(1) Agriculture: it refers to cultivation of farm crops, including cereals, beans, tuber crops, cotton, oil – bearing crops, sugar crops, hemp, tobacco leaves, vegetables, gardening plants, fruits, nuts, crops for beverages and spices, medicinal herbs and other farm crops.

(2) Forestry: it includes the planting of trees (excluding activities of planting, managing and harvesting of tea, mulberry fields and fruits), cutting and transport of timber and bamboo and collection of forest products.

(3) Animal husbandry: it includes the raising and grazing of domestic animals and poultry, and the hunting and raising of wild animals.

(4) Fishery: it includes cultivation and catching of aquatic animals and seaweed.

(5) Services in support of agriculture, forestry, animal husbandry and fishery: they include supporting services to production activities in agriculture, forestry, animal husbandry and fishery but do not include activities of science and technology and professional services.

Rural social and economic statistics cover social and economic activities in all townships except towns, where county governments are located..

Statistical Survey System on Rural Areas consists of three parts:

First, it includes statistics on agriculture, forestry, animal husbandry and fishery, including agricultural production area, main crop output and sampling survey of agricultural products, whose survey methodologies are determined by the statistics department. Fruit, forestry, fishery, agricultural machinery and part of animal husbandry data are provided by Shanghai Municipal Agriculture Commission, and survey methodologies are determined by relevant providers of the data.

Second, it includes comprehensive statistics on value of agricultural output, including output of agriculture, intermediate consumption of agriculture, forestry, animal husbandry, and fishery, export of agricultural products, and seed industries. Survey methodologies are determined by the statistics department.

Third, it includes comprehensive statistics on rural areas. The data include basic conditions of social and economic activities at county, township and rural administrations, and municipal agricultural zones. Data are provided according to Statistical Reporting System on the Basic Condition of Social and Economic Activities of Counties with additional standards supplemented by Shanghai authorities.

农业总产值(1978～2015)
Gross Output Value of Agricultural Output

表4－1 单位:亿元(Unit:100 million yuan)

年 份 Year	合 计 Total	种植业 Farming	林 业 Forestry	牧 业 Animal Husbandry	副 业 Others	渔 业 Fishery	农林牧渔服务业 Services in support of Agriculture, Forestry, Animal Husbandry and Fishery
1978	18.26	13.49	0.06	3.67	0.18	0.86	
1980	18.90	11.40	0.06	6.27	0.20	0.97	
1985	31.38	15.63	0.21	12.25	0.47	2.82	
1986	33.76	16.83	0.24	12.75	0.49	3.45	
1987	38.84	17.69	0.34	15.48	0.54	4.79	
1988	53.07	22.47	0.45	22.18	0.54	7.43	
1989	60.63	25.53	0.39	26.41	0.42	7.88	
1990	68.16	29.09	0.37	30.25	0.41	8.04	
1991	73.65	30.51	0.39	33.38	0.40	8.97	
1992	80.01	32.80	0.43	37.19	0.41	9.18	
1993	96.20	40.52	0.41	42.95		12.32	
1994	140.24	60.19	0.49	62.04		17.52	
1995	182.47	77.71	0.45	81.48		22.83	
1996	200.95	87.64	0.67	85.46		27.18	
1997	204.41	85.20	0.47	88.37		30.37	
1998	206.75	89.10	0.84	87.27		29.54	
1999	206.90	87.86	0.98	86.35		31.71	
2000	216.50	89.81	1.41	87.35		37.92	
2001	227.61	95.53	3.52	88.43		40.13	
2002	233.57	97.21	7.75	83.48		45.13	
2003	247.29	98.17	13.05	81.13		49.21	5.73
2004	248.89	109.32	13.14	70.77		49.90	5.76
2005	233.39	111.25	11.11	54.34		51.64	5.05
2006	237.01	119.99	10.43	46.29		55.25	5.05
2007	255.98	126.74	10.05	58.00		54.19	7.00
2008	280.35	137.52	9.12	68.40		57.11	8.20
2009	283.15	147.53	8.99	64.61		53.53	8.49
2010	287.03	155.27	7.53	62.90		52.62	8.71
2011	314.58	165.07	7.62	77.44		54.72	9.73
2012	321.73	171.48	9.55	72.59		57.45	10.66
2013	323.48	172.28	9.65	69.97		59.89	11.69
2014	322.22	169.51	8.78	69.93		62.50	11.50
2015	302.62	162.04	12.15	65.61		51.79	11.03

农业总产值结构(1978～2015)

Gross Output Value Composition of Agriculture

表4－2　　单位:%(Unit:%)

年　份 Year	合　计 Total	种植业 Farming	林　业 Forestry	牧　业 Animal Husbandry	副　业 Others	渔　业 Fishery	农林牧渔服务业 Services in support of Agriculture, Forestry, Animal Husbandry and Fishery
1978	100.0	73.9	0.3	20.1	1.0	4.7	
1980	100.0	60.3	0.3	33.2	1.1	5.1	
1985	100.0	49.8	0.7	39.0	1.5	9.0	
1986	100.0	49.9	0.7	37.8	1.5	10.1	
1987	100.0	45.5	0.9	39.9	1.4	12.3	
1988	100.0	42.3	0.8	41.8	1.1	14.0	
1989	100.0	42.1	0.6	43.6	0.7	13.0	
1990	100.0	42.7	0.5	44.4	0.6	11.8	
1991	100.0	41.4	0.5	45.3	0.5	12.3	
1992	100.0	41.0	0.5	46.5	0.5	11.5	
1993	100.0	42.1	0.5	44.6		12.8	
1994	100.0	42.9	0.3	44.3		12.5	
1995	100.0	42.6	0.3	44.6		12.5	
1996	100.0	43.6	0.4	42.5		13.5	
1997	100.0	41.7	0.2	43.2		14.9	
1998	100.0	43.1	0.4	42.2		14.3	
1999	100.0	42.5	0.5	41.7		15.3	
2000	100.0	41.5	0.6	40.4		17.5	
2001	100.0	42.0	1.5	38.9		17.6	
2002	100.0	41.6	3.3	35.8		19.3	
2003	100.0	39.7	5.3	32.8		19.9	2.3
2004	100.0	43.9	5.3	28.4		20.0	2.3
2005	100.0	47.7	4.8	23.3		22.1	2.1
2006	100.0	50.6	4.4	19.5		23.3	2.2
2007	100.0	49.5	3.9	22.7		21.2	2.7
2008	100.0	49.1	3.2	24.4		20.4	2.9
2009	100.0	52.1	3.2	22.8		18.9	3.0
2010	100.0	54.1	2.6	21.9		18.3	3.1
2011	100.0	52.5	2.4	24.6		17.4	3.1
2012	100.0	53.3	3.0	22.6		17.9	3.3
2013	100.0	53.3	3.0	21.6		18.5	3.6
2014	100.0	52.6	2.7	21.7		19.4	3.6
2015	100.0	53.6	4.0	21.7		17.1	3.6

农业总产值指数(1978～2015,以1952年为100)
Indices of Gross Output Value of Agriculture(1952 = 100)

表4－3

年 份 Year	合 计 Total	种植业 Farming	林 业 Forestry	牧 业 Animal Husbandry	副 业 Others	渔 业 Fishery	农林牧渔服务业 Services in support of Agriculture, Forestry, Animal Husbandry and Fishery
1978	286.1	254.6	493.5	448.2	19.9	831.3	
1980	263.6	200.2	754.4	519.1	389.7	865.1	
1985	323.2	224.6	528.9	813.0	274.2	1 060.4	
1986	342.6	227.9	663.7	901.9	279.9	1 242.6	
1987	350.5	230.6	685.7	926.3	309.9	1 314.2	
1988	372.7	242.7	819.4	1 017.5	307.7	1 329.8	
1989	377.6	234.9	665.5	1 100.6	241.1	1 427.8	
1990	399.1	245.3	689.3	1 215.6	237.2	1 366.0	
1991	418.4	243.4	758.4	1 339.9	231.1	1 435.6	
1992	442.6	257.9	710.5	1 447.1	235.9	1 403.5	
1993	423.1	239.6	638.7	1 406.6		1 386.7	
1994	456.1	244.4	643.8	1 509.3		1 787.5	
1995	506.3	264.7	618.1	1 627.0		2 098.5	
1996	548.3	291.4	832.0	1 744.1		2 241.2	
1997	579.3	313.5	656.2	1 812.1		2 397.7	
1998	593.2	329.4	913.9	1 847.0		2 316.2	
1999	608.2	339.2	1 274.7	1 873.6		2 403.8	
2000	631.9	359.4	2 047.3	1 858.4		2 675.8	
2001	676.7	369.8	3 107.8	1 943.9		3 259.1	
2002	697.0	370.9	7 629.6	1 866.1		3 679.5	100.0
2003	704.7	344.6	10 117.9	1 772.8		4 525.8	102.6
2004	656.8	366.7	10 218.6	1 373.9		4 376.4	103.2
2005	587.8	348.0	7 960.3	993.3		4 617.1	91.4
2006	591.9	359.1	7 474.7	918.8		4 884.9	90.3
2007	600.8	363.8	7 198.1	960.1		4 767.7	121.6
2008	601.4	374.8	5 852.1	1 002.3		4 324.1	134.6
2009	598.4	369.6	5 664.8	1 069.5		4 004.1	140.0
2010	567.9	352.2	4 741.4	1 039.6		3 683.8	139.2
2011	564.5	354.3	4 513.8	1 063.5		3 385.4	147.8
2012	567.1	355.8	5 094.5	1 045.6		3 414.2	157.6
2013	550.7	341.6	5 303.4	989.1		3 328.8	169.1
2014	552.4	345.4	4 942.8	990.1		3 328.8	161.8
2015	515.4	326.4	6 005.5	896.0		2 982.6	150.5

农作物总播种面积(1978～2015)
Total Sown Areas of Farm Crops

表4－4　　单位:万公顷(Unit:10 000 hectares)

年　份 Year	农作物总播种面积 Total Sown Area	粮食作物 Grain Crops	经济作物 Cash Crops
1978	82.86	53.22	29.64
1980	77.60	49.39	28.21
1985	69.61	43.82	25.79
1986	67.90	44.68	23.22
1987	67.04	44.21	22.83
1988	64.79	42.45	22.34
1989	63.63	41.69	21.94
1990	63.11	41.71	21.40
1991	62.62	41.54	21.08
1992	60.14	39.24	20.90
1993	55.85	36.31	19.54
1994	53.68	34.97	18.71
1995	54.22	34.40	19.82
1996	57.01	35.38	21.63
1997	55.23	36.58	18.65
1998	55.64	35.25	20.39
1999	55.17	33.50	21.67
2000	52.15	25.88	26.27
2001	49.09	21.12	27.97
2002	47.67	18.77	28.90
2003	41.92	14.83	27.09
2004	40.44	15.47	24.97
2005	40.36	16.61	23.75
2006	40.14	16.55	23.59
2007	39.07	16.96	22.11
2008	38.84	17.45	21.39
2009	39.61	19.33	20.28
2010	40.12	17.92	22.20
2011	40.06	18.63	21.43
2012	39.00	18.76	20.24
2013	37.81	16.85	20.96
2014	35.89	16.49	19.40
2015	34.16	16.19	17.97

农作物总播种面积构成(1978～2015)
Total Sown Areas Composition of Farm Crops

表4－5 单位:%(Unit:%)

年 份 Year	农作物总播种面积 Total Sown Area	粮食作物 Grain Crops	经济作物 Cash Crops
1978	100.0	64.2	35.8
1980	100.0	63.7	36.3
1985	100.0	63.0	37.0
1986	100.0	65.8	34.2
1987	100.0	66.0	34.0
1988	100.0	65.5	34.5
1989	100.0	65.5	34.5
1990	100.0	66.1	33.9
1991	100.0	66.4	33.6
1992	100.0	65.3	34.7
1993	100.0	65.0	35.0
1994	100.0	65.1	34.9
1995	100.0	63.5	36.5
1996	100.0	62.1	37.9
1997	100.0	66.2	33.8
1998	100.0	63.4	36.6
1999	100.0	60.7	39.3
2000	100.0	49.6	50.4
2001	100.0	43.0	57.0
2002	100.0	39.4	60.6
2003	100.0	35.4	64.6
2004	100.0	38.3	61.7
2005	100.0	41.1	58.9
2006	100.0	41.2	58.8
2007	100.0	43.4	56.6
2008	100.0	44.9	55.1
2009	100.0	48.8	51.2
2010	100.0	44.7	55.3
2011	100.0	46.5	53.5
2012	100.0	48.1	51.9
2013	100.0	44.6	55.4
2014	100.0	45.9	54.1
2015	100.0	47.4	52.6

粮食作物播种面积(1978～2015)
Sown Areas of Grain Crops

表4－6　　单位:万公顷(Unit:10 000 hectares)

年　份 Year	粮　食 Grain Crops	#稻　谷 Rice	小　麦 Wheat	大　麦 Barley
1978	53.22	34.28	4.25	8.39
1980	49.39	30.45	5.05	7.22
1985	43.82	26.97	5.74	7.94
1986	44.68	28.52	7.28	5.78
1987	44.21	27.62	7.66	6.15
1988	42.45	25.96	7.03	7.16
1989	41.69	25.82	7.04	6.65
1990	41.71	25.34	7.72	6.62
1991	41.54	24.77	8.38	6.48
1992	39.24	23.48	7.77	6.27
1993	36.31	21.58	7.58	4.91
1994	34.97	21.00	6.23	5.54
1995	34.40	21.00	6.12	5.25
1996	35.38	21.06	6.53	5.97
1997	36.58	20.84	8.33	5.76
1998	35.25	20.33	10.39	2.74
1999	33.50	20.08	9.70	1.91
2000	25.88	17.50	5.72	1.08
2001	21.12	15.39	3.20	0.99
2002	18.77	13.31	3.14	0.98
2003	14.83	10.62	2.17	0.65
2004	15.47	11.18	2.19	0.72
2005	16.61	11.27	2.99	0.78
2006	16.55	11.06	3.14	0.88
2007	16.96	10.91	3.75	0.85
2008	17.45	10.86	4.42	0.92
2009	19.33	10.85	5.76	1.34
2010	17.92	10.85	4.94	0.81
2011	18.63	10.61	5.98	0.89
2012	18.76	10.51	5.66	1.52
2013	16.85	10.19	4.44	1.31
2014	16.49	9.84	4.39	1.22
2015	16.19	9.78	4.55	1.04

粮食作物播种面积构成(1978～2015)
Sown Areas Composition of Grain Crops

表4－7 单位:%(Unit:%)

年份 Year	粮食 Grain Crops	#稻谷 Rice	小麦 Wheat	大麦 Barley
1978	100.0	64.4	8.0	15.8
1980	100.0	61.7	10.2	14.6
1985	100.0	61.5	13.1	18.1
1986	100.0	63.8	16.3	12.9
1987	100.0	62.5	17.3	13.9
1988	100.0	61.2	16.6	16.9
1989	100.0	61.9	16.9	16.0
1990	100.0	60.7	18.5	15.9
1991	100.0	59.6	20.2	15.6
1992	100.0	59.8	19.8	16.0
1993	100.0	59.4	20.9	13.5
1994	100.0	60.1	17.8	15.8
1995	100.0	61.0	17.8	15.3
1996	100.0	59.5	18.5	16.9
1997	100.0	57.0	22.8	15.7
1998	100.0	57.7	29.5	7.8
1999	100.0	59.9	29.0	5.7
2000	100.0	67.6	22.1	4.2
2001	100.0	72.9	15.2	4.7
2002	100.0	70.9	16.7	5.2
2003	100.0	71.6	14.6	4.4
2004	100.0	72.3	14.2	4.7
2005	100.0	67.9	18.0	4.7
2006	100.0	66.8	19.0	5.3
2007	100.0	64.3	22.1	5.0
2008	100.0	62.2	25.3	5.3
2009	100.0	56.1	29.8	6.9
2010	100.0	60.5	27.6	4.5
2011	100.0	57.0	32.1	4.8
2012	100.0	56.0	30.2	8.1
2013	100.0	60.5	26.4	7.8
2014	100.0	59.7	26.6	7.4
2015	100.0	60.4	28.1	6.4

粮食产量(1978～2015)
Output of Grain Crops

表4－8 单位:万吨(Unit:10 000 tons)

年 份 Year	粮 食 Grain Crops	#稻 谷 Rice	小 麦 Wheat	大 麦 Barley
1978	260.88	190.44	15.98	27.09
1980	186.85	116.51	20.63	24.74
1985	213.83	153.90	21.77	25.50
1986	236.88	174.58	30.19	18.90
1987	232.56	174.93	27.65	19.44
1988	237.54	173.21	28.25	26.57
1989	236.55	181.27	24.18	21.54
1990	244.36	181.40	30.11	23.26
1991	247.34	185.05	31.29	22.52
1992	234.65	171.59	31.10	23.58
1993	215.84	158.80	29.66	18.13
1994	215.06	165.52	21.74	17.68
1995	219.50	163.50	25.60	20.53
1996	234.82	171.82	29.25	25.42
1997	237.85	171.08	36.28	23.12
1998	212.58	162.85	31.13	7.77
1999	208.20	154.12	38.44	7.90
2000	174.00	137.05	24.70	4.61
2001	151.42	127.37	12.53	4.04
2002	130.46	109.24	10.37	3.58
2003	98.75	82.20	7.39	2.42
2004	106.29	89.46	7.95	2.85
2005	105.36	85.45	9.92	2.86
2006	111.30	89.70	11.34	3.48
2007	109.20	86.00	14.63	3.67
2008	115.67	89.29	18.20	4.19
2009	121.68	90.01	22.12	4.96
2010	118.40	90.33	19.25	3.23
2011	121.95	88.88	24.11	3.81
2012	122.39	89.13	22.56	5.89
2013	114.15	86.83	17.64	5.28
2014	112.89	84.10	18.64	5.12
2015	112.08	84.10	19.92	4.52

主要经济作物播种面积(1978～2015)
Sown Areas of Major Cash Crops

表4－9 单位:万公顷(Unit:10 000 hectares)

年 份 Year	棉 花 Cotton	油菜籽 Rapeseeds	蔬 菜 Vegetables
1978	9.66	5.11	4.30
1980	10.37	5.20	5.41
1985	7.10	7.03	6.43
1986	3.23	7.81	7.09
1987	2.08	8.02	8.17
1988	1.65	8.53	7.94
1989	1.07	9.24	7.97
1990	1.30	9.29	7.76
1991	1.39	9.23	7.57
1992	1.49	9.44	7.01
1993	0.96	7.27	7.78
1994	0.49	6.85	8.20
1995	0.33	7.84	8.70
1996	0.31	6.95	10.80
1997	0.34	5.30	9.82
1998	0.45	5.66	10.70
1999	0.20	5.97	11.07
2000	0.10	7.01	14.04
2001	0.11	6.24	14.94
2002	0.08	5.18	16.07
2003	0.08	3.79	15.04
2004	0.11	3.02	13.99
2005	0.11	3.08	13.09
2006	0.12	2.26	13.62
2007	0.14	1.50	13.39
2008	0.15	1.43	13.36
2009	0.13	1.43	12.82
2010	0.24	0.93	13.21
2011	0.25	0.76	13.63
2012	0.20	0.73	13.42
2013	0.20	0.60	13.22
2014	0.08	0.48	12.74
2015	0.04	0.42	11.43

主要经济作物产量(1978～2015)
Output of Major Cash Crops

表 4－10　　单位:万吨(Unit:10 000 tons)

年　份 Year	棉　花 Cotton	油菜籽 Rapeseeds	蔬　菜 Vegetables	食用菌 Edible Fungus	园林水果 Fruits
1978	12.10	11.63	145.45		2.99
1980	7.62	9.58	112.55		3.70
1985	4.88	15.53	152.26		4.06
1986	2.15	14.95	178.92		4.39
1987	1.52	16.20	182.18		4.66
1988	1.33	18.96	186.31		6.77
1989	0.77	15.00	193.72		8.80
1990	1.22	18.17	186.79		9.42
1991	1.62	19.94	169.15		8.69
1992	1.54	21.84	182.01		16.33
1993	0.80	12.98	193.49		16.36
1994	0.47	9.55	213.33		16.10
1995	0.36	15.49	244.33		21.71
1996	0.42	15.86	262.01		20.74
1997	0.38	10.35	300.58		23.92
1998	0.47	6.47	301.58		21.13
1999	0.22	12.98	336.97		25.11
2000	0.12	15.71	377.00		22.54
2001	0.14	12.31	424.04	2.09	26.74
2002	0.09	9.28	473.92	2.68	27.72
2003	0.11	5.92	457.26	3.28	33.31
2004	0.18	6.94	433.27	3.38	33.74
2005	0.18	6.51	404.03	5.00	33.63
2006	0.20	4.91	413.78	4.98	38.93
2007	0.25	3.28	407.41	6.08	43.93
2008	0.32	3.29	402.40	7.59	46.12
2009	0.26	3.09	385.61	8.46	45.16
2010	0.35	2.04	389.35	8.73	44.16
2011	0.48	1.64	399.92	8.32	40.22
2012	0.38	1.51	395.65	11.28	48.15
2013	0.39	1.28	385.34	13.08	37.01
2014	0.12	1.05	377.95	15.23	45.85
2015	0.04	0.96	349.35	15.12	32.76

肉类总产量(1998～2015)
Output of Meat

表4－11　　　　单位:万吨(Unit:10 000 tons)

年 份 Year	肉类总产量 Output of Meat	#猪 Pork	羊 Mutton	家 禽 Meat of Poultry	兔 Rabbit Meat
1998	53.98	25.30	0.71	27.86	0.01
999	54.12	25.85	0.70	27.51	0.01
2000	55.11	25.96	0.74	28.35	0.01
2001	55.71	26.40	0.85	28.31	0.08
2002	52.20	24.75	0.96	26.38	0.05
2003	50.78	24.60	0.92	25.20	0.10
2004	38.09	20.79	0.70	16.38	0.15
2005	31.31	18.02	0.61	12.54	0.10
2006	25.99	15.20	0.23	9.15	0.09
2007	25.43	15.15	0.23	8.52	0.09
2008	26.05	16.93	0.54	7.20	0.09
2009	26.21	17.55	0.56	6.80	0.09
2010	25.78	17.87	0.54	6.91	0.01
2011	27.59	19.12	0.55	7.08	0.01
2012	24.64	17.57	0.57	5.68	0.02
2013	23.80	18.33	0.56	4.12	0.02
2014	23.36	18.83	0.54	3.37	0.02
2015	20.32	16.12	0.56	3.01	0.02

渔业养殖面积和水产品产量(1992～2015)
Culture Areas of Fishery and Output of Aquatic Products

表4－12

年　份 Year	渔业养殖面积		水产品产量		
	合计(公顷) Total(hectares)	#淡水(公顷) Freshwater Culturing (hectares)	合计(万吨) Total (10 000 tons)	海水(万吨) Seawater Aquatic Products (10 000 tons)	淡水(万吨) Freshwater Aquatic Products (10 000 tons)
1992	33 725	32 391	24.86	13.67	11.19
1993	33 304	32 006	23.67	12.42	11.25
1994	33 839	32 781	27.04	14.78	12.26
1995	32 943	32 080	29.07	16.21	12.86
1996	33 190	32 447	28.04	14.50	13.54
1997	32 970	32 364	30.20	16.18	14.02
1998	34 326	33 724	26.82	12.21	14.61
1999	35 392	34 687	27.67	12.28	15.39
2000	40 039	39 317	28.87	12.23	16.64
2001	44 733	44 002	29.77	10.49	19.28
2002	42 765	42 069	32.69	11.82	20.87
2003	45 447	44 982	35.48	13.35	22.13
2004	42 543	42 193	34.41	13.42	20.99
2005	41 110	41 026	35.35	15.03	20.32
2006	31 310	31 230	33.50	16.81	16.69
2007	30 263	30 250	32.00	15.56	16.44
2008	29 508	29 175	32.34	17.72	14.62
2009	26 272	26 272	32.12	16.85	15.26
2010	25 250	25 250	28.97	12.15	16.82
2011	23 886	23 886	28.37	11.80	16.57
2012	22 027	22 027	27.21	13.21	14.00
2013	18 825	18 825	27.13	13.48	13.65
2014	18 156	18 156	30.90	17.87	13.03
2015	17 087	17 087	29.16	16.95	12.21

年末自然村实有数(2012~2015)
Number of Villages at Year-end

表 4-13

单位:个 unit:unit

年 份 Year	年末实有数 Numbers at Year-end	小型村 Small Village	中型村 Medium-Sized Village	大型村 Large Village
2012	37 884	16 439	12 554	8 891
2013	37 023	16 050	12 435	8 538
2014	36 344	15 790	12 208	8 346
2015	33 769	15 034	11 158	7 577

注：小型村指住宅在 10 幢及以下的村，中型村指住宅在 11-30 幢的村，大型村指住宅在 31 幢及以上的村。
Note: Small village refers to the village in which number of dwelling houses is less than 10. Medium-sized village refers to the village in which number of dwelling houses is more than 11 and less than 30. Large village refers to the village in which number of dwelling houses is more than 31.

年末自然村归并数(2003~2015)
Merge Number of Villages at Year-end

表 4-14

单位:个 unit:unit

年 份 Year	年末实有数 Numbers at Year-end	小型村 Small Village	中型村 Medium-Sized Village	大型村 Large Village
2003	2 474	1 248	658	568
2004	2 650	1 022	934	674
2005	2 783	1 288	940	555
2006	2 710	1 007	934	769
2007	1 340	623	445	272
2008	742	336	243	170
2009	1 715	941	515	259
2010	1 121	558	366	197
2011	791	321	279	191
2012	528	258	189	81
2013	595	383	141	71
2014	721	306	258	157
2015	811	484	207	190

农业机械年末拥有量(2006～2015)

表4－15

指 标	Indicators	单位 Unit	2006年
农业机械总动力	Total Power of Agricultural Machinery	万千瓦 10 000kw	97.23
#大中型拖拉机	Large and Medium-sized Tractors	台 unit	4 262
		万千瓦 10 000kw	16.28
小型拖拉机	Small Tractors	台 unit	7 904
		万千瓦 10 000kw	7.18
联合收割机	Combine-Harvester	台 unit	2 030
		万千瓦 10 000kw	3.40
插秧机	Transplanter	台 unit	
		万千瓦 10 000kw	
机动喷雾(粉)器	Mobile Sprayer	万台 10 000 unit	1.39
		万千瓦 10 000kw	2.35
排灌电动机	Drainage and Irrigation Electric Machinery	万台 10 000 unit	1.68
		万千瓦 10 000kw	21.31
饲料粉碎机	Feed Grinder	台 unit	1 427
		万千瓦 10 000kw	1.88
渔用机动船	Motor Boat for Fishery	艘 unit	1 420
		万千瓦 10 000kw	18.15
增氧机	Aerator	台 unit	
		万千瓦 10 000kw	
机动运输船	Cargo Ship	艘 unit	403
		万千瓦 10 000kw	1.15

Agricultural Machinery at Year-end

2007 年	2008 年	2009 年	2010 年	2011 年	2012 年	2013 年	2014 年	2015 年
97.68	94.51	99.26	104.15	105.58	112.72	115.84	117.76	119.01
4 584	4 796	5 394	5 796	6 412	6 431	6 897	7 177	7 468
18.09	19.35	21.76	24.21	25.31	27.81	29.89	31.43	33.44
6 926	6 457	6 105	5 788	5 245	4 514	3 597	3 279	2 999
6.36	5.93	5.68	5.34	4.85	4.12	3.27	2.96	2.63
1 934	1 914	2 113	2 230	2 380	2 557	2 927	2 778	2 746
3.75	5.25	7.82	8.52	9.56	11.38	13.26	13.16	13.93
		815	1 101	1 309	1 425	1 616	1 714	1 900
		0.91	1.21	1.24	1.30	1.48	1.60	2.18
1.84	1.83	1.83	2.11	2.25	2.29	2.23	2.22	2.26
3.66	4.15	4.16	4.72	5.14	5.13	5.46	5.10	5.18
1.65	1.61	1.57	1.35	1.33	1.31	1.34	1.36	1.36
21.45	21.74	21.95	21.79	22.08	25.29	24.25	25.00	24.86
1 322	1 314	1 197	1 057	1 189	948	809	793	785
1.81	1.40	1.27	1.15	1.09	0.95	0.88	0.84	0.85
1 396	1 403	1 869	1 788	1 644	1 477	1 477	1 329	1 209
17.99	17.51	18.60	18.74	18.96	19.08	18.91	19.27	16.23
	1.98	1.88	2.01	2.12	2.30	2.47	2.78	3.07
	4.87	4.73	5.16	5.30	5.80	6.21	6.73	7.27
283	282	267	250	195	173	171	157	163
1.02	0.99	0.95	1.78	0.68	0.86	0.87	0.81	0.94

农业产业化组织情况（2006～2015）

表4－16

指　标	Indicators	单位　Unit	2006年
总　计	**Total**	**个 unit**	**935**
按行业分	**Grouped by Sector**		
种植业	Farming	个 unit	489
畜牧业	Animal Husbandry	个 unit	165
水产业	Aquaculture	个 unit	96
林特产业	Forestry	个 unit	93
其　他	Others	个 unit	92
按带动形式分	**Grouped by Driving Form**		
龙头企业带动型	Drived by Leading Enterprise	个 unit	320
#销售收入1亿元以上的龙头企业	Leading Enterprise whose Sales Revenue is more than 100 million yuan	个 unit	30
专业市场带动型	Drived by Specialized Market	个 unit	55
#交易额5000万元以上的专业市场	Specialized Market Whose Trading Volume are more than 50million yuan	个 unit	16
中介组织带动型	Drived by Intermediary Organization	个 unit	587
#专业合作经济组织带动	Drived by Professional Cooperative Organization	个 unit	510
其　他	Others	个 unit	33
按与农户联结方式分	**Grouped by Connection Modes**		
合同关系	Contractual Relationship	个 unit	244
#订单关系	Order Relationship	个 unit	115
年订单总额	Total Order	亿元 100million	20.05
年履约总额	Performance Amount	亿元 100million	18.34
实行利润返还	Return Profit	个 unit	113
股份分红	Share Dividend	个 unit	249
有稳定购销关系	Stable Purchase and Sale Relation	个 unit	266
其　他	Others	个 unit	63

Condition of Agricultural Industrialization Organization

单位:万吨(Unit:10 000 tons)

2007 年	2008 年	2009 年	2010 年	2011 年	2012 年	2013 年	2014 年	2015 年
1 140	**1 701**	**2 269**	**2 979**	**3 355**	**3 565**	**3 580**	**3 578**	**3 603**
618	952	1 308	1 799	2 081	2 278	2 336	2 330	2 424
177	250	307	349	370	344	341	336	258
121	197	277	360	404	427	426	430	403
90	86	101	121	119	129	115	92	104
134	216	276	350	381	387	362	390	414
286	260	271	263	266	267	288	265	312
38	44	49	49	61	61	85	84	91
56	45	45	52	50	49	21	29	19
17	16	18	18	18	20	14	16	11
715	1 253	1 850	2 577	2 950	3 177	3 200	3 192	3 216
705	1 253	1 850	2 577	2 950	3 177	3 200	3 192	3 216
83	143	103	87	89	72	71	92	56
199	163	162	128	136	108	74	63	102
131	84	94	80	81	67	74	63	102
42.89	63.23	72.82	82.80	110.25	118.65	112.17	153.84	153.04
40.49	61.99	72.35	82.16	106.41	118.00	110.82	145.99	147.26
242	519	959	1 106	1 573	1 199	1 287	1 543	952
426	765	891	1 471	1 377	1 978	1 913	1 649	2 264
201	191	197	204	189	201	245	268	239
72	63	60	70	80	79	61	51	56

农业产业化组织生产经营情况(2006～2015)

表 4－17

指 标	Indicators	单位 Unit
产业化组织生产情况	**Production Condition of Industrialization Organization**	
龙头企业销售收入	Sales Revenue of Leading Enterprise	亿元 100 million yuan
专业市场交易总额	Trading Volume of Specialized Market	亿元 100 million yuan
农业专业合作经济组织销售收入	Sales Revenue of Agricultural Professional Cooperative Organization	亿元 100 million yuan
其他组织经营总收入	Operating Revenue of Other Organnization	亿元 100 million yuan
产业化组织生产经营效益情况	**Benefits of Production and Operation Condition of Industrialization Organization**	
利润总额	Total Profit	亿元 100 million yuan
实缴税金	Taxes Paid in	亿元 100 million yuan
出口创汇	Foreign Exchange Earning through Exports	万美元 10 thousand dollars
产业化组织带动农户情况	**Driving Condition of Industrialization Organization**	
带动农户户数	Numbers of Peasant Household Drived	万户 10 thousand households
# 本市农户数	Local Peasant Household	万户 10 thousand households
农户从产业化经营中得到的总收入	Total Income Peasant Household Earn From Industrialized Operation	亿元 100 million yuan
# 出售农产品收入	Income from the Sale of Agricultural Products	亿元 100 million yuan
利润返还收入	Income from Profit Return	亿元 100 million yuan
股份分红收入	Income from Share Dividend	亿元 100 million yuan
劳务性收入	Labor Income	亿元 100 million yuan
产业化组织税收减免情况	**Tax Deduction and Exemption of Industrialization Organization**	
税收减免额(不包括出口退税)	Tax Deduction and Exemption(Export Rebates are not Included)	亿元 100 million yuan
增值税	Value Added Tax	亿元 100 million yuan
所得税	Income Tax	亿元 100 million yuan

Production and Operation Condition of Agricultural Industrialization Organization

单位:万吨(Unit:10 000 tons)

2006 年	2007 年	2008 年	2009 年	2010 年	2011 年	2012 年	2013 年	2014 年	2015 年
248.27	297.86	374.59	419.54	518.11	665.54	746.84	932.58	1 059.68	124.12
271.07	327.45	389.70	447.35	602.01	720.72	786.94	813.14	824.94	72.90
34.70	37.77	35.77	43.26	61.60	73.95	86.46	90.46	85.07	86.04
1.19	2.28	4.53	3.01	2.55	3.44	2.83	3.32	1.93	2.46
20.99	21.50	18.80	23.02	30.27	34.37	34.55	44.66	45.23	40.01
11.13	12.92	15.68	16.82	19.15	20.12	25.59	27.18	26.54	25.32
23 252	22 809	27 044	20 447	23 203	52 300	41 148	44 183	30 777	33 670
50.80	57.96	59.58	64.94	65.89	67.00	67.09	67.81	68.18	68.45
26.05	28.85	29.64	33.90	34.61	30.61	30.98	32.88	33.49	30.47
65.06	67.54	83.12	87.02	90.16	100.97	110.56	115.58	117.51	
57.81	59.62	73.41	76.44	77.58	82.89	88.90	98.46	99.85	
1.23	0.90	2.38	2.69	2.97	5.20	5.67	3.18	3.51	
0.72	0.76	1.22	1.43	2.42	4.83	5.81	1.61	1.69	
5.30	6.23	6.10	6.46	7.20	8.04	10.19	12.34	12.45	
0.50	1.20	0.95	0.97	1.51	1.94	3.42	3.33	4.55	5.74
0.33	0.47	0.64	0.70	1.20	1.09	1.97	2.03	1.90	3.52
0.17	0.73	0.31	0.27	0.31	0.85	1.45	1.30	2.64	2.22

分区县分行业农业总产值(2015 年,按现行价格计算)
Gross Output Value of Agricultural Output by District and Sector (Calculated at Current Prices)

表 4 - 18　　单位:亿元(Unit: 100 million yuan)

区 县	District	合 计 Total	种植业 Farming	林 业 Forestry	牧 业 Animal Husbandry	渔 业 Fishery	农林牧渔服务业 Services in support of Agriculture, Forestry, Animal Husbandry and Fishery
闵行区	Minhang District	3.64	2.55	0.11	0.69	0.10	0.19
宝山区	Baoshan District	4.88	3.12	0.50	0.75	0.11	0.40
嘉定区	Jiading District	11.24	7.93	0.24	1.25	1.02	0.79
浦东新区	Pudong New District	59.44	35.11	2.33	11.45	6.84	3.71
金山区	Jinshan District	34.90	20.18	0.62	10.47	2.71	0.92
松江区	Songjiang District	21.64	11.29	3.12	5.11	0.98	1.13
青浦区	Qingpu District	22.80	14.61	1.07	2.23	4.19	0.70
奉贤区	Fengxian District	41.59	22.14	1.91	10.33	5.85	1.36
崇明县	Chongming County	60.06	29.54	1.85	11.54	15.30	1.82

主要统计指标解释

■农业总产值

农业总产值是以货币表现的农、林、牧、渔业全部产品的总量和对农林牧渔生产活动进行的各种支持性服务活动的价值。它反映一定时期内农业生产的总规模和总成果。

农、林、牧、渔业的统计范围是：

(1)种植业　包括农作物种植业和其他农业。

农作物种植业包括谷物、豆类、薯类、棉、油料、糖料、麻类、烟叶、蔬菜、药材、瓜类和其他农作物的种植，以及茶园、桑园、果园的生产经营。

其他农业包括采集野生植物的果实、纤维、树胶、树脂、油料以及柴草、野生药材、菌类等及农民家庭兼营的商品性工业。

(2)林业　包括林木的栽培(不包括茶园、桑园和果园的栽培、管理和收获等活动)、林产品的采集和村及村以下合作经济组织和农户的竹木采伐。

(3)牧业　包括除渔业养殖以外的一切动物饲养和放牧，以及野生动物的捕猎和饲养。

(4)渔业　包括水生动物和海藻类植物的养殖和捕捞。

(5)农林牧渔服务业　包括农林牧渔业生产活动进行的各种支持性服务活动。但不包括各种科学技术和专业技术服务活动。

农业总产值的计算方法通常是按农林牧渔业产品及其副产品的产量分别乘以各自单位产品价格求得，少数生产周期较长、当年没有产品或产品产量不易统计的，则采用间接方法匡算其产值，然后将四业产品产值和服务业产值相加即为农业总产值。

1957年以前的农业总产值中包括了厩肥和农民自给性手工业(如农民自制衣服、鞋、袜，自己从事粮食初步加工等)。1958年及以后的农业总产值，林业中增加了村及村以下竹木采伐产值；牧业中取消了厩肥产值；副业中取消了农民自给性手工业产值，增加了村及村以下办的工业产值；渔业中增加了海洋捕捞水产品产值。1980年及以后的农业总产值，在副业中增加了农民家庭兼营工业商品部分的产值。从1984年起村及村以下办工业产值划归工业。从1993年起，取消副业。将野生动物的捕猎划入牧业，野生植物采集和农民家庭兼营商品性工业划归农业。从2003年起，农业总产值中包括了农林牧渔服务业产值。

■农作物播种面积

指报告期内收获农产品的作物的实际播种或移植有农作物的面积。凡是实际种植农作物的面积，不论种植在耕地上还是种植在非耕地上，均包括在农作物播种面积中。在播种季节基本结束后，因遭灾而重新改种和补种的农作物面积，也包括在内。

■粮食产量

指全社会的产量。包括国有经济经营的、集体统一经营的和农民家庭经营的粮食产量，还包括工矿企业办的农场和其他生产单位的产量。粮食除包括稻谷、小麦、玉米、高粱、谷子及其他杂粮外，还包括薯类和豆类。其产量计算方法，豆类按去豆荚后的干豆计算；薯类（包括甘薯和马铃薯，不包括芋头和木薯）1963 年以前按每 4 公斤鲜薯折 1 公斤粮食计算，从 1964 年开始改为按 5 公斤鲜薯折 1 公斤粮食计算。城市郊区作为蔬菜的薯类（如马铃薯等）按鲜品计算，并且不作粮食统计。其他粮食一律按脱粒后的原粮计算。1989 年以前粮食产量数据主要靠全面报表取得，1989 年开始使用抽样调查数据。

■水产品产量

指人工养殖的水产品和天然生长的水产品的捕捞量。包括海水的鱼类、虾蟹类、贝类和藻类以及内陆水域的鱼类、虾蟹类和贝类，不包括淡水生植物。水产品产量是通过各级水产和统计部门逐级上报取得数据。1995 年及以前，贝类中牡蛎按鲜肉计算；蚶、蛤、蛙按 5 斤鲜品折 1 斤计算。1996 年以后则统一按鲜品计算。

■肉类总产量

指当年出栏并已屠宰、除去头蹄下水后带骨肉（即胴体重）的重量。包括全社会范围内的产量。1996 年前为各级逐级上报数据。1996 年第一次农业普查以后，由于畜牧业产品年报数据与普查数据之间存在一定的差距，国家统计局农调总队对畜牧业年报数据与普查数据进行衔接。1999 年以后，国家统计局开展了猪、牛、羊、禽等主要畜禽品种的抽样调查，并用抽样数据作为国家定案数据使用。未开展抽样调查的品种，仍使用各级统计部门逐级上报数据。

Explanatory Notes on Main Statistical Indicators

■Gross Output Value of Agriculture

It refers to the total volume of products of farming, forestry, animal husbandry and fishery expressed in the monetary terms and output value of all kinds of service activities that support farming, forestry, animal husbandry and fishery production.It reflects the overall scale and achievements of agricultural production during a given period of time.

The scope of statistics on farming, forestry, animal husbandry, and fishery are as follows:

(1) Farming includes cultivation of farm crops and other agricultural activities.

Cultivation of farm crops include cultivation of grain crops, legume crops, tuber–crops, cotton, oil–bearing crops, sugar crops, bastfiber plants, tobacco, vegetables, medicinal herbs, melon crops, and cultivation and management of tea plantations, mulberry fields and orchards.

Other agricultural activities include harvesting wild fruits, fiber, tree gum, resin, oil–bearing plants, firewood, wild medicinal herbs, fungus, and rural–household commodity industries.

(2) Forestry refers to planting trees of various kinds (excluding tea plantations, mulberry fields and orchards), collection of forestry products and cutting and felling of bamboo and trees by villages and other cooperative organizations under village level.

(3) Animal husbandry refers to raising and grazing of all kinds of farm animals except fishing and aquatic cultivating, and hunting and rising of wild animals.

(4) Fishery refers to cultivation and catching of fish and other aquatic products and cultivation and collection of seaweed and other aquatic plants.

(5) Service Industry for Farming, Forestry, Animal Husbandry and Fishery refers to all kinds of service activities that support farming, forestry, animal husbandry and fishery production, whereas activities of science, technology and professional service are not included.

Gross output value of agriculture is obtained by first multiplying the output of products or by–products by their unit price. For a small number of products, annual output of which is not available or difficult to get due to the long production/growing process involved, the output value will be estimated through an indirect approach.The sum of output value of all products of farming, forestry, animal husbandry and fishery and output value of service activities will then and together to form gross output value of agriculture.

Before 1957, China's gross agricultural output value included the value of barnyard manure and handicraft products for self–consumption (clothes, shoes, stockings, and initial grain processing under–taken by peasants). After 1958, the output value of cutting and felling of bamboo and trees by villages and other cooperative organizations under villages have been included in forestry; value of barnyard manure has been excluded from animal husbandry; the value of self–consumed handicrafts has been excluded from sideline occupations, while output value of industries run by villages and cooperative organizations under village level has been included in sideline occupations and output value of fish catches by motor fishing boats has been added to fishery. Since 1980, the output value of handicraft products made for sale by farmer households has been added to sideline occupations, From 1984, industries run by villages and cooperative organizations under village level have been included in the sector of industry. After 1993, the category of sideline occupations has been canceled and hunting of wild animals has been classified into husbandry, and harvesting of wild vegetation and commodity industry run by rural households have been grouped into the category of agriculture.Since 2003, the output value of service industry for farming, forestry, animal husbandry and fishery is included in the gross output value of agriculture.

■Sown Area of Planting

It refers to area of land sown or transplanted with crops that have been harvested during report period, regardless of being in cultivated area or non–cultivated area. Area of land re–sown due to natural disasters is also included.

■Grain Output

It refers to the total output in the whole country including grains produced by state farms, collective units, rural households, as well as by farms affiliated to industrial and mining enterprises and other production units. Grain includes rice, wheat, corn, sorghum, millet and other miscellaneous grains as well as tubers and bean. Output of beans refers to dry beans without pods. The output of tubers (sweet potatoes and potatoes, not including taros and cassava) was converted into that of grain at the ratio 4:1, i.e. 4 kilograms of fresh tubers was equivalent to 1 kilogram of grain up to 1963. Since 1964 the ratio for conversion has been 5:1. Tubers supplied as vegetables (such as potatoes) in cities and suburbs are calculated as fresh vegetables and their output is not included in the output of grain. Output of all other grains refers to husked grain. Data on grain production before 1989 were obtained through Comprehensive Statistical Reporting System. Since 1989, data from sample surveys are used.

■Output of Aquatic Products

It refers to catches of both artificially cultured and naturally grown aquatic products, including fish, shrimps, crabs and shellfish in sea and inland water as well as seaweed. Freshwater plants are not included.Data on output of aquatic products are reported by aquatic product and statistical agencies level by level. Before 1995, among the shellfish, the oyster was counted as fresh meat; 5 kilograms of ark shell, clams and frogs are equivalent to 1 kilogram of fresh aquatic products; they are all counted as fresh aquatic products since 1996.

■Output of Meal

It refers to the meat of slaughtered hogs, cattle, sheep and goats with head, feet, and offal taken away. Data refers to the production of the whole country. The first agriculture census of China in 1996 revealed some discrepancy between the production of animal products from the annual reports and that from the census. Efforts were made by the Rural Socio-economic Survey Organization of NBS to adjust the output value of animal husbandry to make the figures from the annual reports consistent with the census data. Since 1999, NBS conducted sample survey for the major animal husbandry products, such as hogs, cattle, sheep and goats and fowls, and the data from sample surveys are used as national finalized data. Those products, which are not covered by the sample survey, are still reported by statistical agencies level by level.

Chapter 5
第五篇

上海调查年鉴 SHANGHAI SURVEY YEARBOOK

企业集团
Enterprise Groups

简要说明

一、本篇资料的主要内容

本篇企业集团资料，反映本市企业（集团）经营发展概况。主要包括本市企业（集团）单位数量、从业人员数、资产状况、营业收入、利润总额、利税总额、出口情况、研究开发费用的情况，以及主要财务指标和经济效益指标。

二、本篇的资料来源

上海市企业（集团）统计调查由国家统计局上海调查总队统计监测处组织实施，依据上海市发展和改革委员会制定的企业（集团）统计报表制度，由上海市各企业（集团）通过网上直报平台直接上报。

三、企业（集团）统计调查方法

企业（集团）统计报表采用全面调查的方式，对全市企业（集团）开展调查。

BRIEF INTRODUCTION

Ⅰ. Main Contents

Data in this chapter show operating conditions of enterprises in Shanghai. It include quantity, employees, assets, operating revenue total profit, total pre-tax, export value, reserch and development cost, main financial indicators and main indicators on economic benefit of enterprise groups.

Ⅱ. Sources of Data

The enterprise groups survey is conducted by Division of Statistics Monitor. The statistical reporting form system is established by Shanghai Municipal Development & Reform Commission.

Ⅲ. Methodology of Survey

The enterprise groups survey is a complete survey.

企业集团单位数(2008～2015)

表5－1

指　标	Indicators	2008年
总　计	**Total**	**436**
按控股情况分	**Grouped by the Status of Holdings**	
国有控股	State-holding	157
集体控股	Collective-holding	59
私人控股	Private-holding	204
港澳台商控股	Hong Kong, Macao & Taiwan-holding	4
外商控股	Foreign-holding	12
按主营行业分	**Grouped by Sector**	
第一产业合计	**Primary Industry**	**5**
农、林、牧、渔业	Agriculture, Forestry, Animal Husbandry and Fishery	5
第二产业合计	**Secondary Industry**	**162**
工业小计	Industry	124
采矿业	Mining	
制造业	Manufacturing	123
电力、燃气及水的生产和供应业	Production and Supply of Electricity, Gas and Water	1
建筑业	Construction	38
第三产业合计	**Tertiary Industry**	**269**
批发和零售业	Wholesale and Retail Trades	22
交通运输、仓储和邮政业	Transport, Storage and Post	4
住宿和餐饮业	Hotels and Catering Services	76
信息传输、计算机服务和软件业	Information Transmission, Computer Service and Software	9
金融业	Financial Intermediation	2
房地产业	Real Estate	104
其他合计	Others	52
按登记注册类型分	**Grouped by Status of Registration**	
内资企业合计	**Domestic Funded Enterprises**	**419**
#国有企业	State-Owned Enterprises	30
集体企业	Collective-Owned Enterprises	
国有独资公司	State Sole Funded Corporations	73
其他有限责任公司	Other Companies with Limited Liabilities	259
股份有限公司	Share Holding Corporations Ltd.	28
私营独资	Private Sole Funded Corporations	
私营合伙	Private Partnership Enterprises	
私营有限责任公司	Private Limited Liability Corporations	
私营股份有限公司	Private Share-Holding Corporations Ltd.	
港澳台商投资企业合计	**Hong Kong, Macao and Taiwan Funded Enterprises**	**5**
#港澳台商独资	Sole proprietorship of Hong Kong, Macao and Taiwan Enterprises	
港澳台商投资股份有限公司	Share holding Corporation Limited with Funds from Hong Kong, Macao and Taiwan Enterprises	3
外商投资企业合计	**Foreign Funded Enterprises**	**12**
#中外合资经营	Joint venture with Foreign Enterprises	2
外商投资股份有限公司	Share holding Corporation Limited with Funds from Foreign Enterprises	10

Quantity of Enterprise Groups

单位:个(Unit)

2009 年	2010 年	2011 年	2012 年	2013 年	2014 年	2015 年
430	**417**	**429**	**424**	**414**	**588**	**592**
154	150	149	148	145	158	150
57	57	41	42	43	49	46
203	196	222	220	212	364	379
5	4	8	7	8	9	11
11	10	9	7	6	8	6
4	**4**	**4**	**4**	**4**	**4**	**5**
4	4	4	4	4	4	5
161	**152**	**165**	**156**	**151**	**224**	**231**
123	115	123	119	114	156	161
					1	
122	114	121	118	113	152	158
1	1	2	1	1	3	3
38	37	42	37	37	68	70
265	**261**	**260**	**264**	**259**	**360**	**356**
23	22	67	60	50	91	79
3	6	19	16	18	23	19
72	67	8	5	5	8	8
7	6	7	3	4	7	5
1	1	1	2	6	4	5
101	99	109	97	101	115	114
58	60	49	81	75	112	126
413	**402**	**421**	**411**	**396**	**567**	**569**
32	31	20	18	17	14	12
				10	17	12
73	74	95	85	84	94	90
256	246	247	259	135	141	140
26	25	33	35	34	35	34
				2	3	5
				1	5	4
				99	231	253
				3	14	11
5	**3**	**4**	**7**	**8**	**10**	**12**
				4	5	5
4	3	3	5	3	3	3
12	**12**	**4**	**6**	**10**	**11**	**11**
4	4	2	2	4	3	2
8	8	2	4	5	7	7

企业集团从业人员数(2008～2015)

表5－2

指　标	Indicators	2008年
总　计	**Total**	**158.8**
按控股情况分	**Grouped by the Status of Holdings**	
国有控股	State-holding	120.6
集体控股	Collective-holding	11.9
私人控股	Private-holding	20.3
港澳台商控股	Hong Kong, Macao & Taiwan-holding	1.4
外商控股	Foreign-holding	4.7
按主营行业分	**Grouped by Sector**	
第一产业合计	**Primary Industry**	**0.4**
农、林、牧、渔业	Agriculture,Forestry,Animal Husbandry and Fishery	0.4
第二产业合计	**Secondary Industry**	**75.9**
工业小计	Industry	62.5
采矿业	Mining	
制造业	Manufacturing	61.3
电力、燃气及水的生产和供应业	Production and Supply of Electricity,Gas and Water	1.3
建筑业	Construction	13.3
第三产业合计	**Tertiary Industry**	**82.5**
批发和零售业	Wholesale and Retail Trades	28.8
交通运输、仓储和邮政业	Transport,Storage and Post	0.5
住宿和餐饮业	Hotels and Catering Services	22.0
信息传输、计算机服务和软件业	Information Transmission,Computer Service and Software	5.2
金融业	Financial Intermediation	6.8
房地产业	Real Estate	9.5
其他合计	Others	9.7
按登记注册类型分	**Grouped by Status of Registration**	
内资企业合计	**Domestic Funded Enterprises**	**153.2**
#国有企业	State-Owned Enterprises	38.9
集体企业	Collective-Owned Enterprises	
国有独资公司	State Sole Funded Corporations	44.2
其他有限责任公司	Other Companies with Limited Liabilities	43.6
股份有限公司	Share holding Corporations Ltd.	24.8
私营独资	Private Sole Funded Corporations	
私营合伙	Private Partnership Enterprises	
私营有限责任公司	Private Limited Liability Corporations	
私营股份有限公司	Private Share-Holding Corporations Ltd.	
港澳台商投资企业合计	**Hong Kong, Macao and Taiwan Funded Enterprises**	**1.1**
#港澳台商独资	Sole proprietorship of Hong Kong, Macao and Taiwan Enterprises	
港澳台商投资股份有限公司	Share holding Corporation Limited with Funds from Hong Kong, Macao and Taiwan Enterprises	0.9
外商投资企业合计	**Foreign Funded Enterprises**	**4.5**
#中外合资经营	Joint venture with Foreign Enterprises	
外商投资股份有限公司	Share holding Corporation Limited with Funds from Foreign Enterprises	4.5

Employees of Enterprise Groups

单位:万人(Unit:10 000 persons)

2009年	2010年	2011年	2012年	2013年	2014年	2015年
161.2	**157.2**	**172.2**	**187.0**	**185.3**	**192.5**	**188.8**
124.5	121.0	132.6	149.6	146.3	148.5	146.1
9.6	9.5	4.0	6.4	6.0	5.0	5.4
20.4	21.3	29.4	24.7	26.1	30.6	30.5
1.1	1.0	4.0	4.0	4.7	5.7	5.3
5.5	4.5	2.2	2.3	2.2	2.8	1.5
0.5	**0.4**	**0.3**	**0.3**	**0.3**	**0.3**	**0.4**
0.5	0.4	0.3	0.3	0.3	0.3	0.4
77.1	**70.8**	**76.8**	**84.6**	**80.7**	**85.3**	**80.5**
63.9	57.3	59.5	68.7	64.8	65.5	62.1
					0.0	
62.6	56.1	58.0	67.4	63.4	64.2	60.6
1.3	1.2	1.5	1.3	1.4	1.3	14.4
13.2	13.5	17.3	15.9	15.9	19.8	18.4
83.5	**86.0**	**95.1**	**102.1**	**104.3**	**107.0**	**107.9**
25.5	26.7	28.9	30.8	31.4	34.7	26.8
0.4	0.5	25.7	26.0	25.8	27.3	26.5
22.1	22.4	5.1	6.9	2.2	2.5	6.3
4.5	4.6	0.6	0.1	0.1	0.4	0.2
7.1	7.8	9.1	9.5	9.7	9.8	10.1
10.6	10.4	11.5	10.1	11.6	13.1	19.0
13.3	13.5	14.2	18.7	23.4	19.2	19.1
154.8	**152.2**	**170.5**	**180.7**	**176.7**	**182.6**	**179.0**
48.7	44.5	44.5	54.4	53.2	47.7	36.7
				0.6	1.0	0.4
45.4	47.0	51.3	51.4	46.7	49.2	57.8
40.9	39.3	40.7	45.5	38.5	38.9	43.1
18.4	19.8	28.3	29.0	27.4	27.2	21.7
				…	…	0.1
				…	0.1	0.1
				9.8	17.4	18.5
				0.0	0.9	0.4
0.7	**0.5**	**0.5**	**4.0**	**4.7**	**5.7**	**5.3**
				0.9	1.3	1.0
0.6	0.5	0.5	3.9	3.8	4.0	3.8
5.6	**4.6**	**1.2**	**2.3**	**3.9**	**4.3**	**4.4**
0.2	0.1			0.1	0.2	…
5.4	4.5	1.2	2.3	3.8	4.0	4.2

企业集团资产状况(2008～2015)

表 5－3

指　标	Indicators	2008 年
总　计	**Total**	**34 858.53**
按控股情况分	**Grouped by the Status of Holdings**	
国有控股	State-holding	29 383.97
集体控股	Collective-holding	1 086.09
私人控股	Private-holding	3 046.68
港澳台商控股	Hong Kong, Macao & Taiwan-holding	263.05
外商控股	Foreign-holding	1 078.75
按主营行业分	**Grouped by Sector**	
第一产业合计	**Primary Industry**	**63.98**
农、林、牧、渔业	Agriculture, Forestry, Animal Husbandry and Fishery	63.98
第二产业合计	**Secondary Industry**	**14 512.80**
工业小计	Industry	13 281.69
采矿业	Mining	
制造业	Manufacturing	12 679.66
电力、燃气及水的生产和供应业	Production and Supply of Electricity, Gas and Water	602.03
建筑业	Construction	1 231.11
第三产业合计	**Tertiary Industry**	**20 281.75**
批发和零售业	Wholesale and Retail Trades	5 321.53
交通运输、仓储和邮政业	Transport, Storage and Post	76.62
住宿和餐饮业	Hotels and Catering Services	2 281.98
信息传输、计算机服务和软件业	Information Transmission, Computer Service and Software	339.68
金融业	Financial Intermediation	3 202.32
房地产业	Real Estate	5 098.09
其他合计	Others	3 961.53
按登记注册类型分	**Grouped by Status of Registration**	
内资企业合计	**Domestic Funded Enterprises**	**33 276.70**
#国有企业	State-Owned Enterprises	7 561.83
集体企业	Collective-Owned Enterprises	
国有独资公司	State Sole Funded Corporations	12 431.10
其他有限责任公司	Other Companies with Limited Liabilities	8 151.99
股份有限公司	Share holding Corporations Ltd.	5 131.78
私营独资	Private Sole Funded Corporations	
私营合伙	Private Partnership Enterprises	
私营有限责任公司	Private Limited Liability Corporations	
私营股份有限公司	Private Share-Holding Corporations Ltd.	
港澳台商投资企业合计	**Hong Kong, Macao and Taiwan Funded Enterprises**	**185.91**
#港澳台商独资	Sole proprietorship of Hong Kong, Macao and Taiwan Enterprises	
港澳台商投资股份有限公司	Share holding Corporation Limited with Funds from Hong Kong, Macao and Taiwan Enterprises	82.54
外商投资企业合计	**Foreign Funded Enterprises**	**1 059.93**
#中外合资经营	Joint venture with Foreign Enterprises	2.96
外商投资股份有限公司	Share holding Corporation Limited with Funds from Foreign Enterprises	1 056.97

Assets of Enterprise Groups

单位:亿元(Unit:100 million yuan)

2009 年	2010 年	2011 年	2012 年	2013 年	2014 年	2015 年
40 664.80	**45 827.50**	**52 038.31**	**58 273.29**	**64 137.55**	**76 510.05**	**85 166.66**
34 115.97	37 896.99	44 406.86	49 829.58	54 777.65	64 923.69	72 301.50
1 468.60	2 208.20	663.78	795.09	909.61	1 065.21	1 105.08
3 469.77	3 930.59	4 979.65	5 454.81	5 792.99	7 413.89	9 146.10
339.87	185.34	1 413.71	1 639.13	1 864.45	2 283.20	2 242.22
1 270.59	1 606.38	574.32	554.68	792.84	824.06	371.76
69.34	**53.08**	**51.98**	**64.31**	**75.93**	**81.23**	**51.76**
69.34	53.08	51.98	64.31	75.93	81.23	51.76
16 426.77	**17 453.34**	**20 444.16**	**21 553.14**	**23 400.43**	**28 010.29**	**29 588.18**
14 938.05	15 891.99	18 522.22	19 285.90	20 704.47	24 334.41	26 223.18
					78.14	
14 005.86	14 845.28	17 467.22	18 239.72	19 639.46	22 744.29	24 582.33
932.19	1 046.71	1 055.00	1 046.18	1 065.02	1 511.97	1 640.84
1 488.72	1 561.34	1 921.94	2 267.24	2 695.95	3 675.88	3 365.01
24 168.69	**28 321.09**	**31 542.17**	**36 655.84**	**40 661.20**	**48 418.54**	**55 526.72**
5 893.72	6 437.23	4 076.77	4 936.41	5 318.85	6 618.02	5 414.01
75.41	94.36	6 941.07	7 351.15	7 968.98	8 744.20	9 835.22
2 726.70	3 449.14	448.89	473.42	110.46	293.94	959.69
395.83	385.22	127.08	33.67	36.59	55.81	35.97
3 971.87	4 757.11	5 706.12	6 819.88	7 303.50	8 286.79	11 638.57
5 728.18	7 581.04	8 848.01	9 399.10	12 630.44	15 512.44	17 939.11
5 376.98	5 616.99	5 394.24	7 642.21	7 292.38	8 907.34	9 704.16
38 770.00	**43 760.95**	**49 714.96**	**55 942.80**	**61 071.21**	**72 905.43**	**81 128.49**
10 170.00	11 141.06	11 752.16	12 370.42	13 521.21	14 545.80	13 890.47
				135.23	302.94	191.23
13 102.06	14 830.07	19 912.78	19 948.89	21 687.28	25 019.90	32 857.16
9 597.13	11 217.46	8 448.52	12 412.67	11 646.35	15 412.28	15 795.60
5 900.81	6 572.36	9 601.50	11 210.82	11 852.12	13 474.94	12 915.37
				35.67	18.29	33.97
				1.70	7.29	51.81
				2 050.19	3 851.93	5 185.24
				30.97	172.72	112.75
235.97	**71.16**	**92.62**	**1 676.79**	**1 867.52**	**2 290.63**	**2 250.29**
				216.19	299.40	264.35
91.66	71.16	54.51	1 614.12	1 643.64	1 939.98	1 853.54
1 331.50	**1 659.46**	**284.33**	**354.50**	**1 198.82**	**1 313.99**	**1 787.87**
81.91	67.56	2.75	2.95	76.44	59.14	4.91
1 249.59	1 591.90	281.58	351.55	1 064.21	1 201.46	1 705.64

企业集团营业收入(2008 ~ 2015)

表 5 - 4

指　标	Indicators	2008 年
总　计	**Total**	**18 511.99**
按控股情况分	**Grouped by the Status of Holdings**	
国有控股	State-holding	15 061.93
集体控股	Collective-holding	712.10
私人控股	Private-holding	1 931.69
港澳台商控股	Hong Kong, Macao & Taiwan-holding	60.95
外商控股	Foreign-holding	745.32
按主营行业分	**Grouped by Sector**	
第一产业合计	**Primary Industry**	**18.81**
农、林、牧、渔业	Agriculture, Forestry, Animal Husbandry and Fishery	18.81
第二产业合计	**Secondary Industry**	**10 138.13**
工业小计	Industry	9 213.98
采矿业	Mining	
制造业	Manufacturing	9 027.30
电力、燃气及水的生产和供应业	Production and Supply of Electricity, Gas and Water	186.68
建筑业	Construction	924.15
第三产业合计	**Tertiary Industry**	**8 355.05**
批发和零售业	Wholesale and Retail Trades	1 839.26
交通运输、仓储和邮政业	Transport, Storage and Post	34.61
住宿和餐饮业	Hotels and Catering Services	3 139.70
信息传输、计算机服务和软件业	Information Transmission, Computer Service and Software	106.34
金融业	Financial Intermediation	946.97
房地产业	Real Estate	1 255.47
其他合计	Others	1 032.70
按登记注册类型分	**Grouped by Status of Registration**	
内资企业合计	**Domestic Funded Enterprises**	**17 653.10**
#国有企业	State-Owned Enterprises	5 470.69
集体企业	Collective-Owned Enterprises	
国有独资公司	State Sole Funded Corporations	6 443.28
其他有限责任公司	Other Companies with Limited Liabilities	3 683.46
股份有限公司	Share holding Corporations Ltd.	1 948.83
私营独资	Private Sole Funded Corporations	
私营合伙	Private Partnership Enterprises	
私营有限责任公司	Private Limited Liability Corporations	
私营股份有限公司	Private Share-Holding Corporations Ltd.	
港澳台商投资企业合计	**Hong Kong, Macao and Taiwan Funded Enterprises**	**130.03**
#港澳台商独资	Sole proprietorship of Hong Kong, Macao and Taiwan Enterprises	
港澳台商投资股份有限公司	Share holding Corporation Limited with Funds from Hong Kong, Macao and Taiwan Enterprises	107.64
外商投资企业合计	**Foreign Funded Enterprises**	**728.86**
#中外合资经营	Joint venture with Foreign Enterprises	2.17
外商投资股份有限公司	Share holding Corporation Limited with Funds from Foreign Enterprises	726.68

Operating Revenue of Enterprise Groups

单位:亿元(Unit:100 million yuan)

2009 年	2010 年	2011 年	2012 年	2013 年	2014 年	2015 年
19 009.81	**25 127.62**	**29 651.91**	**32 158.26**	**36 398.93**	**40 551.60**	**39 481.31**
15 264.46	20 512.25	25 233.97	27 500.74	30 720.87	33 536.53	32 474.22
1 090.27	1 430.77	384.77	439.87	484.32	510.87	438.63
1 973.54	2 433.49	3 102.39	3 365.23	4 173.71	5 281.47	5 672.09
56.74	39.23	653.79	602.31	663.84	747.40	677.34
624.80	711.88	276.99	250.11	356.20	475.34	219.03
17.34	**14.23**	**11.42**	**16.39**	**17.58**	**18.93**	**0.24**
17.34	14.23	11.42	16.39	17.58	18.93	0.24
10 141.41	**13 279.94**	**15 577.55**	**15 608.96**	**17 635.47**	**20 171.00**	**20 287.00**
8 976.86	11 888.60	14 058.43	13 882.35	15 737.06	17 816.10	17 857.66
					20.65	
8 768.03	11 635.18	13 730.23	13 581.30	15 421.02	17 440.69	17 477.08
208.83	253.41	328.20	301.05	316.04	354.77	380.58
1 164.55	1 391.34	1 519.12	1 726.60	1 898.41	2 354.91	2 429.34
8 851.06	**11 833.45**	**14 062.94**	**16 532.91**	**18 745.88**	**20 361.66**	**19 194.06**
1 491.79	2 044.40	5 564.43	6 502.01	7 070.75	8 425.26	5 937.11
41.75	48.39	2 106.62	2 219.48	2 303.13	2 487.66	2 410.86
3 223.33	4 361.38	146.35	146.91	45.94	78.57	215.80
100.67	124.16	39.65	13.79	13.89	30.13	19.50
963.42	1 395.55	1 549.58	1 632.48	1 942.96	2 200.46	2 513.18
1 578.98	1 988.90	2 587.34	3 057.24	4 097.91	4 202.63	3 998.88
1 451.12	1 870.68	2 068.96	2 961.00	3 271.30	2 936.96	4 098.73
18 342.85	**24 395.16**	**29 447.57**	**31 345.18**	**35 272.44**	**39 266.62**	**38 387.22**
6 404.27	9 155.14	9 031.98	9 452.19	10 698.09	11 568.25	10 493.94
				104.43	219.65	68.63
5 521.28	7 290.97	9 091.76	7 728.73	9 030.29	9 322.28	11 120.72
4 309.88	5 024.01	5 987.51	8 810.01	7 824.77	8 303.19	8 513.52
2 022.57	2 830.57	4 574.13	5 293.57	6 037.84	6 646.38	5 013.13
				5.31	1.57	6.88
				6.60	6.44	6.04
				1 525.20	3 091.58	3 105.60
				18.30	77.30	31.04
40.56	**15.94**	**23.87**	**603.29**	**660.95**	**747.50**	**677.41**
				127.47	141.85	48.22
21.41	15.94	19.95	596.36	533.45	556.36	550.81
626.40	**716.52**	**180.47**	**209.80**	**465.55**	**537.48**	**416.68**
10.20	6.61	2.07	3.06	15.91	23.68	4.22
616.20	709.91	178.40	206.74	436.23	503.20	384.91

企业集团利润总额(2008～2015)

表5－5

指 标	Indicators	2008 年
总 计	**Total**	**1 061.53**
按控股情况分	**Grouped by the Status of Holdings**	
国有控股	State-holding	806.22
集体控股	Collective-holding	60.59
私人控股	Private-holding	113.22
港澳台商控股	Hong Kong, Macao & Taiwan-holding	14.13
外商控股	Foreign-holding	67.37
按主营行业分	**Grouped by Sector**	
第一产业合计	**Primary Industry**	**0.02**
农、林、牧、渔业	Agriculture, Forestry, Animal Husbandry and Fishery	0.02
第二产业合计	**Secondary Industry**	**665.63**
工业小计	Industry	633.95
采矿业	Mining	
制造业	Manufacturing	614.17
电力、燃气及水的生产和供应业	Production and Supply of Electricity, Gas and Water	19.78
建筑业	Construction	31.68
第三产业合计	**Tertiary Industry**	**395.88**
批发和零售业	Wholesale and Retail Trades	20.21
交通运输、仓储和邮政业	Transport, Storage and Post	4.42
住宿和餐饮业	Hotels and Catering Services	73.97
信息传输、计算机服务和软件业	Information Transmission, Computer Service and Software	13.09
金融业	Financial Intermediation	-3.64
房地产业	Real Estate	185.60
其他合计	Others	102.23
按登记注册类型分	**Grouped by Status of Registration**	
内资企业合计	**Domestic Funded Enterprises**	**986.86**
#国有企业	State-Owned Enterprises	173.12
集体企业	Collective-Owned Enterprises	
国有独资公司	State Sole Funded Corporations	508.64
其他有限责任公司	Other Companies with Limited Liabilities	189.02
股份有限公司	Share holding Corporations Ltd.	101.96
私营独资	Private Sole Funded Corporations	
私营合伙	Private Partnership Enterprises	
私营有限责任公司	Private Limited Liability Corporations	
私营股份有限公司	Private Share holding Corporations Ltd.	
港澳台商投资企业合计	**Hong Kong, Macao and Taiwan Funded Enterprises**	**12.73**
#港澳台商独资	Sole proprietorship of Hong Kong, Macao and Taiwan Enterprises	
港澳台商投资股份有限公司	Share holding Corporation Limited with Funds from Hong Kong, Macao and Taiwan Enterprises	-2.50
外商投资企业合计	**Foreign Funded Enterprises**	**61.94**
#中外合资经营	Joint venture with Foreign Enterprises	0.38
外商投资股份有限公司	Share holding Corporation Limited with Funds from Foreign Enterprises	61.57

Total Profit of Enterprise Groups

单位:亿元(Unit:100 million yuan)

2009 年	2010 年	2011 年	2012 年	2013 年	2014 年	2015 年
1 374.73	**2 014.62**	**2 153.85**	**1 881.00**	**2 169.63**	**2 329.64**	**2 738.01**
1 030.49	1 629.25	1 792.00	1 617.98	1 766.42	1 988.51	2 124.31
96.72	110.12	35.89	33.89	41.04	50.71	62.15
159.83	201.47	235.26	185.40	262.57	211.21	395.91
10.23	4.67	75.11	43.66	75.05	69.40	150.76
77.46	69.11	15.59	0.06	24.55	9.81	4.87
0.83	**0.18**	**0.56**	**1.37**	**1.03**	**0.89**	**-0.01**
0.83	0.18	0.56	1.37	1.03	0.89	-0.01
744.37	**1 076.48**	**1 251.35**	**989.42**	**1 116.69**	**1 189.37**	**1 286.67**
709.53	1 034.94	1 204.21	933.15	1 054.21	1 113.23	1 216.84
					2.59	
676.88	1 005.07	1 160.24	900.46	1 001.49	1 055.54	1 150.89
32.65	29.87	43.97	32.69	52.72	55.10	65.95
34.84	41.55	47.14	56.27	62.48	76.14	69.83
629.53	**937.96**	**901.93**	**890.20**	**1 051.90**	**1 139.37**	**1 451.35**
61.31	196.95	194.70	156.38	165.36	216.59	112.19
5.11	3.08	49.91	96.44	94.45	156.65	192.52
77.23	141.40	14.87	17.49	1.97	4.79	26.82
11.78	16.30	8.60	-0.46	-0.21	0.44	-0.20
95.06	106.70	103.99	61.01	118.57	143.75	370.69
257.62	298.96	293.39	306.55	414.88	296.66	402.56
121.42	174.59	236.47	252.79	256.89	320.51	346.77
1 287.70	**1 944.22**	**2 140.48**	**1 839.24**	**2 063.25**	**2 243.34**	**2 515.85**
436.15	818.78	711.48	573.15	580.81	610.52	631.52
				8.41	19.21	4.46
378.89	529.55	674.79	401.22	473.72	551.48	614.02
276.65	332.53	367.86	603.93	567.47	535.84	628.91
190.21	253.18	306.18	256.86	352.10	428.24	433.30
				0.46	-0.06	1.50
				…	-0.02	1.14
				76.39	94.02	196.95
				0.75	3.65	2.14
8.01	**0.53**	**3.07**	**44.62**	**74.15**	**69.46**	**150.81**
				11.87	9.95	6.93
-0.18	0.53	2.07	44.75	62.13	58.42	136.71
79.02	**69.86**	**10.30**	**-2.86**	**32.23**	**16.84**	**71.35**
0.88	1.60	0.39	0.50	1.98	3.29	-2.76
78.14	68.26	9.91	-3.36	26.74	14.01	3.71

企业集团利税总额(2008～2015)

表5－6

指　标	Indicators	2008年
总　计	**Total**	**1 815.34**
按控股情况分	**Grouped by the Status of Holdings**	
国有控股	State-holding	1 436.43
集体控股	Collective-holding	91.44
私人控股	Private-holding	169.36
港澳台商控股	Hong Kong, Macao & Taiwan-holding	21.29
外商控股	Foreign-holding	96.82
按主营行业分	**Grouped by Sector**	
第一产业合计	**Primary Industry**	**0.11**
农、林、牧、渔业	Agriculture, Forestry, Animal Husbandry and Fishery	0.11
第二产业合计	**Secondary Industry**	**1 136.46**
工业小计	Industry	1 066.22
采矿业	Mining	
制造业	Manufacturing	1 041.57
电力、燃气及水的生产和供应业	Production and Supply of Electricity, Gas and Water	24.65
建筑业	Construction	70.24
第三产业合计	**Tertiary Industry**	**678.75**
批发和零售业	Wholesale and Retail Trades	95.52
交通运输、仓储和邮政业	Transport, Storage and Post	5.78
住宿和餐饮业	Hotels and Catering Services	110.20
信息传输、计算机服务和软件业	Information Transmission, Computer Service and Software	18.69
金融业	Financial Intermediation	13.18
房地产业	Real Estate	293.25
其他合计	Others	142.13
按登记注册类型分	**Grouped by Status of Registration**	
内资企业合计	**Domestic Funded Enterprises**	**1 704.27**
#国有企业	State-Owned Enterprises	515.35
集体企业	Collective-Owned Enterprises	
国有独资公司	State Sole Funded Corporations	702.80
其他有限责任公司	Other Companies with Limited Liabilities	315.25
股份有限公司	Share holding Corporations Ltd.	152.69
私营独资	Private Sole Funded Corporations	
私营合伙	Private Partnership Enterprises	
私营有限责任公司	Private Limited Liability Corporations	
私营股份有限公司	Private Share holding Corporations Ltd.	
港澳台商投资企业合计	**Hong Kong, Macao and Taiwan Funded Enterprises**	**19.86**
#港澳台商独资	Sole proprietorship of Hong Kong, Macao and Taiwan Enterprises	
港澳台商投资股份有限公司	Share holding Corporation Limited with Funds from Hong Kong, Macao and Taiwan Enterprises	-0.91
外商投资企业合计	**Foreign Funded Enterprises**	**91.22**
#中外合资经营	Joint venture with Foreign Enterprises	0.47
外商投资股份有限公司	Share holding Corporation Limited with Funds from Foreign Enterprises	90.75

Total Pre-tax Profits of Enterprise Groups

单位：亿元（Unit：100 million yuan）

2009 年	2010 年	2011 年	2012 年	2013 年	2014 年	2015 年
2 169.97	**3 128.44**	**3 432.01**	**3 408.33**	**3 649.68**	**4 127.98**	**4 627.09**
1 718.68	2 582.05	2 926.54	3 034.95	3 120.73	3 640.03	3 843.63
121.97	168.23	42.16	41.93	49.29	61.87	72.12
214.84	273.22	331.14	256.15	356.20	311.97	530.11
14.30	7.24	105.34	65.92	95.11	97.33	176.99
100.18	97.69	26.82	9.38	28.36	16.79	4.25
1.01	**0.27**	**0.55**	**1.44**	**1.44**	**0.99**	**0.00**
1.01	0.27	0.55	1.44	1.44	0.99	0.00
1 258.56	**1 806.54**	**2 164.16**	**2 099.85**	**2 255.94**	**2 430.31**	**2 562.94**
1 177.33	1 717.40	2 072.53	1 993.58	2 139.86	2 283.12	2 407.43
					2.62	0.00
1 143.24	1 686.59	2 024.10	1 946.33	2 068.97	2 210.49	2 324.02
34.09	30.81	48.42	47.25	70.89	70.01	83.41
81.23	89.15	91.63	106.28	116.08	147.20	155.51
910.40	**1 321.63**	**1 267.30**	**1 307.03**	**1 392.31**	**1 696.67**	**2 064.15**
121.23	264.87	287.19	244.17	240.33	333.41	201.53
6.35	4.07	92.96	141.75	147.69	238.77	293.89
109.25	184.42	20.48	23.56	2.74	8.25	35.01
17.40	23.33	9.81	0.13	0.42	1.34	0.26
122.79	153.67	140.49	102.39	167.68	200.91	439.31
359.24	456.46	427.16	460.46	515.98	537.39	663.00
174.14	234.82	289.19	334.56	317.47	376.59	431.15
2 057.57	**3 028.75**	**3 413.06**	**3 335.72**	**3 515.13**	**3 999.48**	**4 372.50**
894.57	1 477.77	909.28	880.86	835.14	860.96	846.53
				10.01	24.26	5.92
512.84	692.07	1 444.65	632.06	690.35	808.99	927.19
395.82	505.43	553.34	1 447.10	1 417.92	1 578.36	1 750.81
245.40	338.94	390.88	370.79	456.16	568.37	558.59
				1.14	0.03	2.00
				…	0.05	1.20
				99.67	151.27	273.87
				0.92	5.95	3.75
10.48	**0.84**	**3.30**	**66.30**	**95.76**	**97.39**	**177.04**
				14.18	12.98	7.47
0.12	0.84	2.47	68.40	81.44	83.01	159.00
101.92	**98.83**	**15.68**	**6.33**	**38.79**	**31.11**	**77.56**
1.16	2.11	0.49	0.64	2.26	5.91	-2.58
100.76	96.72	15.19	5.69	29.86	24.33	75.52

企业集团出口情况(2008～2015)

表5－7

指　标	Indicators	2008年
总　计	**Total**	**2 077.13**
按控股情况分	**Grouped by the Status of Holdings**	
国有控股	State-holding	1 879.14
集体控股	Collective-holding	9.91
私人控股	Private-holding	92.20
港澳台商控股	Hong Kong, Macao & Taiwan-holding	11.94
外商控股	Foreign-holding	83.94
按主营行业分	**Grouped by Sector**	
第一产业合计	**Primary Industry**	**1.60**
农、林、牧、渔业	Agriculture, Forestry, Animal Husbandry and Fishery	1.60
第二产业合计	**Secondary Industry**	**1 594.48**
工业小计	Industry	1 594.25
采矿业	Mining	
制造业	Manufacturing	1 594.25
电力、燃气及水的生产和供应业	Production and Supply of Electricity, Gas and Water	
建筑业	Construction	0.23
第三产业合计	**Tertiary Industry**	**481.05**
批发和零售业	Wholesale and Retail Trades	
交通运输、仓储和邮政业	Transport, Storage and Post	
住宿和餐饮业	Hotels and Catering Services	280.85
信息传输、计算机服务和软件业	Information Transmission, Computer Service and Software	1.87
金融业	Financial Intermediation	
房地产业	Real Estate	62.92
其他合计	Others	135.41
按登记注册类型分	**Grouped by Status of Registration**	
内资企业合计	**Domestic Funded Enterprises**	**1 990.62**
#国有企业	State-Owned Enterprises	228.66
集体企业	Collective-Owned Enterprises	
国有独资公司	State Sole Funded Corporations	1 263.22
其他有限责任公司	Other Companies with Limited Liabilities	258.14
股份有限公司	Share holding Corporations Ltd.	230.06
私营独资	Private Sole Funded Corporations	
私营合伙	Private Partnership Enterprises	
私营有限责任公司	Private Limited Liability Corporations	
私营股份有限公司	Private Share holding Corporations Ltd.	
港澳台商投资企业合计	**Hong Kong, Macao and Taiwan Funded Enterprises**	**9.14**
#港澳台商独资	Sole proprietorship of Hong Kong, Macao and Taiwan Enterprises	
港澳台商投资股份有限公司	Share holding Corporation Limited with Funds from Hong Kong, Macao and Taiwan Enterprises	9.14
外商投资企业合计	**Foreign Funded Enterprises**	**77.37**
#中外合资经营	Joint venture with Foreign Enterprises	1.31
外商投资股份有限公司	Share holding Corporation Limited with Funds from Foreign Enterprises	76.06

Export Value of Enterprise Groups

单位：亿元（Unit：100 million yuan）

2009 年	2010 年	2011 年	2012 年	2013 年	2014 年	2015 年
1 620.84	**1 810.73**	**1 967.16**	**1 726.98**	**1 764.89**	**1 924.58**	**2 062.08**
1 452.24	1 630.50	1 757.87	1 548.66	1 613.04	1 690.41	1 837.48
10.23	13.89	18.52	23.02	11.98	19.21	37.87
67.93	65.61	78.00	62.98	56.70	75.18	93.68
8.36	4.89	40.05	35.95	30.86	33.69	39.13
82.08	95.83	72.72	56.37	52.32	106.10	53.92
13.89		**1.45**	**1.81**	**0.21**	…	**0.00**
13.89		1.45	1.81	0.21	…	0.00
1 293.71	**1 535.37**	**1 703.56**	**1 188.86**	**1 104.15**	**1 253.36**	**1 233.06**
1 293.49	1 530.12	1 681.85	1 182.74	1 057.99	1 196.49	1 173.38
					1.52	
1 293.49	1 530.12	1 681.85	1 182.74	1 057.99	1 194.97	1 173.38
				…	…	0.00
0.22	5.26	21.72	6.12	46.15	56.87	59.69
313.24	**275.35**	**262.15**	**536.31**	**660.53**	**671.22**	**829.01**
	0.62	138.50	405.42	403.37	417.10	215.27
2.68	1.37		1.35	…	…	0.00
196.72	156.37	2.21	1.85	…	…	0.00
0.21	1.37	1.46		…	…	0.00
				…	…	0.00
26.13	3.64	9.75	13.21	5.23	0.24	22.34
87.50	111.99	110.22	114.49	251.94	253.88	591.41
1 532.95	**1 710.01**	**1 889.43**	**1 634.89**	**1 575.60**	**1 738.17**	**1 873.54**
636.99	738.09	921.38	676.25	621.75	670.95	226.50
				0.03	…	0.00
498.64	715.84	578.08	262.82	481.66	497.97	1 078.38
178.77	223.81	199.47	480.45	341.36	368.88	371.37
215.95	32.21	155.44	215.13	127.22	166.36	140.46
				0.01	…	1.41
				…	0.09	0.01
				3.57	18.82	51.51
				6.80	13.63	3.60
5.81	**4.89**	**5.00**	**35.71**	**30.86**	**33.69**	**39.13**
					…	3.56
5.81	4.89	5.00	35.71	24.06	33.69	35.56
82.08	**95.83**	**72.72**	**56.36**	**158.43**	**152.72**	**149.41**
1.08	1.14	1.18	1.15	0.93	0.46	0.08
81.00	94.69	71.54	55.21	157.50	152.26	148.86

企业集团研究开发费用(2008~2015)

表5-8

指 标	Indicators	2008年
总 计	**Total**	**208.71**
按控股情况分	**Grouped by the Status of Holdings**	
国有控股	State-holding	188.39
集体控股	Collective-holding	0.57
私人控股	Private-holding	5.13
港澳台商控股	Hong Kong, Macao & Taiwan-holding	0.01
外商控股	Foreign-holding	14.61
按主营行业分	**Grouped by Sector**	
第一产业合计	**Primary Industry**	
农、林、牧、渔业	Agriculture, Forestry, Animal Husbandry and Fishery	
第二产业合计	**Secondary Industry**	**202.87**
工业小计	Industry	199.12
采矿业	Mining	
制造业	Manufacturing	199.12
电力、燃气及水的生产和供应业	Production and Supply of Electricity, Gas and Water	
建筑业	Construction	3.75
第三产业合计	**Tertiary Industry**	**5.84**
批发和零售业	Wholesale and Retail Trades	1.52
交通运输、仓储和邮政业	Transport, Storage and Post	0.38
住宿和餐饮业	Hotels and Catering Services	1.36
信息传输、计算机服务和软件业	Information Transmission, Computer Service and Software	
金融业	Financial Intermediation	
房地产业	Real Estate	0.31
其他合计	Others	2.27
按登记注册类型分	**Grouped by Status of Registration**	
内资企业合计	**Domestic Funded Enterprises**	**193.68**
#国有企业	State-Owned Enterprises	109.24
集体企业	Collective-Owned Enterprises	
国有独资公司	State Sole Funded Corporations	53.34
其他有限责任公司	Other Companies with Limited Liabilities	21.52
股份有限公司	Share holding Corporations Ltd.	9.58
私营独资	Private Sole Funded Corporations	
私营合伙	Private Partnership Enterprises	
私营有限责任公司	Private Limited Liability Corporations	
私营股份有限公司	Private Share holding Corporations Ltd.	
港澳台商投资企业合计	**Hong Kong, Macao and Taiwan Funded Enterprises**	**0.03**
#港澳台商独资	Sole proprietorship of Hong Kong, Macao and Taiwan Enterprises	
港澳台商投资股份有限公司	Share holding Corporation Limited with Funds from Hong Kong, Macao and Taiwan Enterprises	0.03
外商投资企业合计	**Foreign Funded Enterprises**	**14.45**
#中外合资经营	Joint venture with Foreign Enterprises	
外商投资股份有限公司	Share holding Corporation Limited with Funds from Foreign Enterprises	14.45

Research and Development Cost of Enterprise Groups

单位:亿元(Unit:100 million yuan)

2009 年	2010 年	2011 年	2012 年	2013 年	2014 年	2015 年
183.21	**301.90**	**355.41**	**295.10**	**434.88**	**402.55**	**416.15**
160.81	267.78	312.54	250.68	390.00	350.20	360.65
0.27	1.17	1.22	2.42	1.35	2.71	1.57
5.52	8.91	10.46	9.54	9.89	11.25	13.23
0.01	0.01	12.96	13.59	13.13	14.36	15.53
16.60	24.03	18.24	18.87	20.52	24.03	25.17
		0.02		…	…	**0.00**
		0.02		…	…	0.00
177.94	**286.14**	**343.17**	**277.55**	**411.70**	**380.26**	**386.01**
163.61	262.64	313.45	252.53	378.97	343.39	339.80
					…	
161.74	259.29	311.61	251.63	377.49	342.48	336.24
1.87	3.34	1.84	0.90	1.48	0.90	3.56
14.33	23.50	29.71	25.02	32.72	36.87	46.21
5.27	**15.76**	**12.23**	**17.55**	**23.19**	**22.29**	**30.14**
1.12	0.19	2.32	4.67	5.27	5.12	2.03
0.48	0.35	3.36	1.45	0.94	1.91	2.66
1.03	1.90			…	…	0.00
		0.57		…	1.15	0.83
				…	…	0.00
0.11	1.30	0.31	0.38	0.81	1.29	1.23
2.53	12.02	5.66	11.04	16.17	12.82	23.38
166.60	**277.87**	**338.03**	**262.88**	**413.78**	**378.03**	**390.06**
96.02	154.71	154.83	134.69	162.33	194.41	136.53
				0.07	0.06	0.00
38.46	81.32	88.79	74.44	137.22	85.10	142.59
21.22	38.30	45.52	19.59	57.99	35.78	42.87
10.61	3.06	35.09	33.69	52.83	54.43	59.43
				0.07	…	0.18
				…	0.17	0.10
				3.18	4.21	6.32
				0.09	1.57	0.68
0.01	**0.01**	**0.05**	**13.53**	**13.13**	**14.36**	**15.53**
				0.74	…	0.18
0.01	0.01	0.05	13.52	12.39	14.36	15.35
16.60	**24.03**	**17.32**	**18.70**	**7.97**	**10.15**	**10.55**
				0.46	2.21	0.06
16.60	24.03	17.32	18.70	7.51	7.94	8.52

企业集团主要财务指标(2015)

表 5 -9

指 标	Indicators	单位数(个) Number (unit)
总 计	**Total**	**592**
按控股情况分	**Grouped by the Status of Holdings**	
国有控股	State-holding	150
集体控股	Collective-holding	46
私人控股	Private-holding	379
港澳台商控股	Hong Kong, Macao & Taiwan-holding	11
外商控股	Foreign-holding	6
按主营行业分	**Grouped by Sector**	
第一产业合计	**Primary Industry**	**5**
农、林、牧、渔业	Agriculture, Forestry, Animal Husbandry and Fishery	5
第二产业合计	**Secondary Industry**	**231**
工业小计	Industry	161
采矿业	Mining	
制造业	Manufacturing	158
电力、燃气及水的生产和供应业	Production and Supply of Electricity, Gas and Water	3
建筑业	Construction	70
第三产业合计	**Tertiary Industry**	**356**
批发和零售业	Wholesale and Retail Trades	79
交通运输、仓储和邮政业	Transport, Storage and Post	19
住宿和餐饮业	Hotels and Catering Services	8
信息传输、计算机服务和软件业	Information Transmission, Computer Service and Software	5
金融业	Financial Intermediation	5
房地产业	Real Estate	114
其他合计	Others	126
按登记注册类型分	**Grouped by Status of Registration**	
内资企业合计	**Domestic Funded Enterprises**	**569**
#国有企业	State-Owned Enterprises	12
集体企业	Collective-Owned Enterprises	12
股份合作	Cooperative Stock Enterprises	1
国有联营	State-owned Joint Enterprises	
集体联营	Collective Enterprises	
国有与集体联营	State-owned and Collective Joint Enterprises	1
其他联营	Other Joint Ownership Enterprises	
国有独资公司	State Sole Funded Corporations	90
其他有限责任公司	Other Companies with Limited Liabilities	140
股份有限公司	Share holding Corporations Ltd.	34
私营独资	Private Sole Funded Corporations	5
私营合伙	Private Partnership Enterprises	4
私营有限责任公司	Private Limited Liability Corporations	253
私营股份有限公司	Private Share holding Corporations Ltd.	11
其 他	Others	6
港澳台商投资企业合计	**Hong Kong, Macao and Taiwan Funded Enterprises**	**12**
#与港澳台商合资经营	Joint venture with Hong Kong, Macao and Taiwan Enterprises	3
与港澳台商合作经营	Cooperative Enterprises with Hong Kong, Macao and Taiwan	1
港澳台商独资	Sole proprietorship of Hong Kong, Macao and Taiwan Enterprises	5
港澳台商投资股份有限公司	Share holding Corporation Limited with Hong Kong, Macao and Taiwan Enterprises	3
其他港澳台投资	Others	
外商投资企业合计	**Foreign Funded Enterprises**	**11**
#中外合资经营	Joint venture with Foreign Enterprises	2
中外合作经营	Chinese-foreign Cooperative Enterprises	
外资企业	Foreign Enterprises	2
外商投资股份有限公司	Share holding Corporation Limited with Funds from Foreign Enterprises	7
其他外商投资	Others	

Main Financial Indicators of Enterprise Groups

单位:亿元(Unit:100 million yuan)

资产总计 Total Assets	固定资产净值 Net Value of Fixed Assets	应收账款 Accounts Receivable	营业收入 Operating Revenue	营业成本 Operating Costs	营业税金及附加 Tax and Extra Charges on Business
85 166.66	**12 653.00**	**3 354.65**	**39 481.31**	**33 734.96**	**1 335.73**
72 301.50	11 406.19	2 630.58	32 474.22	27 717.45	1 205.69
1 105.08	200.32	40.87	438.63	363.09	5.49
9 146.10	899.70	559.71	5 672.09	4 958.56	98.76
2 242.22	119.63	61.38	677.34	520.45	24.30
371.76	27.16	62.11	219.03	175.41	1.50
51.76	**18.85**	**1.41**	**0.24**	**0.16**	…
51.76	18.85	1.41	0.24	0.16	…
29 588.18	**4 366.58**	**2 076.08**	**20 287.00**	**17 192.07**	**915.78**
26 223.18	4 159.90	1 618.54	17 857.66	14 953.92	839.38
24 582.33	3 786.90	1 593.71	17 477.08	14 632.43	836.28
1 640.84	373.00	24.82	380.58	321.50	3.10
3 365.01	206.68	457.54	2 429.34	2 238.15	76.40
55 526.72	**8 267.57**	**1 277.16**	**19 194.06**	**16 542.73**	**419.95**
5 414.01	938.27	319.31	5 937.11	5 317.10	34.14
9 835.22	5 412.03	161.26	2 410.86	2 116.94	16.68
959.69	189.44	9.56	215.80	92.86	7.01
35.97	4.59	5.16	19.50	18.02	0.36
11 638.57	104.58	82.82	2 513.18	2 260.48	68.61
17 939.11	695.99	282.32	3 998.88	3 141.43	244.71
9 704.16	922.68	416.74	4 098.73	3 595.90	48.43
81 128.49	**12 333.26**	**3 230.72**	**38 387.22**	**32 937.68**	**1 305.06**
13 890.47	3 524.28	896.31	10 493.94	9 285.13	84.72
191.23	30.70	9.11	68.63	58.04	1.09
0.53	0.00	0.00	0.03	…	…
24.67	2.48	5.73	16.15	11.08	0.28
32 857.16	6 235.68	986.86	11 120.72	9 851.12	151.08
15 795.60	1 341.66	571.85	8 513.52	6 506.88	900.94
12 915.37	675.80	418.38	5 013.13	4 406.96	107.40
33.97	1.20	2.57	6.88	4.95	0.11
51.81	0.67	1.28	6.04	5.21	0.04
5 185.24	493.92	324.33	3 105.60	2 776.78	58.26
112.75	16.58	9.27	31.04	22.21	0.94
69.69	10.29	5.02	11.54	9.31	0.20
2 250.29	**119.78**	**61.38**	**677.41**	**520.45**	**24.30**
77.97	4.52	5.89	70.30	58.51	0.38
54.43	7.65	0.55	8.08	3.12	1.90
264.35	39.46	20.34	48.22	32.69	0.75
1 853.54	68.15	34.59	550.81	426.13	21.27
1 787.87	**199.96**	**62.56**	**416.68**	**276.83**	**6.37**
4.91	0.90	0.40	4.22	2.43	0.04
77.32	8.21	3.04	27.55	13.38	0.75
0.17	0.02	0.01	0.04	0.03	…

表5－9 续表　Continued

指　标	Indicators	销售费用 Selling Expenses
总　计	**Total**	**1 423.68**
按控股情况分	**Grouped by the Status of Holdings**	
国有控股	State-holding	1 218.82
集体控股	Collective-holding	13.02
私人控股	Private-holding	126.32
港澳台商控股	Hong Kong, Macao & Taiwan-holding	49.56
外商控股	Foreign-holding	15.97
按主营行业分	**Grouped by Sector**	
第一产业合计	**Primary Industry**	**0.01**
农、林、牧、渔业	Agriculture, Forestry, Animal Husbandry and Fishery	0.01
第二产业合计	**Secondary Industry**	**743.34**
工业小计	Industry	737.22
采矿业	Mining	
制造业	Manufacturing	661.95
电力、燃气及水的生产和供应业	Production and Supply of Electricity, Gas and Water	75.27
建筑业	Construction	6.12
第三产业合计	**Tertiary Industry**	**680.34**
批发和零售业	Wholesale and Retail Trades	295.28
交通运输、仓储和邮政业	Transport, Storage and Post	74.07
住宿和餐饮业	Hotels and Catering Services	65.17
信息传输、计算机服务和软件业	Information Transmission, Computer Service and Software	0.30
金融业	Financial Intermediation	0.72
房地产业	Real Estate	111.64
其他合计	Others	133.16
按登记注册类型分	**Grouped by Status of Registration**	
内资企业合计	**Domestic Funded Enterprises**	**1 354.49**
#国有企业	State-Owned Enterprises	505.03
集体企业	Collective-Owned Enterprises	1.71
股份合作	Cooperative Stock Enterprises	0.00
国有联营	State-owned Joint Enterprises	
集体联营	Collective Enterprises	
国有与集体联营	State-owned and Collective Joint Enterprises	0.39
其他联营	Other Joint Ownership Enterprises	
国有独资公司	State Sole Funded Corporations	444.03
其他有限责任公司	Other Companies with Limited Liabilities	303.64
股份有限公司	Share holding Corporations Ltd.	39.20
私营独资	Private Sole Funded Corporations	0.37
私营合伙	Private Partnership Enterprises	0.32
私营有限责任公司	Private Limited Liability Corporations	56.94
私营股份有限公司	Private Share holding Corporations Ltd.	2.56
其　他	Others	0.30
港澳台商投资企业合计	**Hong Kong, Macao and Taiwan Funded Enterprises**	**49.56**
#与港澳台商合资经营	Joint venture with Hong Kong, Macao and Taiwan Enterprises	7.03
与港澳台商合作经营	Cooperative Enterprises with Hang Keng, Macao and Taiwan	0.27
港澳台商独资	Sole proprietorship of Hong Kong, Macao and Taiwan Enterprises	2.32
港澳台商投资股份有限公司	Share holding Corporation Limited with Hong Kong, Macao and Taiwan Enterprises	39.94
其他港澳台投资	Others	
外商投资企业合计	**Foreign Funded Enterprises**	**19.64**
#中外合资经营	Joint venture with Foreign Enterprises	0.45
中外合作经营	Chinese-foreign Cooperative Enterprises	
外资企业	Foreign Enterprises	2.42
外商投资股份有限公司	Share holding Corporation Limited with Funds from Foreign Enterprises	16.76
其他外商投资	Others	

单位:亿元(Unit:100 million yuan)

管理费用 Administration expenses	营业利润 Operating Profit	利润总额 Total Profits	应交所得税 Income Tax Payable	研究开发费用 Research and Development Cost
2 261.58	**2 249.82**	**3 738.01**	**749.04**	**416.15**
1 943.43	1 706.53	2 124.31	629.03	360.65
36.86	46.45	62.15	12.35	1.57
186.01	372.60	395.91	88.76	13.23
63.11	135.91	150.76	17.11	15.53
32.17	-11.67	4.87	1.78	25.17
0.51	**-0.55**	**-0.01**	…	…
0.51	-0.55	-0.01	…	…
1 177.25	**1 118.79**	**1 286.67**	**260.83**	**386.01**
1 079.01	1 062.86	1 216.84	242.42	339.80
1 051.85	997.81	1 150.89	228.89	336.24
27.16	65.05	65.95	13.53	3.56
98.24	55.92	69.83	18.41	46.21
1 083.81	**1 131.59**	**1 451.35**	**488.21**	**30.14**
166.55	69.72	112.19	46.01	2.03
140.15	7.98	192.52	144.35	2.66
44.63	24.71	26.82	8.18	0.00
2.25	-0.08	-0.20	0.09	0.83
308.05	369.00	370.69	82.29	0.00
181.46	350.55	402.56	139.04	1.23
240.72	309.72	346.77	68.24	23.38
2 160.91	**2 044.26**	**2 515.85**	**724.90**	**390.06**
622.96	505.40	631.52	193.56	136.53
6.53	1.97	4.46	1.03	…
0.03	-0.01	-0.01	…	…
3.28	0.59	1.15	0.07	1.32
663.64	425.28	614.02	209.00	142.59
331.79	559.00	628.91	162.78	42.87
422.89	383.77	433.30	104.65	59.43
1.55	1.38	1.50	…	0.18
0.33	1.14	1.14	0.03	0.10
101.94	163.10	196.95	53.44	6.32
4.26	1.88	2.14	0.23	0.68
1.72	0.76	0.78	0.10	0.04
63.28	**135.95**	**150.81**	**17.11**	**15.53**
2.01	5.09	5.29	0.64	…
0.64	1.88	1.88	0.18	…
6.60	4.10	6.93	0.85	0.18
54.03	124.89	136.71	15.44	15.35
37.39	**69.61**	**71.35**	**7.02**	**10.55**
0.50	-2.74	-2.76	0.05	0.06
3.40	3.66	3.71	1.70	1.97
33.49	68.69	70.41	5.28	8.52

企业集团主要经济效益指标(2015)

表5－10

指　标	Indicators	净资产收益率 Return on Net Assets
总　计	**Total**	**6.2**
按控股情况分	**Grouped by the Status of Holdings**	
国有控股	State-holding	5.5
集体控股	Collective-holding	9.1
私人控股	Private-holding	9.5
港澳台商控股	Hong Kong, Macao & Taiwan-holding	17.0
外商控股	Foreign-holding	2.0
按主营行业分	**Grouped by Sector**	
第一产业合计	**Primary Industry**	**0.0**
农、林、牧、渔业	Agriculture, Forestry, Animal Husbandry and Fishery	0.0
第二产业合计	**Secondary Industry**	**7.8**
工业小计	Industry	7.8
采矿业	Mining	
制造业	Manufacturing	8.1
电力、燃气及水的生产和供应业	Production and Supply of Electricity, Gas and Water	4.9
建筑业	Construction	7.0
第三产业合计	**Tertiary Industry**	**5.1**
批发和零售业	Wholesale and Retail Trades	3.7
交通运输、仓储和邮政业	Transport, Storage and Post	1.0
住宿和餐饮业	Hotels and Catering Services	4.4
信息传输、计算机服务和软件业	Information Transmission, Computer Service and Software	－1.1
金融业	Financial Intermediation	9.4
房地产业	Real Estate	6.2
其他合计	Others	6.2
按登记注册类型分	**Grouped by Status of Registration**	
内资企业合计	**Domestic Funded Enterprises**	**5.9**
#国有企业	State-Owned Enterprises	8.6
集体企业	Collective-Owned Enterprises	5.2
股份合作	Cooperative Stock Enterprises	51.5
国有联营	State-owned Joint Enterprises	
集体联营	Collective Enterprises	
国有与集体联营	State-owned and Collective Joint Enterprises	12.2
其他联营	Other Joint Ownership Enterprises	
国有独资公司	State Sole Funded Corporations	2.6
其他有限责任公司	Other Companies with Limited Liabilities	9.0
股份有限公司	Share holding Corporations Ltd.	11.4
私营独资	Private Sole Funded Corporations	9.4
私营合伙	Private Partnership Enterprises	5.4
私营有限责任公司	Private Limited Liability Corporations	8.8
私营股份有限公司	Private Share holding Corporations Ltd.	4.1
其　他	Others	3.1
港澳台商投资企业合计	**Hong Kong, Macao and Taiwan Funded Enterprises**	**16.9**
#与港澳台商合资经营	Joint venture with Hong Kong, Macao and Taiwan Enterprises	11.6
与港澳台商合作经营	Cooperative Enterprises with Hang Keng, Macao and Taiwan	15.4
港澳台商独资	Sole proprietorship of Hong Kong, Macao and Taiwan Enterprises	5.1
港澳台商投资股份有限公司	Share holding Corporation Limited with Hong Kong, Macao and Taiwan Enterprises	19.5
其他港澳台投资	Others	
外商投资企业合计	**Foreign Funded Enterprises**	**7.9**
#中外合资经营	Joint venture with Foreign Enterprises	52.0
中外合作经营	Chinese-foreign Cooperative Enterprises	
外资企业	Foreign Enterprises	4.9
外商投资股份有限公司	Share holding Corporation Limited with Funds from Foreign Enterprises	8.4
其他外商投资	Others	

Main Indicators on Economic Benefit of Enterprise Groups

单位:%(Unit:%)

总资产报酬率 Return on Total Assets	销售利润率 Return on Sales	资本保值增值率 Ratio of Value Maintaining and Increasing	劳动生产率 Productivity
4.1	**6.9**	**115.8**	**209.1**
3.7	6.5	115.8	222.3
6.2	14.2	114.2	81.7
5.7	7.0	119.5	185.9
9.0	22.3	107.7	127.1
3.1	2.2	103.1	144.5
0.8	**-2.3**	**91.2**	**0.7**
0.8	-2.3	91.2	0.7
5.2	**6.3**	**108.1**	**252.0**
5.5	6.8	108.0	287.7
5.6	6.6	108.0	288.3
4.4	17.3	108.5	264.2
3.0	2.9	110.2	131.8
3.5	**7.6**	**121.9**	**177.8**
3.7	1.9	113.9	221.7
3.3	8.0	120.5	90.9
4.0	12.4	106.4	34.3
-0.4	-1.0	100.2	126.5
3.5	14.7	138.2	249.0
3.1	10.1	118.5	210.9
4.5	8.5	122.3	214.2
4.0	**6.6**	**116.0**	**214.4**
5.3	6.0	115.1	286.3
2.6	6.5	102.1	177.8
-2.0	-41.5	164.5	23.0
4.9	7.1	108.4	91.2
2.9	5.5	120.5	192.5
4.7	7.4	105.0	197.4
3.8	8.6	114.5	231.2
4.8	21.7	106.5	65.5
2.3	18.9	104.8	83.4
5.2	6.3	120.9	167.9
2.4	6.9	101.2	76.1
2.5	6.7	102.1	75.8
9.0	**22.3**	**107.7**	**127.1**
7.6	7.5	97.2	175.6
4.0	23.2	114.0	57.4
3.8	14.4	103.0	49.5
9.9	24.8	109.3	144.4
5.9	**17.1**	**119.1**	**94.4**
17.1	-65.4	221.2	110.8
7.6	13.5	106.7	189.7
5.8	18.3	120.2	91.0

表5-10续表 Continued

指 标	Indicators	成本费用利润率 Ratio of Profits to Costs
总 计	**Total**	**7.2**
按控股情况分	**Grouped by the Status of Holdings**	
国有控股	State-holding	6.8
集体控股	Collective-holding	14.9
私人控股	Private-holding	7.4
港澳台商控股	Hong Kong, Macao & Taiwan-holding	22.6
外商控股	Foreign-holding	2.1
按主营行业分	**Grouped by Sector**	
第一产业合计	**Primary Industry**	**-0.7**
农、林、牧、渔业	Agriculture, Forestry, Animal Husbandry and Fishery	-0.7
第二产业合计	**Secondary Industry**	**6.7**
工业小计	Industry	7.2
采矿业	Mining	
制造业	Manufacturing	7.0
电力、燃气及水的生产和供应业	Production and Supply of Electricity, Gas and Water	15.3
建筑业	Construction	2.9
第三产业合计	**Tertiary Industry**	**7.7**
批发和零售业	Wholesale and Retail Trades	1.9
交通运输、仓储和邮政业	Transport, Storage and Post	7.7
住宿和餐饮业	Hotels and Catering Services	12.7
信息传输、计算机服务和软件业	Information Transmission, Computer Service and Software	-1.0
金融业	Financial Intermediation	14.2
房地产业	Real Estate	11.2
其他合计	Others	8.6
按登记注册类型分	**Grouped by Status of Registration**	
内资企业合计	**Domestic Funded Enterprises**	**6.8**
#国有企业	State-Owned Enterprises	6.0
集体企业	Collective-Owned Enterprises	6.7
股份合作	Cooperative Stock Enterprises	-27.9
国有联营	State-owned Joint Enterprises	
集体联营	Collective Enterprises	
国有与集体联营	State-owned and Collective Joint Enterprises	7.8
其他联营	Other Joint Ownership Enterprises	
国有独资公司	State Sole Funded Corporations	5.5
其他有限责任公司	Other Companies with Limited Liabilities	8.7
股份有限公司	Share holding Corporations Ltd.	8.8
私营独资	Private Sole Funded Corporations	21.2
私营合伙	Private Partnership Enterprises	14.3
私营有限责任公司	Private Limited Liability Corporations	6.6
私营股份有限公司	Private Share holding Corporations Ltd.	7.2
其 他	Others	6.3
港澳台商投资企业合计	**Hong Kong, Macao and Taiwan Funded Enterprises**	**22.6**
#与港澳台商合资经营	Joint venture with Hong Kong, Macao and Taiwan Enterprises	7.7
与港澳台商合作经营	Cooperative Enterprises with Hang Keng, Macao and Taiwan	43.5
港澳台商独资	Sole proprietorship of Hong Kong, Macao and Taiwan Enterprises	15.6
港澳台商投资股份有限公司	Share holding Corporation Limited with Hong Kong, Macao and Taiwan Enterprises	24.9
其他港澳台投资	Others	
外商投资企业合计	**Foreign Funded Enterprises**	**19.6**
#中外合资经营	Joint venture with Foreign Enterprises	-39.6
中外合作经营	Chinese-foreign Cooperative Enterprises	
外资企业	Foreign Enterprises	18.1
外商投资股份有限公司	Share holding Corporation Limited with Funds from Foreign Enterprises	20.9
其他外商投资	Others	

单位:%(Unit:%)

资产利税率 Ratio of Pre-tax Profits to Assets	总资产使用率 Utilization Rate of Total Assets	流动资产比率 Liquidity Ratio	资金利润率 Ratio of Profit to Capital	资产负债率 Ratio of Debts to Assets
5.4	**46.4**	**46.1**	**5.3**	**62.5**
5.3	44.9	44.2	4.9	62.4
6.5	39.7	46.4	8.7	50.6
5.8	62.0	61.3	6.1	64.6
7.9	30.2	39.1	15.1	64.9
1.1	58.9	82.3	1.5	58.2
0.0	**0.5**	**39.5**	**0.0**	**57.2**
0.0	0.5	39.5	0.0	57.2
8.7	**68.6**	**54.4**	**6.3**	**55.5**
9.2	68.1	52.1	6.8	52.6
9.5	71.1	54.6	6.7	53.8
5.1	23.2	15.1	10.6	34.2
4.6	72.2	71.8	2.7	78.3
3.7	**34.6**	**41.7**	**4.6**	**66.3**
3.7	109.7	51.2	3.0	67.1
3.0	24.5	18.9	2.6	52.5
3.6	22.5	33.9	5.2	56.3
0.7	54.2	55.4	-0.8	21.9
3.8	21.6	2.4	95.6	73.6
3.7	22.3	76.1	2.8	76.3
4.4	42.2	43.5	6.7	53.4
5.4	**47.3**	**46.6**	**5.0**	**62.6**
6.1	75.5	50.4	6.0	63.3
3.1	35.9	62.1	3.0	65.5
-1.7	4.8	61.2	-3.2	103.8
6.3	65.5	67.9	6.0	64.1
2.8	33.8	42.3	3.1	53.4
11.1	53.9	69.6	5.1	67.1
4.3	38.8	16.5	15.4	77.6
5.9	20.3	67.1	6.2	53.1
2.3	11.7	82.9	2.6	60.4
5.3	59.9	67.1	5	68.5
3.3	27.5	67.1	2.3	58.4
1.5	16.6	61.3	1.5	68.5
7.9	**30.1**	**39.0**	**15.1**	**64.8**
7.7	90.2	69.3	9.0	48.5
6.9	14.8	71.9	4.0	79.7
3.1	18.2	54.0	3.8	54.6
8.6	29.7	34.7	19.2	66.5
4.3	**23.3**	**30.8**	**9.5**	**54.7**
-52.5	85.9	59.1	-72.6	209.9
6.0	35.6	58.5	6.9	46.8
4.4	22.6	29.5	10.2	54.6

工业企业集团主要财务指标(2015)

表 5－11

指　标	Indicators	单位数(个) Number(unit)
总　计	**Total**	**161**
按控股情况分	**Grouped by the Status of Holdings**	
国有控股	State-holding	24
集体控股	Collective-holding	5
私人控股	Private-holding	124
港澳台商控股	Hong Kong, Macao & Taiwan-holding	4
外商控股	Foreign-holding	4
按登记注册类型分	**Grouped by Status of Registration**	
内资企业合计	**Domestic Funded Enterprises**	**151**
#国有企业	State-Owned Enterprises	5
集体企业	Collective-Owned Enterprises	
股份合作	Cooperative Stock Enterprises	
国有联营	State-owned Joint Enterprises	
集体联营	Collective Enterprises	
国有与集体联营	State-owned and Collective Joint Enterprises	
其他联营	Other Joint Ownership Enterprises	
国有独资公司	State Sole Funded Corporations	8
其他有限责任公司	Other Companies with Limited Liabilities	29
股份有限公司	Share holding Corporations Ltd.	13
私营独资	Private Sole Funded Corporations	2
私营合伙	Private Partnership Enterprises	3
私营有限责任公司	Private Limited Liability Corporations	82
私营股份有限公司	Private Share holding Corporations Ltd.	6
其　他	Others	3
港澳台商投资企业合计	**Hong Kong, Macao and Taiwan Funded Enterprises**	**4**
#与港澳台商合资经营	Joint venture with Hong Kong, Macao and Taiwan Enterprises	
与港澳台商合作经营	Cooperative Enterprises with Hang Keng, Macao and Taiwan	
港澳台商独资	Sole proprietorship of Hong Kong, Macao and Taiwan Enterprises	2
港澳台商投资股份有限公司	Share holding Corporation Limited with Hong Kong, Macao and Taiwan Enterprises	2
其他港澳台投资	Others	
外商投资企业合计	**Foreign Funded Enterprises**	**6**
#中外合资经营	Joint venture with Foreign Enterprises	2
中外合作经营	Chinese-foreign Cooperative Enterprises	
外资企业	Foreign Enterprises	1
外商投资股份有限公司	Share holding Corporation Limited with Funds from Foreign Enterprises	3
其他外商投资	Others	

Main Financial Indicators of Industrial Enterprise Groups

单位:亿元(Unit:100 million yuan)

资产总计 Total Assets	固定资产净值 Net Value of Fixed Assets	应收账款 Accounts Receivable	营业收入 Operating Revenue	营业成本 Operating Costs	营业税金及附加 Tax and Extra Charges on Business
26 223.18	**4 159.90**	**1 618.54**	**17 857.66**	**14 953.92**	**839.38**
22 312.16	3 829.02	1 306.33	16 087.12	13 497.52	812.50
193.20	50.37	4.23	55.75	51.93	0.37
1 509.51	184.31	194.85	951.72	800.85	4.73
1 905.48	69.71	53.44	568.32	439.31	21.31
302.82	26.48	59.69	194.76	164.31	0.47
23 579.04	**3 910.91**	**1 516.01**	**17 012.82**	**14 288.57**	**817.58**
8 064.61	852.32	653.55	8 311.02	7 353.19	65.85
10 840.33	2 510.24	526.72	5 644.10	5 174.99	29.90
3 077.48	322.28	110.32	1 909.27	781.33	716.10
772.67	110.80	99.43	728.85	650.27	3.29
8.18	0.44	0.09	5.91	4.35	0.04
5.08	0.61	0.95	5.47	5.15	0.01
748.35	102.44	113.11	388.53	303.53	2.32
38.75	6.70	7.20	15.56	12.32	0.04
23.61	5.08	4.65	4.12	3.43	0.03
1 905.48	**69.71**	**53.44**	**568.32**	**439.31**	**21.31**
67.16	5.65	19.22	19.87	14.55	0.11
1 838.32	64.06	34.22	548.45	424.76	21.20
738.65	**179.27**	**49.09**	**276.52**	**226.04**	**0.49**
4.91	0.90	0.40	4.22	2.43	0.04
28.77	7.67	3.03	9.86	2.34	0.08
704.97	170.71	45.65	262.44	221.27	0.37

表5－11 续表 Continued

指 标	Indicators	销售费用 Selling Expenses
总 计	**Total**	**737.22**
按控股情况分	**Grouped by the Status of Holdings**	
国有控股	State-holding	647.12
集体控股	Collective-holding	1.60
私人控股	Private-holding	35.08
港澳台商控股	Hong Kong, Macao & Taiwan-holding	40.87
外商控股	Foreign-holding	12.54
按登记注册类型分	**Grouped by Status of Registration**	
内资企业合计	**Domestic Funded Enterprises**	**692.90**
#国有企业	State-Owned Enterprises	415.43
集体企业	Collective-Owned Enterprises	
股份合作	Cooperative Stock Enterprises	
国有联营	State-owned Joint Enterprises	
集体联营	Collective Enterprises	
国有与集体联营	State-owned and Collective Joint Enterprises	
其他联营	Other Joint Ownership Enterprises	
国有独资公司	State Sole Funded Corporations	198.80
其他有限责任公司	Other Companies with Limited Liabilities	35.13
股份有限公司	Share holding Corporations Ltd.	25.95
私营独资	Private Sole Funded Corporations	0.36
私营合伙	Private Partnership Enterprises	0.08
私营有限责任公司	Private Limited Liability Corporations	15.61
私营股份有限公司	Private Share holding Corporations Ltd.	1.39
其 他	Others	0.13
港澳台商投资企业合计	**Hong Kong, Macao and Taiwan Funded Enterprises**	**40.87**
#与港澳台商合资经营	Joint venture with Hong Kong, Macao and Taiwan Enterprises	
与港澳台商合作经营	Cooperative Enterprises with Hang Keng, Macao and Taiwan	
港澳台商独资	Sole proprietorship of Hong Kong, Macao and Taiwan Enterprises	1.03
港澳台商投资股份有限公司	Share holding Corporation Limited with Hong Kong, Macao and Taiwan Enterprises	39.83
其他港澳台投资	Others	
外商投资企业合计	**Foreign Funded Enterprises**	**3.45**
#中外合资经营	Joint venture with Foreign Enterprises	0.45
中外合作经营	Chinese-foreign Cooperative Enterprises	
外资企业	Foreign Enterprises	1.77
外商投资股份有限公司	Share holding Corporation Limited with Funds from Foreign Enterprises	1.23
其他外商投资	Others	

单位:亿元(Unit:100 million yuan)

管理费用 Administration expenses	营业利润 Operating Profit	利润总额 Total Profits	应交所得税 Income Tax Payable	研究开发费用 Research and Development Cost
1 079.01	**1 062.86**	**1 216.84**	**242.42**	**339.80**
928.32	885.50	1 000.52	218.23	287.91
4.66	9.11	8.66	0.84	0.10
61.34	58.28	66.99	7.52	11.27
55.38	127.12	141.31	15.79	15.35
29.31	-17.14	-0.64	0.04	25.17
1 001.26	**937.64**	**1 076.19**	**225.54**	**313.89**
499.54	467.76	528.05	78.71	123.53
313.56	107.70	154.34	61.67	119.35
107.86	307.26	313.68	73.80	37.95
45.64	16.18	35.74	6.76	27.57
1.12	1.73	1.83	0.00	0.18
0.07	0.03	0.03	0.03	0.10
30.86	36.39	41.56	4.49	4.55
2.04	1.05	1.39	0.01	0.63
0.59	-0.45	-0.45	0.05	0.04
55.38	**127.12**	**141.31**	**15.79**	**15.35**
2.76	1.33	3.73	0.35	0.00
52.62	125.79	137.58	15.44	15.35
22.36	**-1.90**	**-0.65**	**1.10**	**10.55**
0.50	-2.74	-2.76	0.05	0.06
3.06	-0.16	-0.14	0.07	1.97
18.81	0.99	2.24	0.98	8.52

工业企业集团主要经济效益指标(2015)

表5－12

指　标	Indicators	净资产收益率 Return on Net Assets	总资产报酬率 Return on Total Asset	销售利润率 Return on Sales
总　计	**Total**	**7.8**	**5.5**	**6.8**
按控股情况分	**Grouped by the Status of Holdings**			
国有控股	State-holding	7.2	5.2	6.2
集体控股	Collective-holding	7.8	5.4	15.5
私人控股	Private-holding	8.7	5.9	7.0
港澳台商控股	Hong Kong, Macao & Taiwan-holding	19.0	9.9	24.9
外商控股	Foreign-holding	-0.5	1.3	-0.3
按登记注册类型分	**Grouped by Status of Registration**			
内资企业合计	**Domestic Funded Enterprises**	**7.4**	**5.2**	**6.3**
#国有企业	State-Owned Enterprises	13.3	6.9	6.4
集体企业	Collective-Owned Enterprises			
股份合作	Cooperative Stock Enterprises			
国有联营	State-owned Joint Enterprises			
集体联营	Collective Enterprises			
国有与集体联营	State-owned and Collective Joint Enterprises			
其他联营	Other Joint Ownership Enterprises			
国有独资公司	State Sole Funded Corporations	1.8	2.3	2.7
其他有限责任公司	Other Companies with Limited Liabilities	11.0	10.8	16.4
股份有限公司	Share holding Corporations Ltd.	7.7	5.4	4.9
私营独资	Private Sole Funded Corporations	30.7	22.4	30.9
私营合伙	Private Partnership Enterprises	0.1	1.5	0.6
私营有限责任公司	Private Limited Liability Corporations	11.2	6.7	10.7
私营股份有限公司	Private Share holding Corporations Ltd.	6.1	4.0	9.0
其　他	Others	-4.5	-0.5	-10.9
港澳台商投资企业合计	**Hong Kong, Macao and Taiwan Funded Enterprises**	**19.0**	**9.9**	**24.9**
#与港澳台商合资经营	Joint venture with Hong Kong, Macao and Taiwan Enterprises			
与港澳台商合作经营	Cooperative Enterprises with Hang Keng, Macao and Taiwan			
港澳台商独资	Sole proprietorship of Hong Kong, Macao and Taiwan Enterprises	8.2	6.4	18.8
港澳台商投资股份有限公司	Share holding Corporation Limited with Hong Kong, Macao and Taiwan Enterprises	19.7	10.0	25.1
其他港澳台投资	Others			
外商投资企业合计	**Foreign Funded Enterprises**	**-0.7**	**2.4**	**-0.2**
#中外合资经营	Joint venture with Foreign Enterprises	52.0	17.1	-65.4
中外合作经营	Chinese-foreign Cooperative Enterprises			
外资企业	Foreign Enterprises	-0.9	-0.2	-1.4
外商投资股份有限公司	Share holding Corporation Limited with Funds from Foreign Enterprises	0.6	2.4	0.9
其他外商投资	Others			

Main Indicators on Economic Benefit of Industrial Enterprise Groups

单位:%(Unit:%)

资本保值增值率 Ratio of Value Maintaining and Increasing	劳动生产率 Productivity	成本费用利润率 Ratio of Profits to Total Industrial Costs	资产利税率 Ratio of Pre-tax Profits to Assets	总资产使用率 Utilization Rate of Total Assets	流动资产比率 Liquidity Ratio	资金利润率 Profit Rate on Capital	资产负债率 Ratio of Debts to Assets
108.0	**287.7**	**7.2**	**9.2**	**68.1**	**52.1**	**6.8**	**52.6**
107.1	326.3	6.6	9.6	72.1	53.1	6.4	51.4
120.6	123.4	14.6	4.9	28.9	29.0	8.1	47.9
122.7	133.2	7.3	5.7	63.0	55.7	6.5	54.5
109.3	143.8	25.0	8.6	29.8	35.7	18.8	65.4
100.5	160.7	-0.3	-0.8	64.3	84.3	-0.2	58.2
107.9	**296.6**	**6.7**	**9.5**	**72.2**	**53.6**	**6.5**	**51.1**
117.6	458.4	6.4	8.0	103.1	67.5	8.4	58.1
102.5	214.8	2.7	2.7	52.1	40.8	2.2	51.9
104.2	407.7	33.9	39.3	62.0	58.3	14.8	28.9
115.4	199.1	4.9	5.6	94.3	68.2	5.6	51.0
127.9	64.8	31.3	27.6	72.3	87.4	24.1	27.3
92.5	243.1	0.6	1.2	107.7	79.6	0.7	62.4
126.2	93.2	11.5	7.0	51.9	52.9	8.3	55.5
102.9	61.8	8.8	5.0	40.2	50.0	5.3	41.4
94.2	49.5	-9.9	-1.5	17.5	61.2	-2.3	52.7
109.3	**143.8**	**25.0**	**8.6**	**29.8**	**35.7**	**18.8**	**65.4**
107.5	112.1	20.2	6.1	29.6	64.8	7.6	38.7
109.4	145.3	25.2	8.7	29.8	34.6	19.6	66.3
111.9	**369.7**	**-0.2**	**-0.3**	**37.4**	**48.9**	**-0.1**	**68.1**
221.2	110.8	-39.6	-52.5	85.9	59.1	-72.6	209.9
103.5	80.6	-1.9	0.4	34.3	42.6	-0.7	17.9
114.3	446.6	0.9	…	37.2	49.1	0.4	69.2

交通运输、仓储和邮政业及信息传输、计算机服务和软件业企业集团主要财务指标(2015)

表 5－13

指　标	Indicators	单位数(个) Number(unit)
总　计	**Total**	**24**
按控股情况分	**Grouped by the Status of Holdings**	
国有控股	State-holding	12
集体控股	Collective-holding	3
私人控股	Private-holding	9
港澳台商控股	Hong Kong, Macao & Taiwan-holding	
外商控股	Foreign-holding	
按登记注册类型分	**Grouped by Status of Registration**	
内资企业合计	**Domestic Funded Enterprises**	**23**
#国有企业	State-Owned Enterprises	2
集体企业	Collective-Owned Enterprises	
股份合作	Cooperative Stock Enterprises	
国有联营	State-owned Joint Enterprises	
集体联营	Collective Enterprises	
国有与集体联营	State-owned and Collective Joint Enterprises	
其他联营	Other Joint Ownership Enterprises	1
国有独资公司	State Sole Funded Corporations	5
其他有限责任公司	Other Companies with Limited Liabilities	7
股份有限公司	Share holding Corporations Ltd.	2
私营独资	Private Sole Funded Corporations	1
私营合伙	Private Partnership Enterprises	
私营有限责任公司	Private Limited Liability Corporations	4
私营股份有限公司	Private Share holding Corporations Ltd.	
其　他	Others	1
港澳台商投资企业合计	**Hong Kong, Macao and Taiwan Funded Enterprises**	
#与港澳台商合资经营	Joint venture with Hong Kong, Macao and Taiwan Enterprises	
与港澳台商合作经营	Cooperative Enterprises with Hang Keng, Macao and Taiwan	
港澳台商独资	Sole proprietorship of Hong Kong, Macao and Taiwan Enterprises	
港澳台商投资股份有限公司	Share holding Corporation Limited with Hong Kong, Macao and Taiwan Enterprises	
其他港澳台投资	Others	
外商投资企业合计	**Foreign Funded Enterprises**	**1**
#中外合资经营	Joint venture with Foreign Enterprises	
中外合作经营	Chinese-foreign Cooperative Enterprises	
外资企业	Foreign Enterprises	
外商投资股份有限公司	Share holding Corporation Limited with Funds from Foreign Enterprises	1
其他外商投资	Others	

Main Financial Indicators of Enterprise Groups of Transport,Storage,Post, Information Transmission,Computer Service and Software

单位:亿元(Unit:100 million yuan)

资产总计 Total Assets	固定资产净值 Net Value of Fixed Assets	应收账款 Accounts Receivable	营业收入 Operating Revenue	营业成本 Operating Costs	营业税金及附加 Tax and Extra Charges on Business
9 871.19	**5 416.61**	**166.42**	**2 430.36**	**2 134.96**	**17.04**
9 598.46	5 385.45	157.26	2 318.72	2 050.11	15.34
160.89	20.84	1.32	24.00	16.07	0.70
111.85	10.33	7.83	87.64	68.77	1.00
9 724.17	**5 398.01**	**165.15**	**2 408.16**	**2 119.44**	**16.43**
4 468.80	2 520.26	106.15	1 766.08	1 538.32	6.47
6.81	1.50	0.04	1.39	0.42	0.08
3 975.70	2 447.36	26.04	220.93	238.08	4.20
248.38	69.08	5.74	107.43	134.53	3.13
989.33	355.84	25.41	304.47	202.61	2.48
19.17	0.44	…	0.32	0.04	0.03
14.09	3.27	1.76	7.08	5.19	0.04
1.90	0.26	0.01	0.46	0.26	0.01
147.02	**18.60**	**1.27**	**22.20**	**15.52**	**0.61**
147.02	18.60	1.27	22.20	15.52	0.61

表5－13 续表　Continued

指　标	Indicators	销售费用 Selling Expenses
总　计	**Total**	**74.37**
按控股情况分	**Grouped by the Status of Holdings**	
国有控股	State-holding	67.86
集体控股	Collective-holding	0.80
私人控股	Private-holding	5.71
港澳台商控股	Hong Kong, Macao & Taiwan-holding	
外商控股	Foreign-holding	
按登记注册类型分	**Grouped by Status of Registration**	
内资企业合计	**Domestic Funded Enterprises**	**73.68**
#国有企业	State-Owned Enterprises	67.09
集体企业	Collective-Owned Enterprises	0.10
股份合作	Cooperative Stock Enterprises	
国有联营	State-owned Joint Enterprises	
集体联营	Collective Enterprises	
国有与集体联营	State-owned and Collective Joint Enterprises	
其他联营	Other Joint Ownership Enterprises	
国有独资公司	State Sole Funded Corporations	0.65
其他有限责任公司	Other Companies with Limited Liabilities	2.85
股份有限公司	Share holding Corporations Ltd.	2.79
私营独资	Private Sole Funded Corporations	0.01
私营合伙	Private Partnership Enterprises	
私营有限责任公司	Private Limited Liability Corporations	0.20
私营股份有限公司	Private Share holding Corporations Ltd.	
其　他	Others	0.00
港澳台商投资企业合计	**Hong Kong, Macao and Taiwan Funded Enterprises**	
#与港澳台商合资经营	Joint venture with Hong Kong, Macao and Taiwan Enterprises	
与港澳台商合作经营	Cooperative Enterprises with Hang Keng, Macao and Taiwan	
港澳台商独资	Sole proprietorship of Hong Kong, Macao and Taiwan Enterprises	
港澳台商投资股份有限公司	Share holding Corporation Limited with Hong Kong, Macao and Taiwan Enterprises	
其他港澳台投资	Others	
外商投资企业合计	**Foreign Funded Enterprises**	**0.70**
#中外合资经营	Joint venture with Foreign Enterprises	
中外合作经营	Chinese-foreign Cooperative Enterprises	
外资企业	Foreign Enterprises	
外商投资股份有限公司	Share holding Corporation Limited with Funds from Foreign Enterprises	0.70
其他外商投资	Others	

单位:亿元(Unit:100 million yuan)

管理费用 Administration expenses	营业利润 Operating Profit	利润总额 Total Profits	应交所得税 Income Tax Payable	研究开发费用 Research and Development Cost
142.40	**7.89**	**192.32**	**144.45**	**3.49**
132.71	-4.37	177.99	141.25	3.49
3.64	6.92	7.39	1.35	0.00
6.05	5.35	6.94	1.84	0.00
139.46	**1.31**	**185.37**	**143.11**	**3.49**
80.30	21.26	77.93	107.15	1.20
0.42	0.37	0.46	0.02	0.00
20.12	-72.05	7.29	14.19	2.29
12.90	-34.77	0.61	1.61	0.00
24.24	86.12	98.83	19.95	0.00
0.37	-0.30	-0.28	…	0.00
0.98	0.60	0.44	0.16	0.00
0.13	0.08	0.09	0.03	0.00
2.93	**6.58**	**6.95**	**1.34**	**0.00**
2.93	6.58	6.95	1.34	0.00

交通运输、仓储和邮政业及信息传输、计算机服务和软件业企业集团主要经济效益指标(2015)

表5－14

指　标	Indicators	净资产收益率 Return on Net Assets	总资产报酬率 Return on Total Asset	销售利润率 Return on Sales
总　计	**Total**	**1.0**	**3.3**	**7.9**
按控股情况分	**Grouped by the Status of Holdings**			
国有控股	State-holding	0.8	3.2	7.7
集体控股	Collective-holding	6.3	5.2	30.8
私人控股	Private-holding	11.6	7.6	7.9
港澳台商控股	Hong Kong, Macao & Taiwan-holding			
外商控股	Foreign-holding			
按登记注册类型分	**Grouped by Status of Registration**			
内资企业合计	**Domestic Funded Enterprises**	**0.9**	**3.3**	**7.7**
#国有企业	State-Owned Enterprises	－2.3	3.0	4.4
集体企业	Collective-Owned Enterprises	10.8	6.9	33.2
股份合作	Cooperative Stock Enterprises			
国有联营	State-owned Joint Enterprises			
集体联营	Collective Enterprises			
国有与集体联营	State-owned and Collective Joint Enterprises			
其他联营	Other Joint Ownership Enterprises			
国有独资公司	State Sole Funded Corporations	－0.3	1.8	3.3
其他有限责任公司	Other Companies with Limited Liabilities	－0.8	1.0	0.6
股份有限公司	Share holding Corporations Ltd.	11.7	11.1	32.5
私营独资	Private Sole Funded Corporations	－5.3	－0.8	－87.4
私营合伙	Private Partnership Enterprises			
私营有限责任公司	Private Limited Liability Corporations	3.7	3.9	6.2
私营股份有限公司	Private Share holding Corporations Ltd.			
其　他	Others	3.7	4.7	19.3
港澳台商投资企业合计	**Hong Kong, Macao and Taiwan Funded Enterprises**			
#与港澳台商合资经营	Joint venture with Hong Kong, Macao and Taiwan Enterprises			
与港澳台商合作经营	Cooperative Enterprises with Hang Keng, Macao and Taiwan			
港澳台商独资	Sole proprietorship of Hong Kong, Macao and Taiwan Enterprises			
港澳台商投资股份有限公司	Share holding Corporation Limited with Hong Kong, Macao and Taiwan Enterprises			
其他港澳台投资	Others			
外商投资企业合计	**Foreign Funded Enterprises**	**6.1**	**5.4**	**31.3**
#中外合资经营	Joint venture with Foreign Enterprises			
中外合作经营	Chinese-foreign Cooperative Enterprises			
外资企业	Foreign Enterprises			
外商投资股份有限公司	Share holding Corporation Limited with Funds from Foreign Enterprises	6.1	5.4	31.3
其他外商投资	Others			

Main Indicators on Economic Benefit of Enterprise Groups of Transport, Warehousing,Storage,Post,Information Transmission,Computer Service and Software

单位:%(Unit:%)

资本保值增值率 Ratio of Value Maintaining and Increasing	劳动生产率 Productivity	成本费用利润率 Ratio of Profits to Total Industrial Costs	资产利税率 Ratio of Pre-tax Profits to Assets	总资产使用率 Utilization Rate of Total Assets	流动资产比率 Liquidity Ratio	资金利润率 Profit Rate on Capital	资产负债率 Ratio of Debts to Assets
120.4	**91.1**	**7.6**	**3.0**	**24.6**	**19.0**	**2.6**	**52.4**
120.3	96.8	7.3	2.9	24.2	18.1	2.5	52.5
129.7	13.7	34.8	5.4	14.9	40.9	8.5	40.1
108.9	91.2	8.4	8.6	78.4	66.8	8.2	60.6
120.2	**96.2**	**7.4**	**2.9**	**24.8**	**18.7**	**2.6**	**52.6**
110.2	128.1	4.3	3.4	39.5	19.0	2.3	71.3
101.6	18.5	48.6	8.0	20.4	76.9	6.9	39.7
130.9	44.3	2.3	0.4	5.6	16.2	0.2	37.2
96.6	27.3	0.4	2.2	43.3	42.2	0.3	46.5
111.5	147.1	41.5	11.0	30.8	19.5	18.0	31.9
95.0	27.9	-47.4	-1.3	1.7	58.0	-2.4	72.7
133.3	54.8	6.8	7.8	50.3	47.1	4.4	46.1
104.3	18.8	24.1	6.0	24.5	42.8	8.3	10.0
131.7	**13.5**	**35.0**	**5.5**	**15.1**	**40.0**	**9.0**	**37.9**
131.7	13.5	35.0	5.5	15.1	40.0	9.0	37.9

批发和零售业、住宿和餐饮业企业集团主要财务指标(2015)

表5－15

指　标	Indicators	单位数(个) Number(unit)
总　计	**Total**	**87**
按控股情况分	**Grouped by the Status of Holdings**	
国有控股	State-holding	18
集体控股	Collective-holding	7
私人控股	Private-holding	59
港澳台商控股	Hong Kong, Macao & Taiwan-holding	3
外商控股	Foreign-holding	
按登记注册类型分	**Grouped by Status of Registration**	
内资企业合计	**Domestic Funded Enterprises**	**82**
#国有企业	State-Owned Enterprises	2
集体企业	Collective-Owned Enterprises	
股份合作	Cooperative Stock Enterprises	
国有联营	State-owned Joint Enterprises	
集体联营	Collective Enterprises	
国有与集体联营	State-owned and Collective Joint Enterprises	
其他联营	Other Joint Ownership Enterprises	2
国有独资公司	State Sole Funded Corporations	8
其他有限责任公司	Other Companies with Limited Liabilities	18
股份有限公司	Share holding Corporations Ltd.	5
私营独资	Private Sole Funded Corporations	
私营合伙	Private Partnership Enterprises	
私营有限责任公司	Private Limited Liability Corporations	43
私营股份有限公司	Private Share holding Corporations Ltd.	3
其　他	Others	1
港澳台商投资企业合计	**Hong Kong, Macao and Taiwan Funded Enterprises**	**4**
#与港澳台商合资经营	Joint venture with Hong Kong, Macao and Taiwan Enterprises	2
与港澳台商合作经营	Cooperative Enterprises with Hang Keng, Macao and Taiwan	
港澳台商独资	Sole proprietorship of Hong Kong, Macao and Taiwan Enterprises	2
港澳台商投资股份有限公司	Share holding Corporation Limited with Hong Kong, Macao and Taiwan Enterprises	
其他港澳台投资	Others	
外商投资企业合计	**Foreign Funded Enterprises**	**1**
#中外合资经营	Joint venture with Foreign Enterprises	
中外合作经营	Chinese-foreign Cooperative Enterprises	
外资企业	Foreign Enterprises	
外商投资股份有限公司	Share holding Corporation Limited with Funds from Foreign Enterprises	1
其他外商投资	Others	

Main Financial Indicators of Enterprise Groups of Wholesale, Retail Trades,Hotels and Catering Services

单位:亿元(Unit:100 million yuan)

资产总计 Total Assets	固定资产净值 Net Value of Fixed Assets	应收账款 Accounts Receivable	营业收入 Operating Revenue	营业成本 Operating Costs	营业税金及附加 Tax and Extra Charges on Business
6 373.69	**1 127.71**	**328.87**	**6 152.91**	**5 409.96**	**41.15**
4 351.46	716.10	170.86	3 240.53	2 655.28	36.53
106.32	15.67	8.94	98.75	89.25	0.38
1 726.56	360.15	143.60	2 739.06	2 609.27	3.42
189.36	35.78	5.46	74.58	56.16	0.81
6 174.91	**1 091.77**	**323.10**	**6 076.40**	**5 352.05**	**40.33**
103.61	34.85	0.85	43.84	22.78	1.46
48.85	0.98	2.50	45.81	42.90	0.12
1 840.15	304.59	49.15	1 624.45	1 358.61	16.25
3 035.55	584.39	176.01	2 470.31	2 130.46	19.21
76.56	13.58	10.60	99.32	82.41	0.79
1 045.62	144.72	81.95	1 779.55	1 706.18	2.42
13.23	4.00	1.69	6.65	3.09	0.02
11.34	4.66	0.37	6.47	5.62	0.06
197.43	**35.93**	**5.46**	**74.65**	**56.16**	**0.82**
49.85	2.23	4.34	46.82	38.20	0.21
147.59	33.70	1.13	27.83	17.96	0.61
1.35	**0.01**	**0.30**	**1.87**	**1.75**	…
1.35	0.01	0.30	1.87	1.75	…

表5-15续表　Continued

指　标	Indicators	销售费用 Selling Expenses
总　计	**Total**	**360.44**
按控股情况分	**Grouped by the Status of Holdings**	
国有控股	State-holding	324.12
集体控股	Collective-holding	1.41
私人控股	Private-holding	27.39
港澳台商控股	Hong Kong, Macao & Taiwan-holding	7.53
外商控股	Foreign-holding	
按登记注册类型分	**Grouped by Status of Registration**	
内资企业合计	**Domestic Funded Enterprises**	**352.82**
#国有企业	State-Owned Enterprises	14.38
集体企业	Collective-Owned Enterprises	0.87
股份合作	Cooperative Stock Enterprises	
国有联营	State-owned Joint Enterprises	
集体联营	Collective Enterprises	
国有与集体联营	State-owned and Collective Joint Enterprises	
其他联营	Other Joint Ownership Enterprises	
国有独资公司	State Sole Funded Corporations	144.61
其他有限责任公司	Other Companies with Limited Liabilities	167.99
股份有限公司	Share holding Corporations Ltd.	3.81
私营独资	Private Sole Funded Corporations	
私营合伙	Private Partnership Enterprises	
私营有限责任公司	Private Limited Liability Corporations	19.96
私营股份有限公司	Private Share holding Corporations Ltd.	1.04
其　他	Others	0.17
港澳台商投资企业合计	**Hong Kong, Macao and Taiwan Funded Enterprises**	**7.53**
#与港澳台商合资经营	Joint venture with Hong Kong, Macao and Taiwan Enterprises	6.61
与港澳台商合作经营	Cooperative Enterprises with Hang Keng, Macao and Taiwan	
港澳台商独资	Sole proprietorship of Hong Kong, Macao and Taiwan Enterprises	0.92
港澳台商投资股份有限公司	Share holding Corporation Limited with Hong Kong, Macao and Taiwan Enterprises	
其他港澳台投资	Others	
外商投资企业合计	**Foreign Funded Enterprises**	**0.09**
#中外合资经营	Joint venture with Foreign Enterprises	
中外合作经营	Chinese-foreign Cooperative Enterprises	
外资企业	Foreign Enterprises	
外商投资股份有限公司	Share holding Corporation Limited with Funds from Foreign Enterprises	0.09
其他外商投资	Others	

单位:亿元(Unit:100 million yuan)

管理费用 Administration expenses	营业利润 Operating Profit	利润总额 Total Profits	应交所得税 Income Tax Payable	研究开发费用 Research and Development Cost
211.19	**94.42**	**139.01**	**54.19**	**2.03**
167.44	37.09	74.68	37.32	1.61
4.17	3.06	4.95	1.45	0.00
34.83	51.64	56.26	14.91	0.24
4.75	2.64	3.13	0.51	0.18
206.25	**91.75**	**135.73**	**53.68**	**1.85**
9.11	1.63	1.94	0.60	0.00
1.58	-0.05	1.60	0.59	0.00
82.28	20.57	27.23	21.99	0.29
82.50	36.17	66.94	19.93	1.33
4.67	6.13	6.94	1.84	0.00
23.88	26.58	30.42	8.59	0.17
1.87	0.62	0.54	0.12	0.06
0.35	0.10	0.12	0.03	0.00
4.91	**2.68**	**3.17**	**0.51**	**0.18**
1.28	-0.49	-0.43	0.02	0.00
3.63	3.17	3.61	0.49	0.18
0.03	**-0.01**	**0.11**	…	**0.00**
0.03	-0.01	0.11	…	0.00

批发和零售业、住宿和餐饮业企业集团主要经济效益指标(2015)

表5－16

指　标	Indicators	净资产收益率 Return on Net Assets	总资产报酬率 Return on Total Asset	销售利润率 Return on Sales
总　计	**Total**	**3.9**	**3.7**	**2.3**
按控股情况分	**Grouped by the Status of Holdings**			
国有控股	State-holding	2.5	2.8	2.3
集体控股	Collective-holding	6.2	5.3	5.0
私人控股	Private-holding	7.3	6.1	2.1
港澳台商控股	Hong Kong, Macao & Taiwan-holding	3.0	3.2	4.2
外商控股	Foreign-holding			
按登记注册类型分	**Grouped by Status of Registration**			
内资企业合计	**Domestic Funded Enterprises**	**3.9**	**3.8**	**2.2**
#国有企业	State-Owned Enterprises	1.8	1.9	4.4
集体企业	Collective-Owned Enterprises	4.5	4.0	3.5
股份合作	Cooperative Stock Enterprises			
国有联营	State-owned Joint Enterprises			
集体联营	Collective Enterprises			
国有与集体联营	State-owned and Collective Joint Enterprises			
其他联营	Other Joint Ownership Enterprises			
国有独资公司	State Sole Funded Corporations	0.7	2.6	1.7
其他有限责任公司	Other Companies with Limited Liabilities	5.1	3.5	2.7
股份有限公司	Share holding Corporations Ltd.	10.0	9.8	7.0
私营独资	Private Sole Funded Corporations			
私营合伙	Private Partnership Enterprises			
私营有限责任公司	Private Limited Liability Corporations	6.8	6.3	1.7
私营股份有限公司	Private Share holding Corporations Ltd.	6.3	4.6	8.1
其　他	Others	4.6	2.6	1.9
港澳台商投资企业合计	**Hong Kong, Macao and Taiwan Funded Enterprises**	**2.9**	**3.1**	**4.3**
#与港澳台商合资经营	Joint venture with Hong Kong, Macao and Taiwan Enterprises	－1.8	0.4	－0.9
与港澳台商合作经营	Cooperative Enterprises with Hang Keng, Macao and Taiwan			
港澳台商独资	Sole proprietorship of Hong Kong, Macao and Taiwan Enterprises	4.6	4.0	13.0
港澳台商投资股份有限公司	Share holding Corporation Limited with Hong Kong, Macao and Taiwan Enterprises			
其他港澳台投资	Others			
外商投资企业合计	**Foreign Funded Enterprises**	**9.5**	**8.1**	**5.8**
#中外合资经营	Joint venture with Foreign Enterprises			
中外合作经营	Chinese-foreign Cooperative Enterprises			
外资企业	Foreign Enterprises			
外商投资股份有限公司	Share holding Corporation Limited with Funds from Foreign Enterprises	9.5	8.1	5.8
其他外商投资	Others			

Main Indicators on Economic Benefit of Enterprise Groups of Wholesale, Retail Trades, Hotels and Catering Services

单位:%(Unit:%)

资本保值增值率 Ratio of Value Maintaining and Increasing	劳动生产率 Productivity	成本费用利润率 Ratio of Profits to Total Industrial Costs	资产利税率 Ratio of Pre-tax Profits to Assets	总资产使用率 Utilization Rate of Total Assets	流动资产比率 Liquidity Ratio	资金利润率 Profit Rate on Capital	资产负债率 Ratio of Debts to Assets
112.4	**186.1**	**2.3**	**3.7**	**96.5**	**48.6**	**3.3**	**65.4**
112.0	123.0	2.3	3.5	74.5	47.1	2.7	65.8
109.8	74.9	5.2	6.7	92.9	46.8	7.6	47.2
116.0	642.1	2.1	4.3	158.6	52.7	4.4	67.0
100.3	66.3	4.3	2.4	39.4	45.0	2.6	53.6
113.0	**190.3**	**2.3**	**3.8**	**98.4**	**48.7**	**3.3**	**65.9**
102.1	34.1	4.3	3.4	42.3	40.8	2.5	29.3
103.3	530.8	3.5	4.0	93.8	56.0	5.6	53.9
102.0	162.3	1.7	3.1	88.3	42.3	2.5	61.2
125.0	154.4	2.8	3.9	81.4	51.9	3.1	69.8
111.8	60.3	7.6	12.5	129.7	41.5	15.3	33.0
113.1	640.4	1.7	3.9	170.2	51.8	4.4	69.4
112.8	71.6	8.8	5.6	50.2	59.1	4.6	49.9
102.5	192.6	2.0	1.6	57.1	35.4	1.4	81.0
100.4	**66.3**	**4.4**	**2.3**	**37.8**	**43.7**	**2.6**	**52.8**
96.5	132.9	-0.9	0.2	93.9	69.8	-1.2	49.8
101.8	36.0	14.3	3.1	18.9	34.8	4.2	53.8
102.9	**230.5**	**5.8**	**9.5**	**138.2**	**28.5**	**27.6**	**15.0**
102.9	230.5	5.8	9.5	138.2	28.5	27.6	15.0

房地产业企业集团主要财务指标(2015)

表5－17

指　标	Indicators	单位数(个) Number(unit)
总　计	**Total**	**114**
按控股情况分	**Grouped by the Status of Holdings**	
国有控股	State-holding	41
集体控股	Collective-holding	9
私人控股	Private-holding	60
港澳台商控股	Hong Kong, Macao & Taiwan-holding	2
外商控股	Foreign-holding	2
按登记注册类型分	**Grouped by Status of Registration**	
内资企业合计	**Domestic Funded Enterprises**	**110**
#国有企业	State-Owned Enterprises	
集体企业	Collective-Owned Enterprises	4
股份合作	Cooperative Stock Enterprises	
国有联营	State-owned Joint Enterprises	
集体联营	Collective Enterprises	
国有与集体联营	State-owned and Collective Joint Enterprises	
其他联营	Other Joint Ownership Enterprises	
国有独资公司	State Sole Funded Corporations	32
其他有限责任公司	Other Companies with Limited Liabilities	27
股份有限公司	Share holding Corporations Ltd.	4
私营独资	Private Sole Funded Corporations	1
私营合伙	Private Partnership Enterprises	
私营有限责任公司	Private Limited Liability Corporations	41
私营股份有限公司	Private Share holding Corporations Ltd.	1
其　他	Others	
港澳台商投资企业合计	**Hong Kong, Macao and Taiwan Funded Enterprises**	**2**
#与港澳台商合资经营	Joint venture with Hong Kong, Macao and Taiwan Enterprises	
与港澳台商合作经营	Cooperative Enterprises with Hang Keng, Macao and Taiwan	1
港澳台商独资	Sole proprietorship of Hong Kong, Macao and Taiwan Enterprises	1
港澳台商投资股份有限公司	Share holding Corporation Limited with Hong Kong, Macao and Taiwan Enterprises	
其他港澳台投资	Others	
外商投资企业合计	**Foreign Funded Enterprises**	**2**
#中外合资经营	Joint venture with Foreign Enterprises	
中外合作经营	Chinese-foreign Cooperative Enterprises	
外资企业	Foreign Enterprises	1
外商投资股份有限公司	Share holding Corporation Limited with Funds from Foreign Enterprises	1
其他外商投资	Others	

Main Financial Indicators of Enterprise Groups of Real Estate

单位:亿元(Unit:100 million yuan)

资产总计 Total Assets	固定资产净值 Net Value of Fixed Assets	应收账款 Accounts Receivable	营业收入 Operating Revenue	营业成本 Operating Costs	营业税金及附加 Tax and Extra Charges on Business
17 939.11	**695.99**	**282.32**	**3 998.88**	**3 141.43**	**244.71**
14 688.49	465.09	221.05	3 167.06	2 571.20	190.28
257.31	64.77	7.79	163.55	136.98	2.02
2 820.33	157.70	50.51	635.41	418.86	49.46
104.04	7.76	0.55	8.59	3.30	1.93
68.94	0.68	2.42	24.27	11.10	1.03
17 766.13	**687.55**	**279.35**	**3 966.01**	**3 127.04**	**241.76**
75.74	19.61	5.54	6.57	3.22	0.47
8 022.12	331.96	85.18	956.80	694.33	75.33
7 442.98	188.41	146.34	2 555.66	2 124.13	136.72
208.43	24.77	0.19	32.38	18.73	2.65
5.00	0.31	2.47	0.64	0.55	0.04
1 957.86	116.68	39.48	406.03	280.08	31.84
54.00	5.81	0.15	7.93	5.99	0.85
104.04	**7.76**	**0.55**	**8.59**	**3.30**	**1.93**
54.43	7.65	0.55	8.08	3.12	1.90
49.61	0.11	0.00	0.52	0.18	0.03
68.94	**0.68**	**2.42**	**24.27**	**11.10**	**1.03**
48.55	0.54	…	17.69	11.04	0.67
20.39	0.14	2.42	6.58	0.06	0.35

表 5－17 续表　Continued

指　标	Indicators	销售费用 Selling Expenses
总　计	**Total**	**111.64**
按控股情况分	**Grouped by the Status of Holdings**	
国有控股	State-holding	83.98
集体控股	Collective-holding	2.88
私人控股	Private-holding	20.72
港澳台商控股	Hong Kong, Macao & Taiwan-holding	0.63
外商控股	Foreign-holding	3.43
按登记注册类型分	**Grouped by Status of Registration**	
内资企业合计	**Domestic Funded Enterprises**	**107.58**
#国有企业	State-Owned Enterprises	
集体企业	Collective-Owned Enterprises	0.35
股份合作	Cooperative Stock Enterprises	
国有联营	State-owned Joint Enterprises	
集体联营	Collective Enterprises	
国有与集体联营	State-owned and Collective Joint Enterprises	
其他联营	Other Joint Ownership Enterprises	
国有独资公司	State Sole Funded Corporations	32.63
其他有限责任公司	Other Companies with Limited Liabilities	60.96
股份有限公司	Share holding Corporations Ltd.	1.42
私营独资	Private Sole Funded Corporations	0.00
私营合伙	Private Partnership Enterprises	
私营有限责任公司	Private Limited Liability Corporations	12.10
私营股份有限公司	Private Share holding Corporations Ltd.	0.12
其　他	Others	
港澳台商投资企业合计	**Hong Kong, Macao and Taiwan Funded Enterprises**	**0.63**
#与港澳台商合资经营	Joint venture with Hong Kong, Macao and Taiwan Enterprises	
与港澳台商合作经营	Cooperative Enterprises with Hang Keng, Macao and Taiwan	0.27
港澳台商独资	Sole proprietorship of Hong Kong, Macao and Taiwan Enterprises	0.37
港澳台商投资股份有限公司	Share holding Corporation Limited with Hong Kong, Macao and Taiwan Enterprises	
其他港澳台投资	Others	
外商投资企业合计	**Foreign Funded Enterprises**	**3.43**
#中外合资经营	Joint venture with Foreign Enterprises	
中外合作经营	Chinese-foreign Cooperative Enterprises	
外资企业	Foreign Enterprises	0.65
外商投资股份有限公司	Share holding Corporation Limited with Funds from Foreign Enterprises	2.77
其他外商投资	Others	

单位:亿元(Unit:100 million yuan)

管理费用 Administration expenses	营业利润 Operating Profit	利润总额 Total Profits	应交所得税 Income Tax Payable	研究开发费用 Research and Development Cost
181.46	**350.55**	**402.56**	**139.04**	**1.23**
133.34	189.55	219.83	87.00	1.23
9.41	14.74	24.30	4.71	0.00
35.01	139.32	151.46	45.40	…
0.84	1.48	1.46	0.20	0.00
2.86	5.47	5.51	1.74	0.00
177.76	**343.60**	**395.59**	**137.11**	**1.23**
2.42	0.82	0.97	0.16	0.00
71.79	80.05	102.49	49.25	1.23
75.34	175.79	185.19	52.96	0.00
4.06	5.58	15.35	3.52	0.00
0.05	-0.05	-0.05	0.00	0.00
23.82	81.17	91.45	31.12	…
0.28	0.25	0.25	0.10	0.00
0.84	**1.48**	**1.46**	**0.20**	**0.00**
0.64	0.53	1.88	0.18	0.00
0.20	0.19	-0.40	0.01	0.00
2.86	**4.86**	**5.47**	**1.74**	**0.00**
0.34	0.40	3.81	1.62	0.00
2.51	1.66	1.67	0.11	0.00

房地产业企业集团主要经济效益指标(2015)

表 5－18

指　标	Indicators	净资产收益率 Return on Net Assets	总资产报酬率 Return on Total Asset	销售利润率 Return on Sales
总　计	**Total**	**6.2**	**3.1**	**10.1**
按控股情况分	**Grouped by the Status of Holdings**			
国有控股	State-holding	4.1	2.4	6.9
集体控股	Collective-holding	14.4	9.7	14.9
私人控股	Private-holding	12.9	6.1	23.8
港澳台商控股	Hong Kong, Macao & Taiwan-holding	5.8	1.8	17.0
外商控股	Foreign-holding	13.2	11.0	22.7
按登记注册类型分	**Grouped by Status of Registration**			
内资企业合计	**Domestic Funded Enterprises**	**6.2**	**3.1**	**10.0**
#国有企业	State-Owned Enterprises			
集体企业	Collective-Owned Enterprises	3.9	1.4	14.7
股份合作	Cooperative Stock Enterprises			
国有联营	State-owned Joint Enterprises			
集体联营	Collective Enterprises			
国有与集体联营	State-owned and Collective Joint Enterprises			
其他联营	Other Joint Ownership Enterprises			
国有独资公司	State Sole Funded Corporations	2.2	3.0	11.0
其他有限责任公司	Other Companies with Limited Liabilities	11.6	3.0	7.2
股份有限公司	Share holding Corporations Ltd.	11.0	7.7	47.4
私营独资	Private Sole Funded Corporations	-1.6	-1.0	-7.6
私营合伙	Private Partnership Enterprises			
私营有限责任公司	Private Limited Liability Corporations	11.3	5.4	22.5
私营股份有限公司	Private Share holding Corporations Ltd.	0.9	0.9	3.1
其　他	Others			
港澳台商投资企业合计	**Hong Kong, Macao and Taiwan Funded Enterprises**	**5.8**	**1.8**	**17.0**
#与港澳台商合资经营	Joint venture with Hong Kong, Macao and Taiwan Enterprises			
与港澳台商合作经营	Cooperative Enterprises with Hang Keng, Macao and Taiwan	15.4	4.0	23.2
港澳台商独资	Sole proprietorship of Hong Kong, Macao and Taiwan Enterprises	-4	-0.6	-80.6
港澳台商投资股份有限公司	Share holding Corporation Limited with Hong Kong, Macao and Taiwan Enterprises			
其他港澳台投资	Others			
外商投资企业合计	**Foreign Funded Enterprises**	**13.2**	**11.0**	**22.7**
#中外合资经营	Joint venture with Foreign Enterprises			
中外合作经营	Chinese-foreign Cooperative Enterprises			
外资企业	Foreign Enterprises	12.7	12.2	21.7
外商投资股份有限公司	Share holding Corporation Limited with Funds from Foreign Enterprises	14.0	8.2	25.3
其他外商投资	Others			

Main Indicators on Economic Benefit of Enterprise Groups of Real Estate

单位:%(Unit:%)

资本保值增值率 Ratio of Value Maintaining and Increasing	劳动生产率 Productivity	成本费用利润率 Ratio of Profits to Total Industrial Costs	资产利税率 Ratio of Pre-tax Profits to Assets	总资产使用率 Utilization Rate of Total Assets	流动资产比率 Liquidity Ratio	资金利润率 Profit Rate on Capital	资产负债率 Ratio of Debts to Assets
118.5	**210.9**	**11.2**	**3.7**	**22.3**	**76.1**	**2.8**	**76.3**
121.0	199.7	7.5	2.9	21.6	75.9	1.9	77.9
111.8	243.7	16.2	10.6	63.6	52.2	12.2	47.1
111.1	323.7	30.2	7.1	22.5	79.3	6.3	70.9
103.5	52.3	28.3	3.3	8.3	83.6	1.5	79.2
116.3	79.8	29.7	9.5	35.2	73.8	10.7	58.4
118.6	**214.5**	**11.1**	**3.7**	**22.3**	**76.1**	**2.8**	**76.4**
108.4	64.7	16.0	2.0	8.7	72.6	1.3	72.7
127.0	146.7	11.5	2.3	11.9	64.7	1.9	70.3
109.9	243.2	8.0	4.3	34.3	87.5	2.8	84.7
107.1	192.8	62.3	8.6	15.5	62.9	9.9	48.3
98.5	491.7	-7.9	-0.2	12.8	76.2	-1.2	37.3
109.9	348.5	27.0	6.3	20.7	80.6	5.4	72.9
94.9	301.5	3.6	2.0	14.7	78.8	0.5	70.6
103.5	**52.3**	**28.3**	**3.3**	**8.3**	**83.6**	**1.5**	**79.2**
114.0	57.4	43.5	6.9	14.8	71.9	4.0	79.7
94.4	21.6	-49.1	-0.8	1.0	96.4	-0.9	78.5
116.3	**79.8**	**29.7**	**9.5**	**35.2**	**73.8**	**10.7**	**58.4**
111.4	772.5	29.1	9.3	36.4	67.9	11.5	63.9
125.0	23.4	31.2	9.9	32.3	87.6	9.3	45.2

主要统计指标解释

■年末资产总计

指企业过去的交易或者事项形成的、由企业拥有或者控制的、预期会给企业带来经济利益的资源。包括流动资产、长期投资、固定资产、无形资产、递延资产和其他资产等。根据会计“资产负债表”中的“资产总计”项目的期末余额数填报。

执行 2006 年《企业会计准则》的企业:资产总计＝流动资产合计 + 非流动资产合计;未执行 2006 年《企业会计准则》的企业:资产总计＝流动资产合计 + 长期投资 + 固定资产合计 + 无形及递延资产小计 + 其他资产。

■固定资产净值

固定资产指企业为生产商品、提供劳务、出租或经营管理而持有的使用寿命超过一个会计年度的有形资产。固定资产净值指固定资原价减去历年已提折旧额后的净额。按资产负债表中相应项目填列。

■应收账款

指企业因销售商品、材料、提供劳务等,应向购货单位收取的款项,以及代垫运杂费和承兑到期而未能收到款的商业承兑汇票。根据会计“资产负债表”中的“应收账款”项目的期末余额数填报。

■营业收入

指企业在从事销售商品，提供劳务和转让资产使用权等日常经营业务过程中所形成的经济利益的总流入。包括“主营业务收入”和“其他业务收入”。根据会计“利润表”中“营业收入”项目的本期金额数填报。

■营业成本

指企业为完成其经营目标所从事的经常性活动以及与之相关的活动而发生的成本支出。包括“主营业务成本”和“其他业务成本”。根据会计“利润表”中“营业成本”项目的本期金额数填报。

■营业税金及附加

指企业因从事生产经营活动按税法规定缴纳的应从营业收入中抵扣的税金和附加,包括消费税、营业税、城市维护建设税、教育费附加等。根据会计“利润表”中“营业税金及附加”项目的本期金额数填报。

■销售费用

指企业销售商品过程中发生的费用。根据会计“利润表”中“销售费用”项目的本期金额数填报。

■管理费用

指企业管理部门为组织和管理生产经营活动而发生的各项费用。根据会计“利润表”中“管理费用”项目的本期金额数填报。

■营业利润

指企业从事生产经营活动所取得的利润。执行2006年《企业会计准则》的企业，营业利润为营业收入减去营业成本、营业税金及附加、销售费用、管理费用、财务费用、资产减值损失，再加上公允价值变动收益和投资收益。未执行2006年《企业会计准则》的企业，营业利润为主营业务收入减去主营业务成本、主营业务税金及附加，加上其他业务利润后，再减去销售费用、管理费用、财务费用后的金额。根据会计"利润表"中"营业利润"项目的本期金额数填报。

■利润总额

指企业在一定会计期间的经营成果，是生产经营过程中各种收入扣除各种耗费后的盈余，反映企业在报告期内实现的盈亏总额。根据会计"利润表"中"利润总额"项目的本期金额数填报。执行2006年《企业会计准则》的企业，利润总额为营业利润加上营业外收入，减去营业外支出后的金额；未执行2006年《企业会计准则》的企业，利润总额为营业利润加上投资收益、补贴收入、营业外收入，再减去营业外支出后的金额。

■应交所得税

指企业按税法规定，应从生产经营等活动的所得中缴纳的税金。根据会计"利润表"中"所得税"项目的本期金额数填报。

■研究开发(R&D)费用

指报告年度在企业科技活动经费内部支出中用于基础研究、应用研究和试验发展三类项目以及这三类项目的管理和服务的费用支出。不论何种经费来源，只要实际用于上述三类项目的经费支出都应计算在内。具体计算办法:可将企业全部科技项目中确定为基础研究、应用研究和试验发展三类项目的经费支出加总，再加上按上述三类项目支出占全部科技项目经费支出比重计算分摊的科技管理和服务费用取得。

Explanatory Notes on Main Statistical Indicators

■Total Assets

It refers to resources formed by previous transactions or matters of an enterprise,owned or controlled by enterprise, including circulating assets,long–term investment,fixed assets,intangible assets , deferred assets and other assets.It is reported according to the ending balance of "total assets" in the "balance sheet".

■Net Value of Fixed Assets

Fixed assets refer to tangible assets held by an enterprise for producting commodities,rendering services,leasing or management, with service life exceeding one fiscal year.Net value of fixed assets refers to original value of fixed assets minus accumulated depreciation.It is reported according to the related item in the "balance sheet".

■Accounts Receivable

It refers to money an enterprise can charge for sales of goods,materials and services, and transprot fees in advance and commercial acceptance bill without receipt of due.It is reported according to the ending balance of "accounting receivable" in the "balance sheet".

■Operating Revenue

It refers to the income of an enterprise from business of selling products,providing labor services and transfering right to use assets, including "revenue from principal business" and "revenue from other business".It is reported according to the current amount of the item "Operating Revenue" in the "Profit Statements".

■Operating Costs

It refers to the total cost occurred from business of the enterprise, including "cost of principal business" and "cost of other business".It is reported according to the current amount of the item "Operating Costs" in the "Profit Statements".

■Tax and Extra Charges on Business

It refers to tax and shouldered by the enterprise from its principal business, including sales tax, consumption tax, urban maintenance and construction tax and education expenses.It is reported according to the current amount of the item "Tax and Extra Charges on Business" in the "Profit Statements".

■Selling Expenses

It refers to the expenses occurred during the course of the sale of the goods.It is reported according to the current amount of the item "Selling Expenses" in the "Profit Statements".

■Administration Expenses

It refers to the expenses incurred by the enterprise management department for the organization and management of the production and operation activities.It is reported according to the current amount of the item "Administration Expenses" in the "Profit Statements".

■Operating Profit

It refers to the profit made by the enterprise in the production and operation activities.It is reported according to the current amount of the item "Operating Profit" in the "Profit Statements".

■Total Profits

It refers to the operating results of an enterprise during certain account period, representing the surplus of various incomes from production and operation decucting various expenses, reflecting the total gains and losses realized in the enterprise in the reporting period. It is reported according to the current amount of the item "Total Profits" in the "Profit Statements".

■Income Tax Payable

It refers to the tax payable calculated on the income of the production and operation activities according to the provisions of the tax law. It is reported according to the current amount of the item "Income Tax Payable" in the "Profit Statements".

■Research and Development Cost

It refers to the expenses for basic research, application research, experimental development, and the management and service of such projects in the science and technology activities of an enterprise during certain account period.

Chapter 6

第六篇

全国及主要城市比较资料

Comparative Information of the Nation and Major Cities

简要说明

一、本篇资料的主要内容

本篇为全国各省、自治区、直辖市及全国 36 个大中城市的部分数据资料，主要包括居民消费价格指数、商品零售价格指数以及工业生产者价格指数、固定资产投资价格指数等。

二、本篇的资料来源

本篇资料来自国家统计局以及部门省、自治区、直辖市和部分城市公布的数据资料。

三、本篇数据的调查方法

本篇数据采用的调查方法为国家统计局以及各省、自治区、直辖市制定的调查方法制度。

BRIEF INTRODUCTION

Ⅰ. Main Contents

This chapter lists price indices of the nation, other provinces (autonomous regions and municipalities) and 36 big and medium cities. Data in this chapter include consumer price indices, retail price indice, producer price indice and price index for investment in fixed assets.

Ⅱ. Sources of Data

Data in this chapter are from figures released by National Bureau of Statistics of China, provinces, autonomous regions and municipalities.

Ⅲ. Methodology of Data Collection

Methodology is enacted by National Bureau of Statistics of China and survey offices of the related provinces (autonomous regions and municipalities).

各省(区、市)居民消费价格指数(1981～2015,以上年价格为100)
Consumer Price Indices by Region (preceding year = 100)

表6－1

省(区、市)	Region	1981年	1982年	1983年	1984年	1985年	1986年	1987年	1988年	1989年	1990年	1991年
全　国	Nation	102.5	102.0	102.0	102.7	109.3	106.5	107.3	118.8	118.0	103.1	103.4
北　京	Beijing	101.3	101.8	100.5	102.2	117.6	106.8	108.6	120.4	117.2	105.4	111.9
天　津	Tianjin	101.3	100.5	100.5	101.8	113.1	106.8	106.8	116.9	114.7	103.0	110.2
河　北	Hebei	103.2	100.9	102.0	103.1	108.1	105.7	107.8	118.0	118.7	100.6	103.4
山　西	Shanxi		102.3	101.5	103.0	108.5	105.6	107.4	120.9	119.5	102.2	104.8
内蒙古	Inner Mongolia	101.9	101.7	101.2	104.9	109.3	105.2	107.8	116.3	115.3	102.3	104.6
辽　宁	Liaoning	102.0	101.4	101.7	103.6			108.8	119.3	118.2	103.3	105.6
吉　林	Jilin	101.6	104.2	104.5	103.6			107.6	120.3	117.2	104.9	106.8
黑龙江	Heilongjiang	102.1	103.0	102.5	104.4	111.8	106.2	109.4	118.0	114.6	105.7	107.4
上　海	Shanghai	101.4	100.3	100.2	102.2	115.2	106.3	108.1	120.1	115.9	106.3	110.5
江　苏	Jiangsu	101.0	100.9	100.5	104.1	109.5	107.1	109.2	121.9	117.1	103.2	104.9
浙　江	Zhejiang	101.7	101.9	102.8	103.7	114.8	106.2	108.8	121.5	118.2	102.1	103.5
安　徽	Anhui	103.2	100.1	102.2	102.1	107.1	106.2	109.1	120.9	117.2	102.7	106.1
福　建	Fujian	103.8	103.1	102.0	102.8	111.3	106.5	109.4	126.5	118.9	99.3	103.5
江　西	Jiangxi	103.8	103.1	101.9	102.6	109.0	106.6	106.6	121.8	118.5	102.1	102.8
山　东	Shandong	101.8	100.9	102.4	101.6	108.7	104.8	108.3	118.7	117.3	103.4	104.9
河　南	Henan	102.4	101.8	102.9	102.2		105.3	106.3	119.4	118.7	100.7	102.3
湖　北	Hubei	102.1	100.9	101.7	102.9	108.4	105.5	107.5	119.0	116.3	104.2	104.9
湖　南	Hunan	101.8	101.6	102.7	103.4	110.9	105.3	109.8	125.6	118.2	100.4	104.4
广　东	Guangdong	106.3	102.6	102.8	101.9	114.8	104.9	111.1	129.4	122.1	97.5	101.2
广　西	Guangxi	102.7	104.1	103.0	104.6	113.0	106.2	108.2	120.8	121.1	101.1	102.8
海　南	Hainan								128.1	128.4	102.1	103.9
重　庆	Chongqing											
四　川	Sichuan	102.7	102.2	101.2	102.2	107.3	104.7	107.6	119.9	119.8	103.8	103.0
贵　州	Guizhou	103.1	103.6	101.6	102.8	107.7	105.4	107.1	119.8	118.3	101.8	104.4
云　南	Yunnan	100.8	101.7	100.6	101.9	108.2	106.1	107.0	119.8	118.6	102.8	103.1
西　藏	Tibet											
陕　西	Shaanxi	103.6	100.4	102.2	103.4	107.4	106.1	108.2	118.8	118.5	102.4	106.6
甘　肃	Gansu	102.7	102.2	100.6	103.3	109.2	106.6	107.6	119.1	117.9	103.2	104.9
青　海	Qinghai	101.3	101.8	100.7	103.4	110.7	106.2	107.2	118.0	117.5	105.1	107.6
宁　夏	Ningxia	102.1	102.8	101.6	103.3	108.6	105.8	107.3	117.1	117.2	107.1	106.3
新　疆	Xinjiang	102.4	100.1	102.2	102.4		107.3	107.2	114.7	116.0	105.0	108.6

表6－1 续表1　Continued

省(区、市)	Region	1992年	1993年	1994年	1995年	1996年	1997年	1998年	1999年	2000年	2001年	2002年	2003年
全　国	Nation	106.4	114.7	124.1	117.1	108.3	102.8	99.2	98.6	100.4	100.7	99.2	101.2
北　京	Beijing	109.9	119.0	124.9	117.3	111.6	105.3	102.4	100.6	103.5	103.5	98.2	100.2
天　津	Tianjin	111.4	117.6	124.0	115.3	109.0	103.1	99.5	98.9	99.6	101.2	99.6	101.0
河　北	Hebei	106.1	113.8	122.6	115.2	107.1	103.5	98.4	98.1	99.7	100.5	99.0	102.2
山　西	Shanxi	107.3	115.1	125.2	116.9	107.9	103.1	98.6	99.6	103.9	99.8	98.4	101.8
内蒙古	Inner Mongolia	107.4	114.1	122.9	117.5	107.6	104.5	99.3	99.8	101.3	100.6	100.2	102.2
辽　宁	Liaoning	106.7	115.2	124.3	116.1	107.9	103.1	99.3	98.6	99.9	100.0	98.9	101.7
吉　林	Jilin	108.0	112.6	120.6	115.2	107.2	103.7	99.2	98.0	98.6	101.3	99.5	101.2
黑龙江	Heilongjiang	109.2	114.8	121.9	116.1	107.1	104.4	100.4	96.8	98.3	100.8	99.3	100.9
上　海	Shanghai	110.0	120.2	123.9	118.7	109.2	102.8	100.0	101.5	102.5	100.0	100.5	100.1
江　苏	Jiangsu	106.6	118.2	123.2	115.8	109.3	101.7	99.4	98.7	100.1	100.8	99.2	101.0
浙　江	Zhejiang	107.5	119.8	124.8	116.6	107.9	102.8	99.7	98.8	101.0	99.8	99.1	101.9
安　徽	Anhui	108.2	114.7	126.9	114.8	109.9	101.3	100.0	97.8	100.7	100.5	99.0	101.7
福　建	Fujian	105.9	115.4	125.3	115.2	105.9	101.7	99.7	99.1	102.1	98.7	99.5	100.8
江　西	Jiangxi	105.7	114.6	126.9	116.9	108.4	102.0	101.0	98.6	100.3	99.5	100.1	100.8
山　东	Shandong	106.8	112.7	123.4	117.6	109.6	102.8	99.4	99.3	100.2	101.8	99.3	101.1
河　南	Henan	105.4	110.4	125.2	116.5	110.5	103.5	97.5	96.9	99.2	100.7	100.1	101.6
湖　北	Hubei	109.6	118.4	125.3	120.0	109.4	103.2	98.4	97.8	99.0	100.3	99.6	102.2
湖　南	Hunan	110.7	116.8	125.3	119.0	107.7	102.8	100.2	100.5	101.4	99.1	99.5	102.4
广　东	Guangdong	107.3	121.6	121.7	114.0	107.0	101.9	98.2	98.2	101.4	99.3	98.6	100.6
广　西	Guangxi	105.9	122.0	126.0	118.4	106.5	100.8	97.0	97.7	99.7	100.6	99.1	101.1
海　南	Hainan	108.7	123.3	126.7	113.5	104.3	100.8	97.3	98.3	101.1	98.5	99.5	100.1
重　庆	Chongqing						103.1	96.4	99.3	96.7	101.7	99.6	100.6
四　川	Sichuan	107.4	116.8	124.6	118.5	109.3	105.1	99.6	98.5	100.1	102.1	99.7	101.7
贵　州	Guizhou	107.8	116.0	122.8	121.4	109.1	103.4	100.1	99.2	99.5	101.8	99.0	101.2
云　南	Yunnan	108.9	121.3	119.2	121.3	108.7	104.3	101.7	99.7	97.9	99.1	99.8	101.2
西　藏	Tibet								100.0	99.9	100.1	100.4	100.9
陕　西	Shaanxi	110.3	113.1	126.7	119.0	109.7	104.8	98.4	97.8	99.5	101.0	98.9	101.7
甘　肃	Gansu	107.2	115.4	123.7	119.8	110.2	102.9	99.0	97.6	99.5	104.0	100.0	101.1
青　海	Qinghai	108.0	113.2	121.8	118.0	110.8	104.8	100.7	99.5	99.5	102.6	102.3	102.0
宁　夏	Ningxia	108.3	114.3	123.1	117.1	106.8	103.8	100.0	98.7	99.6	101.6	99.4	101.7
新　疆	Xinjiang	108.6	113.0	126.7	119.7	110.5	103.7	100.2	97.4	99.4	104.0	99.4	100.4

表 6－1 续表 2　Continued

省(区、市)	Region	2004 年	2005 年	2006 年	2007 年	2008 年	2009 年	2010 年	2011 年	2012 年	2013 年	2014 年	2015 年
全　国	Nation	103.9	101.8	101.5	104.8	105.9	99.3	103.3	106.6	102.6	102.6	102.0	101.4
北　京	Beijing	101.0	101.5	100.9	102.4	105.1	98.5	102.4	106.9	103.3	103.3	101.6	101.8
天　津	Tianjin	102.3	101.5	101.5	104.2	105.4	99.0	103.5	106.6	102.7	103.1	101.9	101.7
河　北	Hebei	104.3	101.8	101.7	104.7	106.2	99.3	103.1	107.7	102.6	103.0	101.7	100.9
山　西	Shanxi	104.1	102.3	102.0	104.6	107.2	99.6	103.0	107.4	102.5	103.1	101.7	100.6
内蒙古	Inner Mongolia	102.9	102.4	101.5	104.6	105.7	99.7	103.2	107.9	103.1	103.2	101.6	101.1
辽　宁	Liaoning	103.5	101.4	101.2	105.1	104.6	100.0	103.0	107.0	102.8	102.4	101.7	101.4
吉　林	Jilin	104.1	101.5	101.4	104.8	105.1	100.1	103.7	107.7	102.5	102.9	102.0	101.7
黑龙江	Heilongjiang	103.8	101.2	101.9	105.4	105.6	100.2	103.9	107.7	103.2	102.2	101.5	101.1
上　海	Shanghai	102.2	101.0	101.2	103.2	105.8	99.6	103.1	106.7	102.8	102.3	102.7	102.4
江　苏	Jiangsu	104.1	102.1	101.6	104.3	105.4	99.6	103.8	106.2	102.6	102.3	102.2	101.7
浙　江	Zhejiang	103.9	101.3	101.1	104.2	105.0	98.5	103.8	106.1	102.2	102.3	102.1	101.4
安　徽	Anhui	104.5	101.4	101.2	105.3	106.2	99.1	103.1	106.8	102.3	102.4	101.6	101.3
福　建	Fujian	104.0	102.2	100.8	105.2	104.6	98.2	103.2	105.8	102.4	102.5	102.0	101.7
江　西	Jiangxi	103.5	101.7	101.2	104.8	106.0	99.3	103.0	106.4	102.7	102.5	102.3	101.5
山　东	Shandong	103.6	101.7	101.0	104.4	105.3	100.0	102.9	106.6	102.1	102.2	101.9	101.2
河　南	Henan	105.4	102.1	101.3	105.4	107.0	99.4	103.5	107.3	102.5	102.9	101.9	101.3
湖　北	Hubei	104.9	102.9	101.6	104.8	106.3	99.6	102.9	107.0	102.9	102.8	102.0	101.5
湖　南	Hunan	105.1	102.3	101.4	105.6	106.0	99.6	103.1	106.3	102.0	102.5	101.9	101.4
广　东	Guangdong	103.0	102.3	101.8	103.7	105.6	97.7	103.1	106.1	102.8	102.5	102.3	101.5
广　西	Guangxi	104.4	102.4	101.3	106.1	107.8	97.9	103.0	105.1	103.2	102.2	102.1	101.5
海　南	Hainan	104.4	101.5	101.5	105.0	106.9	99.3	104.8	107.9	103.2	102.8	102.4	101.0
重　庆	Chongqing	103.7	100.8	102.4	104.7	105.6	98.4	103.2	107.1	102.6	102.7	101.8	101.3
四　川	Sichuan	104.9	101.7	102.3	105.9	105.1	100.8	103.2	106.3	102.5	102.8	101.6	101.5
贵　州	Guizhou	104.0	101.0	101.7	106.4	107.6	98.7	102.9	106.4	102.7	102.5	102.4	101.8
云　南	Yunnan	106.0	101.4	101.9	105.9	105.7	100.4	103.7	106.1	102.7	103.1	102.4	101.9
西　藏	Tibet	102.7	101.5	102.0	103.4	105.7	101.4	102.2	107.4	103.5	103.6	102.9	102.0
陕　西	Shaanxi	103.1	101.2	101.5	105.1	106.4	100.5	104.0	107.4	102.8	103.0	101.6	101.0
甘　肃	Gansu	102.3	101.7	101.3	105.5	108.2	101.3	104.1	106.7	102.7	103.2	102.1	101.6
青　海	Qinghai	103.2	100.8	101.6	106.6	110.1	102.6	105.4	106.1	103.1	103.9	102.8	102.6
宁　夏	Ningxia	103.7	101.5	101.9	105.4	108.5	100.7	104.1	106.1	102.0	103.4	101.9	101.1
新　疆	Xinjiang	102.7	100.7	101.3	105.5	108.1	100.7	104.3	106.8	103.8	103.9	102.1	100.6

36个大中城市居民消费价格指数(2003～2015,以上年价格为100)
Consumer Price Indices in 36 Major Cities(preceding year =100)

表6-2

城　市	City	2003年	2004年	2005年	2006年	2007年	2008年	2009年	2010年	2011年	2012年	2013年	2014年	2015年
36个城市平均	**Average**	**100.7**	**102.4**	**101.4**	**101.5**	**103.9**	**105.7**	**99.2**	**103.1**	**106.6**	**102.8**	**102.7**	**102.1**	**101.7**
北　京	Beijing	100.2	101.0	101.5	100.9	102.4	105.1	98.5	102.4	106.9	103.3	103.3	101.6	101.8
天　津	Tianjin	101.0	102.3	101.5	101.5	104.2	105.4	99.0	103.5	106.6	102.7	103.1	101.9	101.7
石家庄	Shijiazhuang	102.0	102.5	101.5	101.8	104.3	106.7	100.3	103.0	107.6	102.8	102.9	102.0	101.0
太　原	Taiyuan	101.9	103.9	101.1	101.6	104.1	107.4	99.9	103.0	107.3	102.1	103.1	102.2	100.4
呼和浩特	Hohhot	101.7	102.4	102.2	101.7	103.7	104.6	100.1	102.6	110.2	103.1	103.8	101.2	101.8
沈　阳	Shenyang	100.9	102.2	100.7	101.8	104.5	104.4	99.9	102.9	107.7	103.0	102.5	102.2	101.2
大　连	Dalian	100.6	102.6	101.4	101.4	104.0	104.4	100.2	102.7	107.5	103.4	102.5	102.0	101.6
长　春	Changchun	101.0	104.1	101.7	101.3	103.7	104.4	99.8	103.6	107.7	102.3	103.0	102.2	101.3
哈尔滨	Harbin	100.1	103.1	100.5	101.1	104.1	104.7	100.2	103.7	107.3	103.2	102.1	102.0	101.4
上　海	Shanghai	100.1	102.2	101.0	101.2	103.2	105.8	99.6	103.1	106.7	102.8	102.3	102.7	102.4
南　京	Nanjing	101.4	103.0	102.1	101.7	103.7	106.2	100.1	104.2	106.9	102.7	102.7	102.6	102.0
杭　州	Hangzhou	99.5	102.5	101.7	101.2	103.5	104.9	98.6	103.9	105.5	102.5	102.5	102.0	101.8
宁　波	Ningbo	101.2	102.7	102.0	101.9	103.9	105.0	99.4	103.7	105.4	101.7	102.2	101.9	101.8
合　肥	Hefei	101.2	102.2	100.9	100.9	105.6	106.4	99.1	102.7	107.0	102.2	102.7	102.0	101.6
福　州	Fuzhou	99.4	103.9	102.5	100.3	104.1	104.2	98.7	103.5	106.1	102.0	102.6	101.7	101.4
厦　门	Xiamen	101.0	103.1	101.0	100.8	104.6	104.9	97.3	103.0	105.6	102.1	102.3	102.2	101.7
南　昌	Nanchang	100.5	103.2	101.0	101.9	104.3	106.1	99.7	103.3	106.0	102.9	102.3	102.5	101.6
济　南	Jinan	99.9	102.5	101.1	100.9	103.9	105.7	100.3	102.1	106.8	102.4	102.8	102.2	101.9
青　岛	Qingdao	101.4	102.1	102.3	100.9	104.5	104.7	100.5	102.2	106.8	102.7	102.5	102.6	101.2
郑　州	Zhengzhou	102.0	105.7	102.4	101.4	105.6	106.1	99.8	103.0	106.7	102.7	102.8	102.0	101.1
武　汉	Wuhan	102.3	103.3	102.7	101.4	104.1	105.7	99.4	103.0	105.9	102.8	102.4	101.9	101.4
长　沙	Changsha	100.9	103.2	101.9	101.1	104.9	105.2	99.4	102.9	106.8	102.3	102.8	102.7	101.1
广　州	Guangzhou	100.1	101.7	101.5	102.3	103.4	105.9	97.5	103.2	105.7	103.0	102.6	102.3	101.7
深　圳	Shenzhen	100.7	101.3	101.6	102.2	104.1	105.9	98.7	103.5	105.8	102.8	102.7	102.0	102.2
南　宁	Nanning	100.8	104.2	101.1	102.5	104.4	108.4	98.2	102.5	105.4	102.9	102.1	101.6	101.9
海　口	Haikou	99.8	103.0	101.3	101.3	104.4	105.8	99.9	104.2	107.1	103.3	102.9	102.2	101.2
重　庆	Chongqing	100.6	103.7	100.8	102.4	104.7	105.6	98.4	103.2	107.1	102.6	102.7	101.8	101.3
成　都	Chengdu	102.1	103.9	102.3	101.8	105.2	104.3	100.3	103.0	106.6	103.0	103.1	101.3	101.1
贵　阳	Guiyang	100.8	102.1	100.7	101.1	105.1	107.0	97.7	102.9	106.0	102.6	103.2	102.7	102.3
昆　明	Kunming	101.6	106.5	102.0	101.6	105.8	105.8	100.8	104.2	107.3	103.1	103.9	103.1	102.4
拉　萨	Lhasa	100.4	101.8	101.3	100.6	103.2	106.4	101.7	102.2	107.1	103.2	103.4	103.0	102.2
西　安	Xi'an	100.5	102.3	100.3	101.6	104.7	106.0	99.7	103.5	107.3	102.8	102.7	101.4	100.7
兰　州	Lanzhou	100.9	101.1	100.6	101.7	105.3	107.2	99.6	103.8	106.6	102.4	103.5	102.2	101.3
西　宁	Xining	101.8	102.6	99.9	101.8	106.4	108.2	102.2	104.5	105.6	102.7	103.8	102.8	102.5
银　川	Yinchuan	101.7	103.2	101.7	101.6	105.3	107.6	99.7	103.8	105.8	102.6	103.5	102.1	101.6
乌鲁木齐	Urumqi	100.6	100.9	99.5	100.1	104.6	107.0	100.4	102.7	105.1	103.4	103.5	102.8	100.7

各省(区、市)商品零售价格指数(1981～2015,以上年价格为100)
Retail Price Indices by Region(preceding year = 100)

表6－3

省(区、市)	Region	1981年	1982年	1983年	1984年	1985年	1986年	1987年	1988年	1989年	1990年	1991年
全　国	Nation	102.4	101.9	101.5	102.8	108.8	106.0	107.3	118.5	117.8	102.1	102.9
北　京	Beijing	101.4	102.0	100.6	102.1	118.6	106.7	108.7	121.9	118.5	104.1	108.5
天　津	Tianjin	101.5	100.5	100.5	101.8	113.9	107.2	106.9	117.7	115.1	102.7	108.0
河　北	Hebei	102.1	101.5	101.4	103.4	107.8	105.2	108.3	118.1	118.4	99.9	102.8
山　西	Shanxi	102.3	102.2	101.2	103.0	107.6	105.3	107.5	121.0	119.1	102.1	103.9
内蒙古	Inner Mongolia	101.8	101.7	101.0	104.4	108.5	105.0	108.1	116.3	115.9	102.9	104.5
辽　宁	Liaoning	101.6	101.2	101.5	103.9	110.0	106.0	109.0	119.3	118.4	102.7	104.1
吉　林	Jilin	101.7	103.0	102.6	104.2	109.7	105.4	107.5	119.9	116.9	103.9	105.1
黑龙江	Heilongjiang	102.1	102.8	102.2	104.4	111.7	105.9	109.6	117.8	114.0	104.9	106.5
上　海	Shanghai	101.5	100.3	100.1	102.2	116.4	106.7	108.8	121.3	116.7	104.8	109.5
江　苏	Jiangsu	101.6	101.1	100.8	103.5	109.2	106.5	109.3	121.7	118.0	102.3	104.4
浙　江	Zhejiang	101.5	100.9	102.0	103.4	114.0	106.0	109.5	122.1	117.8	101.6	103.0
安　徽	Anhui	101.7	101.0	101.1	102.0	106.4	105.2	109.7	121.8	117.1	101.9	105.7
福　建	Fujian	103.4	103.6	101.5	101.9	110.6	105.9	109.4	126.5	118.8	98.9	103.6
江　西	Jiangxi	104.6	102.9	101.4	102.5	108.3	105.8	106.9	121.8	118.6	101.3	102.4
山　东	Shandong	101.8	100.9	100.5	102.6	107.1	104.2	108.0	118.3	117.1	101.8	104.7
河　南	Henan	101.6	101.5	102.3	102.1	104.9	105.0	108.1	120.2	118.3	99.7	101.7
湖　北	Hubei	101.4	100.7	101.4	103.0	107.5	104.2	107.6	119.5	117.0	102.9	104.3
湖　南	Hunan	100.9	101.7	102.4	103.1	111.1	104.8	110.6	125.9	118.1	99.4	104.1
广　东	Guangdong	109.3	102.3	100.7	101.2	113.6	104.8	111.7	130.2	121.0	95.6	100.6
广　西	Guangxi	101.7	103.1	102.8	104.2	111.2	105.1	108.0	121.0	121.3	100.1	102.5
海　南	Hainan								127.8	126.8	100.6	103.1
重　庆	Chongqing											
四　川	Sichuan	101.8	102.3	100.7	102.3	106.8	103.9	107.5	120.0	118.3	103.1	102.3
贵　州	Guizhou	102.3	102.0	100.7	102.5	107.7	105.3	107.3	120.2	117.4	101.4	103.3
云　南	Yunnan	101.2	101.9	101.0	102.7	108.0	105.0	106.6	199.6	119.3	102.1	103.7
西　藏	Tibet											
陕　西	Shaanxi	103.0	101.0	101.5	103.9	106.5	105.2	108.6	119.0	118.8	101.6	105.8
甘　肃	Gansu	102.0	101.4	100.2	103.0	108.5	106.0	107.4	118.6	116.4	103.4	104.6
青　海	Qinghai	101.4	101.8	100.7	103.8	110.7	106.1	107.3	118.3	117.7	104.5	106.3
宁　夏	Ningxia	102.0	102.5	101.1	103.2	107.8	104.9	108.0	117.5	117.8	104.2	105.7
新　疆	Xinjiang	101.6	100.2	101.5	103.1	108.1	106.7	107.1	114.6	116.7	104.1	108.0

表 6－3 续表 1　Continued

省(区、市)	Region	1992 年	1993 年	1994 年	1995 年	1996 年	1997 年	1998 年	1999 年	2000 年	2001 年	2002 年	2003 年
全　国	Nation	105.4	113.2	121.7	114.8	106.1	100.8	97.4	97.0	98.5	99.2	98.7	99.9
北　京	Beijing	108.3	116.9	117.9	112.6	107.3	103.8	98.3	98.8	98.9	98.8	98.4	98.2
天　津	Tianjin	109.4	114.3	115.6	110.6	105.1	100.7	96.6	97.5	98.6	98.6	97.4	97.4
河　北	Hebei	105.2	110.5	121.4	115.8	106.2	102.1	97.7	97.8	99.1	99.8	99.2	100.2
山　西	Shanxi	106.3	113.1	121.6	115.6	106.2	101.3	97.0	96.8	97.1	99.0	98.6	100.3
内蒙古	Inner Mongolia	106.8	112.5	119.3	116.8	105.8	102.3	98.1	97.7	98.8	100.0	99.4	99.6
辽　宁	Liaoning	106.0	113.5	120.6	114.0	105.4	101.0	97.6	96.1	98.4	99.4	97.4	98.9
吉　林	Jilin	107.1	111.3	119.9	114.2	105.1	101.8	97.9	96.7	98.0	100.9	99.0	100.5
黑龙江	Heilongjiang	108.5	114.6	120.7	114.3	105.1	102.2	98.4	96.1	97.8	100.4	98.5	99.7
上　海	Shanghai	109.7	117.5	117.5	113.0	105.0	98.8	95.1	97.3	96.4	98.6	98.7	99.0
江　苏	Jiangsu	104.8	115.4	123.6	114.3	106.8	99.3	98.2	96.9	98.6	98.9	98.4	99.8
浙　江	Zhejiang	106.6	116.7	121.7	113.5	105.8	100.3	98.4	97.7	99.0	98.1	98.7	99.6
安　徽	Anhui	106.6	112.9	123.3	112.7	107.1	99.4	98.1	96.6	98.0	99.6	99.2	101.3
福　建	Fujian	105.0	113.4	123.0	114.4	104.5	99.8	98.5	96.5	98.9	98.0	98.3	99.1
江　西	Jiangxi	105.6	111.1	125.1	115.9	106.6	99.6	98.8	96.8	98.5	98.4	100.2	100.1
山　东	Shandong	105.9	110.7	120.3	114.2	107.0	100.8	97.1	97.1	98.6	100.0	98.8	100.2
河　南	Henan	101.4	108.4	120.6	114.9	107.9	100.5	96.6	96.2	98.5	99.8	99.2	101.3
湖　北	Hubei	107.0	115.0	124.9	116.6	106.5	101.5	97.1	95.9	97.8	97.4	98.8	101.2
湖　南	Hunan	109.5	115.1	125.3	115.5	105.2	100.3	97.9	97.6	99.3	98.8	99.2	100.6
广　东	Guangdong	105.8	118.2	118.9	111.6	104.4	99.8	97.0	96.7	99.9	98.7	98.5	100.0
广　西	Guangxi	104.6	118.9	124.4	116.4	104.5	99.6	96.3	97.2	98.6	97.8	98.1	100.2
海　南	Hainan	108.7	123.9	121.8	111.3	102.3	99.4	96.5	96.6	99.9	97.7	98.4	100.4
重　庆	Chongqing						101.6	94.5	96.5	95.5	99.0	98.9	99.5
四　川	Sichuan	106.4	113.9	123.9	117.0	107.7	102.9	97.7	97.3	97.7	100.8	99.4	100.1
贵　州	Guizhou	107.4	114.8	119.5	117.2	106.9	101.5	98.9	97.9	97.3	98.4	99.3	100.0
云　南	Yunnan	107.7	118.9	116.0	118.1	106.6	102.3	99.2	98.3	97.6	98.4	98.1	99.9
西　藏	Tibet								98.8	99.2	99.6	99.5	99.4
陕　西	Shaanxi	109.5	111.8	125.9	117.0	108.1	101.6	96.2	97.5	98.3	99.1	98.6	100.5
甘　肃	Gansu	105.8	113.0	122.5	116.5	106.6	101.6	98.1	97.2	99.1	99.6	98.9	100.2
青　海	Qinghai	106.4	112.5	123.2	116.3	107.8	103.0	99.6	98.5	99.0	99.9	99.3	100.8
宁　夏	Ningxia	107.4	112.8	120.1	115.3	106.7	102.2	97.5	97.9	97.6	100.0	98.6	99.5
新　疆	Xinjiang	108.1	112.6	125.7	116.7	108.8	101.8	99.7	96.2	98.3	102.5	97.9	99.2

表 6－3 续表 2 Continued

省(区、市)	Region	2004 年	2005 年	2006 年	2007 年	2008 年	2009 年	2010 年	2011 年	2012 年	2013 年	2014 年	2015 年
全　国	Nation	102.8	100.8	101.0	103.8	105.9	98.8	103.1	106.1	102.0	101.4	101.0	100.1
北　京	Beijing	99.2	99.7	100.2	100.8	104.4	97.8	100.4	104.3	100.6	99.8	99.1	98.5
天　津	Tianjin	100.8	99.9	100.4	103.2	105.1	98.9	103.4	106.9	103.0	101.7	100.9	100.3
河　北	Hebei	103.2	101.1	101.5	104.1	106.7	99.0	103.1	106.9	102.2	102.2	101.0	100.2
山　西	Shanxi	103.1	100.3	101.2	104.2	107.2	99.1	102.3	106.4	101.8	101.8	100.6	99.3
内蒙古	Inner Mongolia	102.7	101.5	101.4	103.6	104.7	99.5	103.0	106.9	102.5	102.6	100.7	100.5
辽　宁	Liaoning	101.9	100.1	101.3	104.4	105.3	99.8	103.2	106.7	102.2	101.6	101.0	100.5
吉　林	Jilin	103.5	101.1	101.5	103.3	106.2	99.3	104.1	107.0	101.7	101.6	101.2	99.8
黑龙江	Heilongjiang	102.8	100.4	101.5	105.6	105.8	98.9	103.1	106.1	102.2	101.1	100.8	100.1
上　海	Shanghai	100.9	99.4	100.2	102.4	105.3	99.4	101.7	105.1	101.2	100.2	100.9	101.1
江　苏	Jiangsu	102.2	100.3	100.8	102.9	104.9	98.9	103.2	105.6	102.1	101.4	101.6	100.6
浙　江	Zhejiang	102.7	100.9	100.8	103.8	106.3	98.8	103.9	106.4	101.9	101.0	100.9	99.9
安　徽	Anhui	102.7	100.6	100.8	104.5	106.3	99.0	103.2	106.6	102.1	101.3	100.4	99.7
福　建	Fujian	102.7	100.6	100.5	104.3	105.7	97.9	103.4	105.8	101.8	101.1	101.1	99.9
江　西	Jiangxi	103.0	100.9	101.2	104.0	106.1	99.1	102.7	106.0	102.1	101.5	101.2	100.5
山　东	Shandong	102.8	100.6	100.6	103.6	104.9	99.4	102.7	106.1	101.6	101.4	101.0	100.2
河　南	Henan	105.7	101.7	100.9	104.4	107.5	99.4	103.7	107.4	102.3	101.9	101.0	99.8
湖　北	Hubei	104.1	102.1	101.1	104.2	106.3	98.6	103.1	106.9	102.6	101.8	100.9	100.5
湖　南	Hunan	103.9	102.3	101.3	104.3	105.6	98.5	103.1	106.1	101.7	101.7	101.2	99.9
广　东	Guangdong	102.9	101.8	101.5	103.4	106.0	96.8	103.3	105.8	102.2	101.0	101.4	99.6
广　西	Guangxi	103.9	101.1	100.3	104.8	107.6	98.0	103.0	105.8	102.3	101.2	101.4	100.1
海　南	Hainan	103.4	100.9	101.3	103.8	106.7	98.5	104.6	107.1	102.7	101.5	101.2	99.8
重　庆	Chongqing	101.4	98.7	101.6	103.7	105.0	97.3	101.7	106.3	101.6	101.8	100.9	100.2
四　川	Sichuan	103.7	100.6	101.7	105.3	105.3	100.1	103.0	105.3	101.6	101.7	100.6	100.2
贵　州	Guizhou	103.2	101.3	100.9	104.2	107.2	97.6	103.0	106.6	102.0	101.5	101.2	100.1
云　南	Yunnan	104.7	100.1	100.8	104.4	106.1	100.1	103.6	106.4	102.4	102.6	101.6	100.8
西　藏	Tibet	100.7	100.8	100.2	101.7	103.9	99.5	101.0	105.7	102.9	103.0	102.2	101.4
陕　西	Shaanxi	102.5	100.1	101.8	105.0	106.9	99.9	103.6	106.5	102.3	101.8	100.7	99.8
甘　肃	Gansu	102.1	99.9	101.2	104.4	107.9	101.8	104.6	106.3	102.6	102.6	101.7	101.0
青　海	Qinghai	102.6	100.7	102.0	106.0	110.6	101.6	104.3	105.0	102.1	102.7	101.5	101.0
宁　夏	Ningxia	102.8	100.4	101.3	104.1	108.5	99.5	103.2	104.6	101.0	102.4	100.9	100.1
新　疆	Xinjiang	100.7	99.4	101.8	105.1	108.5	100.4	104.6	105.9	103.3	103.3	101.7	99.6

36个大中城市商品零售价格指数（2003～2015,以上年价格为100）

Retail Price Indices in 36 Major Cities(preceding year＝100)

表6－4

城　市	City	2003年	2004年	2005年	2006年	2007年	2008年	2009年	2010年	2011年	2012年	2013年	2014年	2015年
36个城市平均	**Average**	**99.6**	**101.0**	**100.0**	**100.7**	**102.6**	**105.3**	**98.6**	**102.5**	**105.7**	**101.8**	**101.0**	**100.8**	**99.8**
北　京	Beijing	98.2	99.2	99.7	100.2	100.8	104.4	97.8	100.4	104.3	100.6	99.8	99.1	98.5
天　津	Tianjin	97.4	100.8	99.9	100.4	103.2	105.1	98.9	103.4	106.9	103.0	101.7	100.9	100.3
石家庄	Shijiazhuang	99.7	101.3	101.0	101.8	104.4	107.7	100.1	103.4	106.6	101.9	102.1	101.2	100.2
太　原	Taiyuan	100.9	102.0	100.2	100.6	102.9	107.9	99.1	102.6	106.6	101.2	101.3	100.7	98.6
呼和浩特	Hohhot	100.1	101.7	101.7	101.6	102.7	105.4	99.9	102.6	108.0	101.5	101.9	98.6	99.5
沈　阳	Shenyang	99.7	100.7	99.3	101.9	103.2	105.0	97.9	102.6	107.1	102.4	101.6	101.3	100.0
大　连	Dalian	99.4	101.5	99.5	101.4	101.9	106.0	99.4	104.0	105.9	102.5	101.0	101.0	99.5
长　春	Changchun	100.7	102.7	101.3	101.5	102.1	105.6	99.6	104.6	107.0	101.8	101.3	101.2	99.1
哈尔滨	Harbin	98.9	100.9	99.2	100.3	103.7	105.3	98.5	101.9	105.6	102.5	101.2	101.5	100.2
上　海	Shanghai	99.0	100.9	99.4	100.2	102.4	105.3	99.4	101.7	105.1	101.2	100.2	100.9	101.1
南　京	Nanjing	98.1	98.1	96.7	98.9	99.9	103.7	98.7	103.5	105.4	101.4	101.2	102.0	100.6
杭　州	Hangzhou	98.1	101.6	100.3	100.2	103.1	106.0	98.6	103.7	105.1	101.9	101.5	100.8	100.2
宁　波	Ningbo	101.6	102.0	101.1	101.8	103.3	107.1	98.8	103.9	106.4	101.8	101.0	100.3	100.4
合　肥	Hefei	101.4	100.8	99.7	100.6	104.6	106.3	99.8	102.1	106.7	101.9	101.2	100.3	99.5
福　州	Fuzhou	97.6	102.4	101.1	99.9	103.1	104.4	99.1	102.9	105.6	101.1	101.0	100.6	99.4
厦　门	Xiamen	99.0	100.8	99.0	100.3	103.9	104.5	97.8	102.8	105.1	101.6	100.4	100.7	100.0
南　昌	Nanchang	99.7	101.3	100.0	101.9	103.5	106.2	99.4	103.0	106.4	102.4	101.3	101.1	100.5
济　南	Jinan	98.0	100.6	100.4	100.3	102.2	104.5	98.7	101.3	106.2	101.8	101.3	101.2	100.3
青　岛	Qingdao	98.3	99.0	99.3	99.7	102.7	103.9	98.6	101.4	105.9	101.7	101.4	102.3	100.0
郑　州	Zhengzhou	101.5	105.6	101.2	100.9	102.7	106.0	100.3	102.7	106.6	102.4	101.4	101.1	99.0
武　汉	Wuhan	100.4	101.0	100.9	100.7	103.0	105.1	98.4	103.1	105.1	102.3	100.9	100.5	100.0
长　沙	Changsha	99.2	101.3	100.4	101.1	102.3	103.9	97.7	103.8	106.5	101.5	101.2	101.7	99.6
广　州	Guangzhou	99.1	102.1	101.6	101.2	102.9	105.7	96.8	103.2	105.2	101.9	100.5	101.5	99.1
深　圳	Shenzhen	100.0	100.7	101.2	101.8	103.5	106.5	97.5	103.2	106.1	102.4	100.7	101.0	99.7
南　宁	Nanning	99.5	102.7	100.3	101.0	103.1	107.9	98.5	102.3	105.2	101.7	100.8	100.7	100.4
海　口	Haikou	99.9	102.6	100.4	100.6	103.4	105.6	99.2	103.7	106.7	102.8	101.6	101.2	100.2
重　庆	Chongqing	99.5	101.4	98.7	101.6	103.7	105.0	97.3	101.7	106.3	101.6	101.8	100.9	100.2
成　都	Chengdu	100.2	101.4	99.8	101.2	104.2	104.5	99.0	102.4	104.4	101.4	101.7	100.4	99.5
贵　阳	Guiyang	97.6	100.4	100.2	100.3	102.8	105.4	98.2	103.2	105.6	102.0	101.9	101.2	99.7
昆　明	Kunming	100.7	104.6	100.5	99.7	103.4	105.4	100.0	103.6	106.8	102.0	102.5	101.8	100.7
拉　萨	Lhasa	99.9	100.0	100.4	99.6	101.2	104.6	100.1	101.2	105.8	102.9	103.5	102.3	101.5
西　安	Xi′an	100.0	101.9	99.7	101.5	103.7	105.4	99.5	102.7	106.0	102.3	101.7	100.7	99.7
兰　州	Lanzhou	99.2		98.8	100.3	103.1	107.2	100.5	103.9	106.7	102.4	102.7	101.8	100.6
西　宁	Xining	101.9	103.2	100.9	102.6	105.7	110.1	102.3	104.6	105.9	102.3	102.5	101.2	100.2
银　川	Yinchuan	99.8	102.0	100.6	101.3	103.6	105.9	98.5	102.5	103.4	100.6	102.3	100.8	100.2
乌鲁木齐	Urumqi	100.2	101.1	99.9	99.9	104.6	108.7	100.1	103.4	104.9	102.9	103.5	102.4	99.4

各省(区、市)工业生产者出厂价格指数(1992~2015,以上年价格为100)
Producer Price Index of Industries by Region(preceding year = 100)

表6-5

省(区、市)	Region	1992年	1993年	1994年	1995年	1996年	1997年	1998年	1999年	2000年	2001年	2002年	2003年
全　国	Nation	106.8	124.0	119.5	114.9	102.9	99.7	95.9	97.6	102.8	98.7	97.8	102.3
北　京	Beijing	107.8	128.3	111.8	116.7	103.2	100.6	95.1	97.8	102.5	99.4	96.6	101.5
天　津	Tianjin	105.2	126.3	120.4	110.2	102.8	98.3	94.7	96.4	102.8	95.9	95.9	102.5
河　北	Hebei	108.6	129.1	119.1	111.4	101.1	98.8	94.4	95.9	105.3	99.9	99.4	107.1
山　西	Shanxi	114.2	132.5	120.1	113.5	106.4	102.2	97.5	95.3	100.9	100.3	103.6	112.2
内蒙古	Inner Mongolia	109.8	133.2	112.1	109.1	101.7	101.5	98.0	100.4	102.8	100.1	99.3	103.2
辽　宁	Liaoning	111.8	138.4	119.9	109.9	102.1	100.1	95.8	102.0	108.8	98.6	97.8	103.6
吉　林	Jilin	111.4	127.9	115.7	115.0	103.8	101.4	96.9	100.1	105.1	100.3	98.6	102.5
黑龙江	Heilongjiang	111.6	141.3	127.7	116.0	104.6	102.3	97.7	107.4	122.9	95.9	97.8	111.9
上　海	Shanghai	110.4	128.0	118.2	107.7	97.6	97.8	93.9	97.6	102.5	96.7	96.4	101.4
江　苏	Jiangsu	103.6	118.5	121.4	114.1	100.7	97.9	94.5	96.1	101.1	99.1	97.6	102.3
浙　江	Zhejiang	104.8	117.3	117.5	112.3	99.5	99.2	96.0	96.8	101.1	98.3	96.9	100.6
安　徽	Anhui	108.7	125.3	120.9	117.1	101.6	99.4	96.4	92.9	98.9	98.6	99.8	103.5
福　建	Fujian	102.7	117.1	116.9	115.7	101.8	100.3	95.7	96.6	100.5	98.1	97.2	100.7
江　西	Jiangxi		115.3	124.7	114.8	104.1	101.7	98.4	96.1	101.0	98.1	98.5	104.0
山　东	Shandong	109.5	123.0	124.2	117.0	104.2	101.1	96.0	97.2	105.9	99.1	98.8	103.5
河　南	Henan	106.2	118.1	124.1	115.0	104.1	100.6	95.3	95.4	104.0	100.5	98.6	105.0
湖　北	Hubei	111.0	126.3	126.2	113.1	102.7	98.6	96.2	97.8	101.7	99.0	98.2	103.5
湖　南	Hunan	111.1	128.9	117.6	121.4	105.7	99.2	95.9	98.5	102.9	99.8	99.2	102.6
广　东	Guangdong		124.1	126.0	112.3	101.8	100.1	94.8	97.7	103.4	98.5	96.5	99.3
广　西	Guangxi	112.5	121.1	118.8	117.2	102.6	97.7	95.4	95.6	105.5	106.3	95.6	102.8
海　南	Hainan											98.7	99.5
重　庆	Chongqing	117.2	118.4	113.4	112.4	104.1	98.0	94.6	97.7	98.6	98.1	97.6	100.6
四　川	Sichuan	106.1	127.4	114.7	112.2	102.2	101.2	97.3	97.0	98.1	100.4	97.7	100.5
贵　州	Guizhou	101.6	118.1	113.3	113.1	104.9	101.2	98.2	99.7	100.4	102.2	98.9	103.4
云　南	Yunnan	105.3	125.0	116.7	110.2	101.4	100.7	97.2	98.2	101.2	99.9	98.2	101.4
西　藏	Tibet												
陕　西	Shaanxi	107.9	119.8	119.9	112.6	104.2	103.7	96.6	97.9	101.5	100.4	100.7	105.7
甘　肃	Gansu	112.1	125.3	121.2	114.9	104.4	104.9	95.2	98.1	107.2	98.5	97.9	110.0
青　海	Qinghai	102.6	124.4	124.9	114.6	106.7	104.3	100.7	102.8	108.1	93.7	97.6	105.5
宁　夏	Ningxia						100.3	97.7	98.4	103.6	100.3	99.7	103.9
新　疆	Xinjiang	107.5	126.2	118.4	117.2	104.9	104.9	95.8	100.2	129.4	96.3	97.3	115.1

表 6 -5 续表　Continued

省(区、市)	Region	2004 年	2005 年	2006 年	2007 年	2008 年	2009 年	2010 年	2011 年	2012 年	2013 年	2014 年	2015 年
全　国	Nation	106.1	104.9	103.0	103.1	106.9	101.7	105.9	106.0	98.3	98.1	98.1	94.8
北　京	Beijing	103.0	101.3	99.1	99.7	103.3	100.1	101.8	102.3	98.4	97.4	99.1	96.9
天　津	Tianjin	104.1	100.1	100.6	101.5	104.1	101.6	105.1	103.8	97.0	97.0	96.3	90.3
河　北	Hebei	111.6	104.4	100.8	106.9	116.7	101.5	111.6	107.7	94.7	96.6	95.2	89.1
山　西	Shanxi	116.1	110.2	101.0	107.4	122.4	99.6	112.3	107.5	94.5	90.7	91.4	87.7
内蒙古	Inner Mongolia	105.1	105.1	103.0	105.7	112.5	100.9	108.8	107.8	100.2	97.0	97.3	94.0
辽　宁	Liaoning	107.1	105.1	104.1	104.4	110.9	104.2	106.6	106.5	99.9	99.0	98.2	93.9
吉　林	Jilin	105.0	104.3	101.7	102.7	104.9	105.1	104.3	105.4	99.1	98.7	99.1	95.3
黑龙江	Heilongjiang	113.1	116.7	109.9	105.3	114.0	121.2	106.8	112.0	100.0	98.0	97.1	86.0
上　海	Shanghai	103.6	101.7	100.6	101.2	102.2	93.8	102.3	102.9	98.4	98.2	98.9	96.1
江　苏	Jiangsu	106.5	102.6	101.5	102.6	104.6	102.7	108.8	106.2	97.1	98.0	98.3	95.3
浙　江	Zhejiang	105.0	102.3	103.8	102.4	104.3	102.0	106.4	105.0	97.3	98.2	98.8	96.4
安　徽	Anhui	108.2	103.3	103.1	103.6	108.4	103.7	111.2	108.3	98.3	98.2	97.4	93.9
福　建	Fujian	102.6	100.2	99.2	100.8	102.7	100.0	104.4	103.9	98.7	98.4	98.6	97.0
江　西	Jiangxi	109.7	108.8	109.7	106.2	106.4	118.1	112.2	111.3	96.5	98.5	97.8	93.7
山　东	Shandong	106.4	103.7	102.3	103.3	108.6	102.5	108.1	106.0	98.4	98.4	98.4	95.2
河　南	Henan	110.2	106.1	104.3	105.2	112.1	103.5	108.7	107.2	99.4	98.5	98.1	95.4
湖　北	Hubei	105.7	104.5	102.9	103.9	106.1	100.2	105.7	106.6	100.3	99.2	98.4	96.7
湖　南	Hunan	108.0	106.0	104.3	106.1	109.3	103.4	109.2	108.5	99.1	98.5	98.4	96.3
广　东	Guangdong	101.7	101.5	101.4	101.3	103.1	101.5	103.0	103.7	99.5	98.8	98.9	96.8
广　西	Guangxi	109.7	104.9	109.6	104.5	109.0	109.4	112.7	108.5	97.8	98.2	98.4	97.0
海　南	Hainan	100.0	99.5	100.8	102.7	104.5	97.6	106.9	108.8	100.8	99.5	97.6	89.8
重　庆	Chongqing	103.3	103.0	102.2	103.5	105.8	99.5	103.9	103.8	99.9	98.0	98.3	97.2
四　川	Sichuan	105.4	104.0	101.9	103.9	109.3	99.5	107.5	107.3	98.6	98.7	98.7	96.4
贵　州	Guizhou	108.0	107.2	104.3	105.0	112.4	99.6	105.5	105.4	101.0	97.4	98.3	96.1
云　南	Yunnan	108.8	104.5	104.6	105.7	105.8	106.8	105.6	104.7	97.9	97.5	97.8	94.9
西　藏	Tibet			106.0	101.1	105.6	99.2	107.2	104.3	99.7	99.8	99.0	93.2
陕　西	Shaanxi	107.3	110.4	109.6	102.9	108.4	103.7	107.1	107.2	100.7	97.3	97.1	90.8
甘　肃	Gansu	114.3	109.6	109.8	105.5	104.9	107.1	111.3	111.0	96.8	96.9	96.7	87.0
青　海	Qinghai	111.2	110.2	110.2	104.2	107.6	114.4	106.7	107.4	96.9	97.0	96.1	93.1
宁　夏	Ningxia	110.0	106.2	106.2	103.7	112.9	100.2	111.9	109.5	97.4	96.0	96.3	93.7
新　疆	Xinjiang	116.4	116.6	114.4	106.3	116.4	130.1	111.9	114.8	96.9	96.5	96.2	82.4

各省（区、市）工业生产者购进价格指数（1992～2015，以上年价格为100）
Purchasing Price Index of Industries by Region (preceding year = 100)

表6－6

省（区、市）	Region	1992年	1993年	1994年	1995年	1996年	1997年	1998年	1999年	2000年	2001年	2002年	2003年
全　国	Nation	111.0	135.1	118.2	115.3	103.9	101.3	95.8	96.7	105.1	99.8	97.7	104.8
北　京	Beijing	114.2	142.7	123.8	119.8	104.2	103.4	98.1	95.8	100.0	100.5	97.1	104.7
天　津	Tianjin	108.4	139.1	121.7	112.8	101.9	99.0	95.9	96.3	104.5	98.8	95.9	108.7
河　北	Hebei	111.4	134.9	119.9	110.9	106.3	102.0	96.2	95.4	103.3	101.0	97.3	109.4
山　西	Shanxi	111.9	135.9	115.1	113.1	104.8	102.0	97.3	97.0	102.0	101.8	102.6	107.8
内蒙古	Inner Mongolia	112.1	132.6	116.8	112.8	100.8	100.9	98.1	96.8	106.5	101.3	99.9	102.9
辽　宁	Liaoning	121.2	149.9	118.2	114.2	104.8	103.1	99.3	99.1	103.9	99.9	98.3	105.1
吉　林	Jilin	127.1	173.9	113.9	113.8	102.4	103.9	96.6	100.5	106.8	101.8	97.8	104.8
黑龙江	Heilongjiang	112.9	139.6	117.6	112.7	104.2	104.4	98.6	98.2	108.6	99.5	99.3	107.6
上　海	Shanghai	109.6	129.2	121.6	113.3	97.6	98.6	94.1	97.1	107.1	98.7	97.7	106.4
江　苏	Jiangsu	110.3	125.8	120.1	117.6	104.3	98.0	91.5	94.4	107.1	99.5	98.6	106.5
浙　江	Zhejiang	106.3	126.4	124.8	119.2	101.5	96.5	92.6	96.2	107.2	99.6	97.5	105.8
安　徽	Anhui	113.9	128.8	122.3	117.9	109.9	101.7	96.0	94.5	102.6	101.2	98.2	106.7
福　建	Fujian	109.3	129.6	115.2	119.6	104.3	98.6	92.5	97.9	112.4	96.7	97.6	106.3
江　西	Jiangxi		129.4	123.4	114.7	105.8	100.4	95.4	96.9	101.2	99.3	98.6	106.5
山　东	Shandong	111.0	134.7	120.1	113.2	105.7	100.6	93.4	93.4	104.7	100.0	98.7	105.7
河　南	Henan	110.0	133.0	122.0	114.1	105.3	100.7	94.8	94.3	105.1	101.9	97.6	107.8
湖　北	Hubei	110.2	135.5	116.6	118.2	108.4	101.5	95.2	95.6	105.6	100.2	97.7	108.2
湖　南	Hunan	116.2	139.7	119.6	117.6	105.9	100.1	94.8	96.2	106.7	101.1	99.3	106.7
广　东	Guangdong		134.3	121.1	118.7	104.6	97.3	91.4	97.8	110.9	99.1	96.3	104.1
广　西	Guangxi	105.2	141.7	117.8	112.9	103.4	99.3	95.3	93.6	100.9	103.7	95.6	101.2
海　南	Hainan											101.5	102.2
重　庆	Chongqing	123.8	124.5	124.6	111.6	106.3	100.1	95.1	96.9	105.6	99.5	99.2	104.9
四　川	Sichuan	112.5	137.2	119.1	113.5	106.1	101.6	95.3	96.8	101.7	98.5	97.6	101.7
贵　州	Guizhou	113.5	144.6	115.0	114.9	108.1	101.9	95.7	97.0	102.9	100.2	97.6	106.0
云　南	Yunnan	115.2	138.1	110.3	113.2	110.3	102.9	100.7	98.8	101.5	99.4	99.1	102.7
西　藏	Tibet												
陕　西	Shaanxi	111.5	138.4	115.6	114.3	109.1	106.8	97.1	95.5	100.0	100.5	98.8	104.8
甘　肃	Gansu	122.2	139.4	118.3	113.7	107.4	102.2	96.4	98.3	111.8	101.4	98.4	105.6
青　海	Qinghai	105.3	138.9	112.3	110.2	108.3	110.7	101.3	99.1	98.9	99.1	102.8	101.8
宁　夏	Ningxia						103.5	101.1	97.0	105.8	102.5	97.8	106.8
新　疆	Xinjiang	121.1	136.4	110.9	116.8	107.0	104.5	95.6	98.2	115.2	98.9	94.9	114.8

表6－6续表 Continued

省(区、市)	Region	2004年	2005年	2006年	2007年	2008年	2009年	2010年	2011年	2012年	2013年	2014年	2015年
全　国	Nation	111.4	108.3	106.0	104.4	110.5	103.0	109.5	106.0	98.2	98.0	97.8	93.9
北　京	Beijing	114.2	111.4	105.5	105.0	115.8	107.5	106.8	102.3	98.7	97.8	98.8	93.7
天　津	Tianjin	115.4	104.9	104.7	105.7	112.9	102.3	112.3	103.8	97.1	97.4	97.1	92.4
河　北	Hebei	118.4	107.0	105.0	107.8	115.9	102.9	112.8	107.7	96.2	97.6	95.6	90.3
山　西	Shanxi	114.5	108.2	102.6	105.3	118.3	97.1	111.5	107.5	98.1	95.5	96.2	93.1
内蒙古	Inner Mongolia	109.2	109.9	105.9	104.8	111.7	99.6	106.4	107.8	102.0	99.3	98.4	95.9
辽　宁	Liaoning	112.1	108.1	104.2	104.8	111.5	100.2	109.9	106.5	99.0	98.5	98.0	93.5
吉　林	Jilin	110.5	107.0	103.8	105.2	111.3	103.1	107.7	105.4	99.3	99.4	99.2	96.6
黑龙江	Heilongjiang	115.2	111.8	105.6	105.0	114.1	105.6	108.2	112.0	98.8	98.7	97.6	88.2
上　海	Shanghai	116.4	106.8	104.8	104.1	110.3	89.8	111.2	107.5	94.7	96.5	95.9	90.6
江　苏	Jiangsu	116.3	107.6	106.4	105.0	115.0	104.4	112.1	106.2	95.8	97.1	97.0	92.1
浙　江	Zhejiang	113.4	105.4	105.6	105.3	110.6	103.9	110.9	105.0	96.7	97.7	98.2	94.5
安　徽	Anhui	115.0	107.1	103.9	105.1	112.4	101.1	113.3	108.3	98.2	96.9	97.2	93.5
福　建	Fujian	113.3	108.1	103.9	104.3	110.2	103.7	110.0	103.9	97.7	98.4	98.3	96.1
江　西	Jiangxi	114.5	110.0	108.6	107.9	114.2	100.5	114.2	111.3	98.3	98.4	98.4	93.6
山　东	Shandong	113.4	105.9	104.3	104.8	113.1	104.2	110.3	106.0	99.2	98.4	98.2	95.0
河　南	Henan	115.7	108.3	105.3	106.4	111.9	104.9	111.4	107.2	99.2	99.3	98.4	95.4
湖　北	Hubei	113.1	107.0	104.9	104.5	110.9	104.4	111.3	106.6	98.9	98.2	97.8	92.8
湖　南	Hunan	114.4	109.4	106.5	106.1	112.0	101.6	112.6	108.5	100.1	98.4	97.9	94.5
广　东	Guangdong	110.7	105.0	103.6	103.3	107.9	100.3	107.6	103.7	99.5	98.2	98.8	95.3
广　西	Guangxi	116.3	108.2	111.4	106.1	110.6	108.5	113.0	108.5	99.2	98.9	98.2	95.7
海　南	Hainan	105.9	104.2	101.5	105.0	111.6	94.3	113.1	108.8	99.6	97.0	99.0	88.5
重　庆	Chongqing	110.3	108.2	104.8	106.2	112.2	102.2	107.9	107.3	99.5	97.6	98.1	97.1
四　川	Sichuan	112.0	109.3	104.3	105.7	112.4	102.4	109.1	105.4	100.0	99.2	98.7	96.7
贵　州	Guizhou	109.6	107.4	107.3	107.5	112.5	100.1	111.7	104.7	102.3	96.4	98.6	97.5
云　南	Yunnan	113.0	106.5	107.6	108.2	111.6	101.5	109.0	104.3	99.3	98.8	99.0	96.9
西　藏	Tibet												
陕　西	Shaanxi	110.4	107.5	106.7	106.3	111.2	102.2	108.7	107.2	100.0	99.3	98.5	95.2
甘　肃	Gansu	112.5	109.9	108.8	104.3	110.2	104.0	110.3	111.0	98.7	97.8	97.6	87.0
青　海	Qinghai	108.5	105.3	102.8	104.4	110.4	100.5	109.5	107.4	98.6	98.8	97.6	97.7
宁　夏	Ningxia	117.3	109.7	108.5	107.1	121.8	100.0	117.5	109.5	99.5	97.0	97.0	92.1
新　疆	Xinjiang	118.2	110.7	111.1	103.8	117.8	115.1	116.3	114.8	97.9	97.8	97.5	84.3

各省(区、市)固定资产投资价格指数(1991～2015,以上年价格为100)
Price Indices of Investment In Fixed Assets by Region (preceding year = 100)

表6－7

省(区、市)	Region	1991年	1992年	1993年	1994年	1995年	1996年	1997年	1998年	1999年	2000年	2001年	2002年	2003年
全　国	Nation	109.5	115.3	126.6	110.4	105.9	104.0	101.7	99.8	99.6	101.1	100.4	100.2	102.2
北　京	Beijing	107.3	112.2	126.6	116.2	113.9	108.2	102.7	100.8	99.9	101.0	100.6	100.4	102.2
天　津	Tianjin		119.4	122.9	111.9	107.6	102.5	100.8	98.9	99.2	99.9	99.7	99.5	102.6
河　北	Hebei	106.8	129.3	124.8	110.0	106.9	103.9	101.5	97.8	99.4	101.1	99.9	99.5	102.3
山　西	Shanxi	107.8	116.8	124.8	108.3	106.8	104.9	101.5	98.8	99.7	101.8	101.7	100.5	102.9
内蒙古	Inner Mongolia	107.1	109.3	124.5	106.7	103.9	105.3	99.7	101.7	101.9	101.9	100.8	101.0	102.6
辽　宁	Liaoning	108.2	121.0	136.4	117.4	104.9	102.2	102.3	99.8	100.0	101.1	100.4	100.7	102.5
吉　林	Jilin	111.9	116.4	128.8	107.3	109.6	102.9	104.4	100.8	102.2	102.0	101.1	101.2	101.1
黑龙江	Heilongjiang	107.6	113.5	127.9	109.0	106.5	103.4	102.7	100.8	99.7	101.5	100.1	100.2	102.3
上　海	Shanghai	107.3	113.0	131.4	108.8	103.1	106.9	100.5	98.4	98.1	100.0	100.7	100.3	102.4
江　苏	Jiangsu	104.5	112.1	138.8	114.6	107.4	103.2	99.2	98.4	98.3	101.1	100.8	101.7	104.3
浙　江	Zhejiang			138.8	112.4	107.2	101.3	99.5	97.6	98.2	100.3	100.4	100.5	103.5
安　徽	Anhui	114.8	119.8	123.0	120.1	106.5	103.4	101.3	100.0	99.3	101.6	99.5	101.1	103.5
福　建	Fujian	108.6	114.9	134.1	107.3	104.8	104.7	101.1	98.0	98.5	100.2	99.5	99.7	101.4
江　西	Jiangxi	110.4	110.1	129.8	114.6	107.2	105.8	101.4	102.1	98.6	101.4	98.9	100.0	105.1
山　东	Shandong	112.4	119.4	122.1	115.8	106.6	103.1	100.4	99.2	99.6	102.4	101.4	101.1	102.9
河　南	Henan	109.4	119.8	126.7	106.0	105.9	103.9	102.9	98.7	98.0	102.9	100.4	98.7	103.8
湖　北	Hubei	108.3	117.0	127.4	107.9	105.0	104.0	102.1	100.5	99.5	101.7	100.1	99.8	103.3
湖　南	Hunan	108.1	116.4	129.5	113.5	109.5	104.9	101.8	102.7	100.5	102.3	101.3	100.3	102.8
广　东	Guangdong											100.2	99.7	102.2
广　西	Guangxi	101.7	117.9	131.2	112.3	103.4	103.6	100.3	99.9	96.1	101.4	102.0	100.3	101.8
海　南	Hainan										101.8	100.3	98.2	103.2
重　庆	Chongqing							101.7	98.7	100.5	102.5	100.8	100.7	102.9
四　川	Sichuan	108.1	113.9	133.2	107.3	101.2	104.8	102.2	97.5	100.5	100.9	101.5	100.5	102.2
贵　州	Guizhou	110.6	120.2	126.9	113.1	107.6	105.4	101.4	100.0	99.4	102.2	100.4	100.2	102.3
云　南	Yunnan	112.1	117.6	135.4	113.6	104.0	104.3	105.4	101.8	100.7	101.6	101.0	100.0	102.2
西　藏	Tibet													
陕　西	Shaanxi	112.9	119.1	129.5	111.7	107.9	107.8	105.3	101.8	101.2	103.6	103.6	102.0	101.7
甘　肃	Gansu	116.5	117.4	126.2	112.6	109.4	104.9	102.7	100.3	101.0	103.3	102.0	100.2	101.7
青　海	Qinghai		115.1	125.9	108.4	105.3	103.5	103.0	98.5	100.1	101.6	100.3	103.2	102.0
宁　夏	Ningxia	110.4	117.3	123.0	112.6	109.3	107.4	102.2	102.1	99.7	104.5	101.5	100.7	102.3
新　疆	Xinjiang	114.8	117.0	126.5	112.3	106.2	105.6	103.2	102.0	99.0	103.6	102.5	100.2	103.4

表 6 -7 续表 Continued

省(区、市)	Region	2004 年	2005 年	2006 年	2007 年	2008 年	2009 年	2010 年	2011 年	2012 年	2013 年	2014 年	2015 年
全 国	Nation	105.6	101.6	101.5	103.9	108.9	97.6	103.6	106.6	101.1	100.3	100.5	98.2
北 京	Beijing	104.3	100.7	100.4	102.8	107.8	97.1	102.5	105.7	101.3	99.9	100.0	97.6
天 津	Tianjin	107.3	101.2	100.7	102.6	109.2	97.6	102.6	105.7	100.0	99.5	100.5	99.9
河 北	Hebei	107.0	101.9	101.7	103.8	109.6	96.5	103.7	105.5	100.3	99.9	100.2	98.0
山 西	Shanxi	105.2	103.0	101.5	104.1	113.3	98.1	103.7	105.5	101.2	100.5	99.6	98.2
内蒙古	Inner Mongolia	105.0	103.7	103.3	103.8	108.1	98.5	105.4	106.3	101.6	99.6	99.8	98.0
辽 宁	Liaoning	104.8	102.8	102.1	104.3	109.1	97.0	103.3	106.6	101.0	100.0	99.7	97.9
吉 林	Jilin	104.1	102.0	102.2	103.9	107.3	99.4	102.4	105.6	100.4	100.0	100.2	97.6
黑龙江	Heilongjiang	105.0	102.2	102.1	104.5	109.0	97.6	105.2	107.5	100.8	100.1	100.0	99.0
上 海	Shanghai	106.7	100.8	100.1	103.5	107.9	97.0	103.8	106.5	99.4	100.2	100.5	97.0
江 苏	Jiangsu	109.4	100.9	101.2	104.9	110.0	97.7	105.1	106.8	98.6	100.5	101.1	96.2
浙 江	Zhejiang	105.9	100.3	101.5	104.4	109.3	96.7	104.7	107.5	99.2	100.0	100.6	97.4
安 徽	Anhui	106.1	101.0	101.9	105.4	109.4	96.0	105.4	108.1	101.0	100.2	100.3	96.9
福 建	Fujian	103.4	100.7	102.0	105.9	105.9	98.0	103.3	106.2	100.3	100.1	100.4	98.3
江 西	Jiangxi	107.4	100.5	103.2	105.4	110.4	96.1	104.8	108.4	101.0	100.4	100.1	96.8
山 东	Shandong	107.4	102.9	101.8	104.0	107.7	96.9	103.6	106.8	100.8	100.4	100.3	97.7
河 南	Henan	110.1	101.4	101.6	104.6	109.0	96.4	103.5	107.4	101.0	99.9	100.0	97.6
湖 北	Hubei	106.0	102.2	101.8	104.1	109.4	98.8	104.7	107.3	101.8	100.5	101.0	99.4
湖 南	Hunan	105.5	103.6	103.1	105.8	109.9	99.7	104.0	107.2	101.7	101.3	101.5	100.4
广 东	Guangdong	106.4	101.6	100.7	102.4	108.6	96.7	103.0	105.5	101.5	101.4	101.5	99.0
广 西	Guangxi	104.6	101.4	101.2	102.3	107.9	97.9	103.0	106.2	100.6	100.1	101.6	98.8
海 南	Hainan	105.6	101.2	101.0	106.1	113.3	97.7	105.2	106.4	102.0	99.3	100.6	99.4
重 庆	Chongqing	105.1	102.3	101.7	104.7	108.9	100.5	102.7	105.2	101.8	100.5	100.3	98.2
四 川	Sichuan	106.8	103.9	102.9	103.5	107.4	98.1	102.7	105.4	101.0	100.4	100.5	97.9
贵 州	Guizhou	104.9	101.4	101.1	104.2	110.2	97.8	102.1	104.6	101.5	100.9	101.1	98.4
云 南	Yunnan	108.0	104.6	101.8	105.5	112.5	98.3	102.5	105.9	101.4	101.1	101.0	99.1
西 藏	Tibet												
陕 西	Shaanxi	104.5	103.7	102.6	104.0	109.5	99.3	103.6	105.9	102.6	102.0	101.1	98.8
甘 肃	Gansu	105.5	102.2	104.1	102.8	106.7	101.5	103.5	104.7	102.1	100.4	100.1	97.7
青 海	Qinghai	102.8	102.1	102.4	104.2	110.5	100.9	103.8	106.5	102.2	101.5	100.9	98.2
宁 夏	Ningxia	104.9	102.1	101.3	103.2	109.0	100.2	104.2	107.5	101.5	99.8	100.8	97.5
新 疆	Xinjiang	104.5	102.8	102.2	104.4	111.2	98.0	104.6	107.1	100.6	100.5	100.3	98.3

主要统计指标解释

■居民消费价格指数

居民消费价格指数是度量一组代表性消费商品及服务项目价格水平随着时间而变动的相对数，反映居民家庭购买的消费品及服务价格水平的变动情况。它是宏观经济分析和决策、价格总水平监测和调控以及国民经济核算的重要指标。其按年度计算的变动率通常被用来作为反映通货膨胀或紧缩程度的指标。

现行的居民消费价格指数按用途分为八个大类，包括食品、烟酒、衣着、家庭设备用品及维修服务、医疗保健和个人用品、交通和通信、娱乐教育文化用品及服务、居住。

■商品零售价格指数

商品零售价格指数是反映一定时期内城乡商品零售价格变动趋势和程度的相对数。商品零售价格的变动直接影响城乡居民的生活支出和国家的财政收入，影响居民购买力和市场供需的平衡，影响消费与积累的比例关系。因此，该指数可以从一个侧面对上述经济活动进行观察和分析。

■工业生产者出厂价格指数

从 2011 年起工业品出厂价格改为工业生产者出厂价格指数，它是反映一定时期内全部工业产品出厂价格总水平的变动趋势和程度的相对数，包括工业企业售给本企业以外所有单位的各种产品和直接售给居民用于生活消费的产品。该指数可以观察出厂价格变动对工业总产值及增加值的影响。

■工业生产者购进价格指数

从 2011 年起原材料、燃料和动力购进价格改为工业生产者购进价格指数，它是反映工业企业作为生产投入，从物资交易市场和能源、原材料生产企业购买原材料、燃料和动力产品时，所支付的价格水平变动趋势和程度的统计指标，是扣除工业企业物质消耗成本中的价格变动影响的重要依据。

目前，上海编制的工业生产者购进价格指数所调查的产品包括燃料动力、黑色金属、有色金属、化工、建材等九大类的约 900 种产品。

■固定资产投资价格指数

固定资产投资价格指数是反映一定时期内固定资产投资品及项目的价格变动趋势和程度的相对数。固定资产投资额是由建筑安装工程投资完成额、设备、工器具购置投资完成额和其他费用投资完成额三部分组成的。编制固定资产投资价格指数应首先分别编制上述三部分投资的价格指数，然后采用加权算术平均法求出固定资产投资价格总指数。

该指数可以准确地反映固定资产投资中涉及的各类投资品和收费项目价格变动趋势和变动幅度，消除按现价计算的固定资产投资指标中的价格变动因素，真实地反映固定资产投资的规模、速度、结构和效益，为国家科学地制定、检查固定资产投资计划并提高宏观调控水平，为完善国民经济核算体系提供科学的、可靠的依据。

Explanatory Notes on Main Statistical Indicators

■Consumer Price Index

It is an index that reflects the time–based change of prices of a group of representative consumption commodities and services. It is an important reference factor for macro–economic analysis and strategy, monitoring and adjustment of overall price level and the national economic budgeting. The year–on–year change of the index is often a norm reflecting the inflation or deflation.

The current CPI covers eight categories of goods and services: food; tobacco and liquor; garments; household facilities, articles and repair services; medical and health care and personal items; traffic and telecommunications; education, culture and recreation articles and services and residence.

■Retail Price Index

It reflects the trend and degree of change in retail prices of commodities during a given period. The change in retail prices of commodities directly affect the living expenditure of urban and rural residents, government revenue, purchasing power of residents and the equilibrium of market supply and demand, and the ratio of consumption to accumulation. Therefore, the retail price indices are useful to analyze the changes of the above economic activities.

■Producer Ex–factory Price Index

Since 2011, Ex–factory Price Indices of Industrial Products have been changed into Producer Ex–factory Price Index. Producer Ex–factory Price Index reflects the trend and degree of changes in general ex–factory prices of all industrial products during a given period, including sales of industrial products by an industrial enterprise to all units outside the enterprise, as well as sales of consumer goods to residents. It can be used to analyze the impact of ex–factory prices on gross output value and value–added of the industrial sector.

■Producer Purchasing Price Index

Since 2011, Indices of Purchasing Prices of Raw Materials, Fuels and Power have been changed into Producer Purchasing Price Index which reflects changes in the level and degree of prices paid by industrial enterprises when they purchase production input such as raw materials, fuels and power from the market or from other energy or raw materials producing enterprises. These indices provide important basis for measuring the material consumption of industrial enterprises after removing influence of price changes.

At present, close to 900 products in 9 categories, including fuels and power, ferrous metals, non–ferrous metals, chemicals, building materials, are covered in Shanghai for the survey to producer purchasing prices index.

■Price Indices of Investment in Fixed Assets

It reflects the trend and degree of changes in prices of investment goods and projects in fixed assets during a given period. The investment in fixed assets consists of three components, namely the investment in construction and installation, the investment in purchases of equipment and instrument, and the investment in other items. Price indices of investment in fixed assets are calculated as the weighted arithmetic mean of the price indices of the three components of investment in fixed assets.

Removing the factor of price change in the aggregates of investment at current prices, this indicator shows the changes in the prices of commodities and fees involved in the investment of fixed assets, and can be used to observe the actual size, growth, structure, and efficiency of investment in fixed assets and provides reliable and scientific data for government planning, management, decision–making, and further improving the current national accounting system.

图书在版编目（CIP）数据

上海调查年鉴. 2016 ：汉英对照
/ 国家统计局上海调查总队编.
-- 北京 ：中国统计出版社，2016.7
ISBN 978-7-5037-7873-5

Ⅰ. ①上…
Ⅱ. ①国…
Ⅲ. ①统计资料-上海市-2016-年鉴-汉、英
Ⅳ. ①C832.51-54

中国版本图书馆CIP数据核字(2016)第169581号

上海调查年鉴-2016

作　　者/国家统计局上海调查总队
责任编辑/佘竞雄　李冲
出版发行/中国统计出版社
通信地址/北京市西城区月坛南街57号　邮政编码/100826
办公地址/北京市丰台区西三环南路甲6号　邮政编码/100073
电　　话/邮购（010）63376909　书店（010）68783171
网　　址/http://www.zgtjcbs.com
印　　刷/上海万卷印刷有限公司
经　　销/新华书店
开　　本/890mm×1240mm　1/16
字　　数/954千字
印　　张/15
版　　别/2016年9月第1版
版　　次/2016年9月第1次印刷
定　　价/280.00元

如有印装差错，由本社发行部调换。